PETIT DICTIONNAIRE DES CULTES POLITIQUES EN FRANCE

1960 - 2000

Questions Contemporaines
Collection dirigée par
J.P. Chagnollaud, B. Péquignot et D. Rolland

Chômage, exclusion, globalisation… Jamais les « questions contemporaines » n'ont été aussi nombreuses et aussi complexes à appréhender. Le pari de la collection « Questions Contemporaines » est d'offrir un espace de réflexion et de débat à tous ceux, chercheurs, militants ou praticiens, qui osent penser autrement, exprimer des idées neuves et ouvrir de nouvelles pistes à la réflexion collective.

Derniers ouvrages parus

Steven E. Stoft, *Dépasser Copenhague : Apprendre à coopérer. Proposition de politique mondiale post-Kyoto*, 2010.
Bernard OLLAGNIER, *Communiquer, un défi français. De l'illusion du tout com' à la communication réelle*, 2010.
Jean-Pierre CASTEL, *Le déni de la violence monothéiste*, 2010.
Sergiu MIŞCOIU, *Naissance de la nation en Europe*, 2010.
Joëlle MALLET, Sophie GEORGES, *Une action sur l'emploi qui change tout*, 2010.
Alem SURRE-GARCIA, *La théocratie républicaine, Les avatars du Sacré*, 2010.
Asmara KLEIN, *La coalition « Publiez ce que vous payez »'. Une campagne pour la gestion responsable des ressources naturelles*, 2010.
Olivier BATAILLE, *Les Apprentissages professionnels informels. Comment nous apprenons au travail pour se former toute sa vie*, 2010.
Stéphane ENGUELEGUELE, *Justice, politique pénale et tolérance zéro*, 2010.
Marie-Christine ZELEM, Odile BLANCHARD, Didier LECOMTE (dir.), *L'éducation au développement durable. De l'école au campus*, 2010.
Robert HOLCMAN, *Euthanasie, l'ultime injustice*, 2010.
Gilbert BOUTTE, *Nicolas Sarkozy face à la crise*, 2010.
Edward GRINBERG, *L'intervalle. Vers une théorie du dynamisme créatif*, 2010.
Christian MARION, *Participation citoyenne au projet urbain*, 2010.

Cyril Le Tallec

PETIT DICTIONNAIRE DES CULTES POLITIQUES EN FRANCE

1960 - 2000

L'Harmattan

Du même auteur

Les sectes ufologiques (1950-1980), L'Harmattan, 2005.
Les sectes politiques (1965-1995), L'Harmattan, 2006.
Mouvements et sectes néo-druidiques en France (1935-1970), L'Harmattan, 2006.
Les sectes pseudo-chrétiennes (1950-2000), L'Harmattan, 2007.

© **L'Harmattan, 2010**
5-7, rue de l'Ecole-Polytechnique, 75005 Paris

http://www.librairieharmattan.com
diffusion.harmattan@wanadoo.fr
harmattan1@wanadoo.fr

ISBN : 978-2-296-12941-2
EAN : 9782296129412

AVERTISSEMENT AUX LECTEURS

Dans le cadre de ce "petit dictionnaire" des cultes politiques en France nous retenons la définition selon laquelle l'ésotérisme afférent désigne un ensemble de doctrines ou d'enseignements dont le sens profond, caché, est réservé à ceux qui sont capables d'en saisir le sens... souvent par le biais d'une initiation spécifique favorisant une sorte "d'éveil".

Durant la seconde partie du vingtième siècle, en Occident, l'adjectif "ésotérique" a été ainsi appliqué à un nombre important d'organisations ou de mouvements discrets, élitaires ou sélectifs, dont une des motivations pouvait être, parallèlement, de peser sur la vie politique à plus ou moins longue échéance. Il s'agissait, souvent, de sociétés initiatiques, d'ordres traditionnels, de mouvements aux prétentions très spécifiques ou de groupes de recherche. D'autre part, au sein de l'Hexagone, "deux tendances contraires ont donné naissance aux mêmes engeances : le souffle libérateur de Mai 68 et la volonté de revenir à une morale sévère ont servi de discours à des gourous en mal de sectes (1)".

L'objectif de ce "petit dictionnaire" — aux visées forcément partielles, voire subjectives — est de tenter de recenser, pour la France et sur la période courant des années soixante à l'an deux mille, les associations, publications ou partis offrant ce double aspect ésotérique et politique. On pourrait presque ajouter, en ce qui concerne la fin de la période étudiée, "élitiste et adepte de la théorie du complot".

L'ouvrage s'intéresse, ainsi, bien plus aux structures et à leurs interactions... qu'aux hommes et femmes qui les animèrent. En effet, "lorsqu'il reconstitue le squelette d'un plésiosaure, le paléontologue n'entend pas étudier le psychisme de l'animal".

Il est évident que les choix ici effectués peuvent être contestés et qu'aucune étude exhaustive relative à ces discrets cultes hexagonaux n'a jamais été écrite... et ne le sera sans doute jamais. De plus, "plusieurs groupes qui font indubitablement partie de ces mouvances ésotériques refusent avec énergie de s'y laisser cataloguer". Là encore, la césure avec le monde religieux et politique traditionnel est donc "intellectuellement claire mais structurellement bien plus difficile à situer".

Cependant, comme le précise le journaliste Renaud Marhic dans un ouvrage consacré aux "extrémistes de l'occulte", "habitué aux groupuscules, voire à l'activité clandestine, le militant extrémiste ne peut que se sentir à l'aise dans le dédale des mouvements occultistes. Quoi qu'il en soit, l'évidence est là. On sera bien en mal de trouver de farouches gauchistes, comme on trouve leurs opposés, au sein du courant occultiste".

Il existe pourtant, nous l'avons dit, des "activistes ésotéristes de gauche" et l'on décrit, dans ces pages, quelques unes de leurs réalisations les plus notables. En effet, depuis la fracture idéologique de 1968, divers mouvements cultuels sont aptes "à rameuter soit les plus gauchisants, soit les plus fascisants, avec le même succès, chacun tenant son porte-voix (2)". Rappelons toutefois que, souvent, entre la théorie et son application pratique, "il y a beaucoup de cimetières"...

Enfin, en ce qui concerne le voisinage sorcellerie-extrême droite, il existe bien des passerelles "entre les deux paganismes"... "mais pas suffisamment pour qu'ils fusionnent totalement". Ceux qui les pratiquent sont en effet bien trop différents, tant dans leurs références "philosophiques" que dans leurs préoccupations immédiates (3).

Bien entendu, l'auteur ne s'est pas ici contenté de reprendre des nomenclatures connues car, le plus souvent, il tire ses informations — après les vérifications d'usage, lorsqu'elles sont possibles — de "fanzines", de "skinzines" ou "zinoï" (fanzines dits "skinheads"), de "zinotériques" (petits bulletins artisanaux réalisés par des fanatiques de l'étrange et du paranormal) et des divers documents produits par les organisations concernées elles-mêmes (4). Ces multiples informations furent donc recueillies au cours de vingt années de quêtes, d'enquêtes et de recoupements. Par ailleurs, la longueur des notices n'a aucun lien proportionnel avec l'importance numérique des organisations ou publications citées : elle n'est fonction que de l'aspect inédit — ou, au moins, de l'originalité — de leurs approches.

Ce travail ne comprend pas, cependant, la présentation des nombreuses formations musicales liées à ces courants ésotérico-politiques... et il n'explore pas, de même et sauf exceptions très marquantes (par exemple à caractère sedevacantiste), les multiples arcanes de la chrétienté traditionaliste ou intégriste.

Les sphères liées à la franc-maçonnerie, fort bien étudiées par ailleurs, ne seront également pas présentées dans le cadre de cet ouvrage. Nous n'avons, en effet, pas cru utile de leur consacrer une ligne supplémentaire.

Pour finir, le terme "skinhead" est utilisé, ici, par commodité, et ne concerne absolument pas les jeunes gens passionnés de musique ska et de reggae qui constituent l'âme de ce mouvement, multiracial par essence (5). D'ailleurs, depuis la fin des années quatre-vingt, on entend plus "qu'exceptionnellement parler d'eux (6)". Ajoutons que les "skinheads" d'extrême droite sont parfois, pour leur part, appelés péjorativement boneheads (littéralement "crâne d'os" en anglais) à des fins évidentes de différenciation. Cette expression semble se populariser en France vers le début des années quatre-vingt-dix, même si elle est plus ancienne.

Notes

(1) Jacques Cotta et Pascal Martin, *Dans le secret des sectes*, Paris, Flammarion, 1992, p. 180.
(2) *Ibid.* Voir également certains écrits anarchisants de A.-R. Königstein.
(3) Roger Faligot et Rémi Kauffer, *Le marché du diable*, Paris, Fayard, 1995, p. 158.
(4) Rappelons toutefois que "bien souvent, comme les pieuvres et les calamars, les groupes initiatiques se dérobent à la curiosité des profanes en répandant un flot d'encre. Entendons par là qu'on publie sur eux de nombreux ouvrages qui ne font qu'embrouiller les problèmes et qui rendent indéchiffrables des énigmes déjà complexes en elles-mêmes" (Jean-Paul Frère, *Vie et mystères des Rose+Croix*, Ligué, Mame, 1973, p. 7).
(5) "Ces fils d'ouvriers se sentent plus proches des émigrés jamaïquains que des banlieusards parvenus de la « middle class ». Pauvres Noirs et petits Blancs sont dans la même galère. Ils écoutent la même musique d'origine jamaïquaine, le reggae, ou son ancêtre, le ska (un rythme plus rapide) que jouent des groupes tels que les Pioneers, les Upsetters ou des artistes comme Desmond Decker. Mais ils apprécient également volontiers la « soul music » en provenance des Etats-Unis (Tamlatown, James Brown). Comme toujours en Angleterre, une mode musicale engendre un mode vestimentaire et les jeunes prolos blancs amateurs de reggae cultivent un look opposé à celui des Hippies. Les fils de l'East End se rasent le crâne et la presse populaire les affuble du surnom de Skinheads" (Philippe Broussard, *Génération Supporter*, Paris, Robert Laffont, 1990, p. 305).
(6) Fiammetta Venner, *Extrême France*, Paris, Grasset, 2006, p. 103.

A

Académie celto-gauloise
Le but de cette organisation, qui se structure en 1972 dans le Val-de-Marne, est alors de "ressusciter l'essence et l'esprit « gaulois-français »".
Les autres objectifs sont de "rechercher l'identité gauloise, donner une mythologie à la France, rechercher les vestiges de notre patrimoine national et en dresser un inventaire".
Le programme est donc vaste, et ambitieux, c'est pourquoi "des correspondants sont demandés dans tous les départements, dans les pays de langue française et aussi dans les pays celtiques : Angleterre, Irlande, Espagne, Portugal et Italie".

Action Fatima-La Salette
Communauté catholique "intégriste" (c'est-à-dire dissidente de l'Eglise catholique) installée, dès 1959, dans les Landes et qui édite près de Bayonne, à partir de 1977, un copieux hebdomadaire adoptant la forme d'une revue de presse et intitulé *Encore Fatima au jour le jour*.
En 1956 sa désignation précoce est, cependant, Silence et Santé.
L'abbé Jean Boyer, ancien prêtre ouvrier "massif, barbu et immense" (et auparavant situé dans la mouvance du syndicat CGT), y diffuse "un message théologico-politique tiré des prophéties de 1846 (La Salette) et 1917 (Fatima), auxquelles il donne un contenu messianique prononcé annonçant la prochaine fin des temps". Il règne alors sur "une chapelle, quelques baraques en planches et des caravanes destinées à accueillir les hôtes de la fin des temps".
Dans cette perspective, l'abbé Boyer aménage donc, dans les Landes, une sorte de "refuge" pour ceux qui devront fuir "la guerre civile que la Vierge Marie a prédite aux voyants de Fatima et de La Salette" et la "barbarie soviétique". L'intervention militaire des troupes américaines est prévue, et même l'installation de leur tête de pont en Europe, tout près de Saint-Jean-de-Luz. Il faut dire que l'abbé Boyer a été présent au séminaire en même temps que l'abbé Georges de Nantes, le fondateur de la **Ligue de Contre-réforme catholique** mise sur

pied en 1970. Les deux hommes d'église pensent, peu ou prou, "qu'il y aura d'abord une guerre civile en France. La Salette le dit. La France, l'Italie, l'Espagne seront en guerre civile. Alors les Russes profiteront de l'occasion. Bien sûr. C'est très probable". Bref, "le réduit landais ne sera pas négligeable pour l'Armée rouge... Il est fortement probable qu'ils ne l'attaqueront pas avant d'avoir solidement consolidé leurs positions ailleurs et pas seulement en France".

L'ensemble est très antiévolutionniste et se moque notamment de Darwin, Einstein et Freud. L'attaque envers l'Islam est également dénuée de tout discernement, car "cette misérable religion n'enseigne que la soumission aux forces brutales de l'or, des armes et du sexe". Le protestantisme, les "religions orientales" et la "stupéfiante" religion juive y sont également fustigés.

La communauté **Action Fatima-La Salette** diffuse de plus une très édifiante brochure intitulée *Les messages de la Mère de Dieu à La Salette et à Fatima*. C'est un véritable "remède pratique au désastre". Militairement encadrés, les survivants à la progression de l'Armée soviétique seront astreints à des travaux agricoles. Finalement, lorsque la guerre civile supposée se terminera, la force des survivants sera mise à la disposition de la "Sainte Eglise qui sera forte, humble, pieuse, pauvre, zélée et imitatrice des vertus de Jésus-Christ".

Notons enfin que la communauté **Action Fatima-La Salette** sait se perpétuer après la mort du Père-fondateur, survenue en 1992. Mais elle ne compte plus alors que quelques dizaines de personnes, tout au plus...

Action paysanne spirituelle

Groupe soutenant, vers 1976, le spectacle théâtral parisien intitulé *Un et Nu*. On y prône les doctrines du groupe Vie et Réalité et du "mage" Daniel Pons... moderne "héritier de Pythagore". En fait, Daniel Pons serait "le seul créateur capable de reconstruire le monde sur les cendres laissées par Nietzsche".

La lutte "ponsiste" afférente se veut, de plus, "écologique et non-violente".

Ad Majorem Satanae Gloriam (AMSG)

Secte groupusculaire œuvrant pour la "plus grande gloire de Satan" et basée, dans les années quatre-vingt-dix, en Seine-

Maritime. Liée à l'organisation internationale **Charlemagne Hammer Skins**, elle publie alors le bulletin "à connotation raciale" *SD 88*. Satan est, rappelons-le, le chef de la rébellion des anges contre Dieu... Il s'agit donc bien, ici, d'invoquer "l'esprit du mal absolu". L'ensemble aurait été fondé par Cyril Dieupart (alias Malkira) et Ronald Robin. Sans oublier de citer le fanzine *Misérable Humain*...

Deux des membres d'**Ad Majorem Satanae Gloriam** sont interpellés en 1998 dans le cadre de l'enquête relative à la profanation de Toulon. Ces activistes satanistes ne doivent pourtant pas être confondus avec les lucifériens, plus structurés et qui reconnaissent souvent le Christ comme l'un des prophètes. En effet, les satanistes de l'**AMSG** rejettent, pour leur part, le Christ de manière absolue. Leurs activités, radicales et parfois violentes, ne peuvent donc prendre place que dans une sphère résolument clandestine. On les dit alors âgés d'une vingtaine d'années, disposant de moyens financiers réduits... mais d'un quotient intellectuel supérieur à la moyenne.

Adorateurs de Pluton

Secte "humaniste" ayant pris son essor après la Deuxième Guerre mondiale.

Elle cherche, alors, "à promouvoir la religion du futur, celle de Pluton (...). Mais elle tend aussi vers une élévation spirituelle de l'homme, alors que les sabbats cherchent à avilir l'être humain".

Les Plutoniens s'adonnent pourtant, en apparence, à un type de cérémonies très proches de celles des croyances lucifériennes, voire sataniques. Mais les buts poursuivis semblent être radicalement différents. En effet, Pluton "s'apparente au Satan catholique, mais n'est pas une nature foncièrement nuisible comme Satan"...

Aedos

Bulletin "d'information et d'entraide païen" basé, en 2000, dans la Nièvre. Animé par Pierre Petitjean, il bénéficie alors du soutien de la revue identitaire ***Utlagi*** et de ***Réfléchir & Agir***.

Un aède est, en Grèce antique, un artiste qui chante des épopées en s'accompagnant d'un instrument de musique.

Agora-Université
Fondée, en 1977, dans le Val-de-Marne, la fondation **Agora-Université** est alors souvent décrite comme étant un des tenants de la "nouvelle tradition" et se présente comme "une académie libre dont le but est de promouvoir un nouvel essor de la pensée française par une coalition de réflexion, de création et d'action populaire". Elle est d'ailleurs à la base de la **Coalition populaire française** et bénéficie de l'appui de la revue d'études traditionnelles *Question de*.

Les objectifs poursuivis sont, ici, très ambitieux :

"1) Renaissance de la pensée française pour lui redonner une portée universelle dans tous les domaines de la connaissance : philosophie, science, technique, ésotérisme, esthétique et « section sociale » (économie, finance, droit, politique, mondialisme).

2) Amorce d'une régénération institutionnelle pour la recherche de nouvelles structures adaptées au régime industriel contemporain.

3) Préparation de cahiers de doléances et de propositions constructives susceptibles d'engendrer une Convention fédérale populaire, voire des états généraux".

La fondation **Agora-Université** entend bien, en effet, promouvoir une véritable "régénération intellectuelle et institutionnelle". Les moyens envisagés afin d'y parvenir sont alors les suivants :

"1) Des « tables rondes » où les auditeurs pourront débattre de thèmes spécifiques.

2) Des séminaires (deux jours, en week-end) où chaque participant présentera son optique des problèmes.

3) Un congrès public où des conférenciers (professeurs, spécialistes ou personnalités) présenteront les premiers éléments situant notre époque et définissant la Nouvelle Civilisation".

Des cours — d'une durée d'une heure — sont en outre prévus, en fin de journée, quatre jours par semaine. En 1977, le responsable est G. Talmon, de Fresnes.

Akademia Raymond-Duncan
Fils du banquier Joseph Charles Duncan, Raymond Duncan (né en 1874), s'intéressant précocement à l'art, imagine en 1891 une "théorie du mouvement" qu'il nomme kinematic — a remarkable

synthesis of the movements of labor and of daily life. Selon ces travaux, la finalité du labeur réside dans l'épanouissement du travailleur… et non dans sa production ou son revenu.

En 1911, il fonde dans le sixième arrondissement parisien une vaste école : l'**Akademia Raymond-Duncan**. Il y reçoit, "en péplum", des "êtres assoiffés de vérité"… L'ensemble s'inscrit dans un ample mouvement de retour à l'hellénisme doublé d'un certain culte du corps.

Après le décès de Raymond Duncan, survenu en 1966, l'**Akademia** continue à fonctionner et accueille, par exemple, des conférences de l'association **Atlantis**.

Alliance universelle biocosmique

Fondé en France en 1926, ce mouvement entend bien "regrouper dans une alliance tous les hommes et femmes devenus athées, de bonne volonté, pour lutter contre la barbarie et la bassesse de ce monde". En effet, "toutes les religions qui croient en un dieu ou en Dieu sont fausses. Seule la religion biocosmique a la force de transformer le monde, de créer par sa lutte contre la superstition et l'égoïsme, une humanité nouvelle". Son propagandiste le plus connu est alors Félix Monier.

En 1960, ils sont encore, à Paris, une petite cinquantaine de "biocosmiques" à défendre ces principes. Leur modeste bulletin s'y nomme *La Vie Universelle*. Des ramifications existent cependant en Italie, aux Etats-Unis et au Mexique.

On rapproche parfois cet ensemble de l'anarchisme individualiste.

Amis de la croix glorieuse de Dozulé

L'association afférente est déclarée le 2 avril 1982, sans doute sous l'influence d'un professeur de yoga, Albert Delbauche, lequel prétend alors qu'il faut, selon les exigences du Christ, ériger une croix lumineuse de 738 mètres de haut à Dozulé (dans le Calvados). Ce gourou — qui prédit une invasion russe (c'est-à-dire "bolchevique") et la guerre civile — se proclame subitement "chrétien romain pratiquant" mais s'avère aussi être royaliste (car sa fille est "envoyée par le ciel pour rétablir le Roi en France"), aventuriste… et doit, dès 1983, compter avec une multitude d'organisations concurrentes.

Albert Delbauche agit en fait, depuis 1980, suivant les "apparitions et messages" délivrés à une voyante née en 1924, Madeleine Aumont. Son objectif est alors de publier *Le Message de Dozulé*. Une partie des informations afférentes proviendrait, sous la plume de monsieur Henri Durrenbach, de la revue de l'association "d'archéologie scientifique et traditionelle" **Atlantis**. Insistant sur l'imminence de conflits mondiaux et "d'une catastrophe telle qu'il n'y en a pas eu depuis le déluge", le gourou se réfugie ensuite en Loire-Atlantique avec un groupe d'adeptes persuadés de la destruction prochaine de Paris, Lyon et Marseille. Pourtant, ce groupe s'étiole très vite… et se disperse vers 1983-1984 dans d'autres associations parallèles.

Excédé, l'Evêque de Bayeux, après une enquête canonique approuvée par Rome, refuse pour sa part, le 24 juin 1985, de reconnaître l'authenticité des apparitions de Dozulé, interdit toute propagande et spécialement toute collecte de fonds ainsi que l'édification d'une croix et d'un sanctuaire, et interdit aux prêtres d'organiser ou de présider tout pèlerinage. Pourtant quelques centaines de fidèles continuent à se réunir, tous les mois de mars, sur les lieux.

En 1988, un ouvrage à fort tirage, intitulé *La croix glorieuse, ultime message du Christ à Dozulé*, est encore réédité sous la conduite de l'écrivain Jean Stiegler. On y retrouve notamment des éléments chers à la communauté **Action Fatima-La Salette** (guerres civiles, guerre générale, pestes, etc.). En septembre 2001, une plaquette précise encore, au sujet de la future croix lumineuse de 738 mètres de haut, que "plusieurs études ont été réalisées, montrant la faisabilité de la Croix. Certaines tours, au Japon, Canada, Russie, atteignent plus de cinq cents mètres. Une association a montré que la technique moderne permettait une telle réalisation, de même l'état du terrain permet cette construction".

Sociologiquement, les principales victimes de ce tohu-bohu mystico-médiatique semblent alors se recruter au sein "des groupes romains aux tendances traditionalistes et mariales". On se situe donc bien ici, intellectuellement, "avant le concile de Vatican II"…

Amis de la culture européenne (ACE)
Organisation culturelle (très proche de la revue *Réfléchir & Agir*) sans doute fondée à la fin des années quatre-vingt-dix et dont l'un des objectifs est de faire connaître les travaux de Robert Dun, un admirateur de Nietzsche ayant écrit de nombreux livres traitant de sujets aussi divers que la philosophie, la poésie, la religion, l'écologie (revue *L'Or Vert)*, l'économie ou l'ésotérisme.

Durant sa jeunesse, Robert Dun s'engage dans le militantisme communiste, puis anarchiste, avant de s'enrôler... dans la Division (SS) Charlemagne. On lui doit notamment les *Confidences de loups-garous*, le *Message du Verseau*, un *Manifeste de l'art sacerdotal* et une traduction commentée d'*Ainsi parlait Zarathoustra*.

Selon Robert Dun il y a encore, en 1984, "identité entre ce que la physique appelle énergie, les philosophes antiques lumière, les religions amour et Nietzsche, le dernier venu des grands prophètes, volonté de puissance".

En 2000, Robert Dun publie enfin *Une vie de combat* aux Editions du Crève-Tabous. Un livre "à posséder absolument dans ce monde incertain et finissant"... Il décède le 8 mars 2002.

Amis de Saint-Loup
Association créée en 1991 — par le médiéviste Pierre Vial — très proche d'une certaine Nouvelle Droite, païenne et admiratrice du signe de la roue solaire. Dans un opuscule datant de cette même année, Pierre Vial écrit notamment que "poète — car il était d'abord et avant tout un poète, c'est-à-dire un éveilleur — Saint-Loup m'a entraîné sur la longue route qui mène au Grand Midi de Zarathoustra. Bref, il a fait de moi un païen, c'est-à-dire quelqu'un qui sait que le seul véritable enjeu, depuis deux mille ans, est de savoir si l'on appartient, mentalement, aux peuples de la forêt, ou à cette tribu de gardiens de chèvres qui, dans son désert, s'est autoproclamée élue d'un dieu bizarre, un « méchant Dieu », comme disait l'ami Gripari".

L'association édite, au mois d'avril 1991, *Rencontres avec Saint-Loup*, tiré à mille exemplaires. Ses organisateurs précisent alors que ces idées ne sont pas forcément "à droite", mais de Droite...

On ajoutera que Saint-Loup (Marc Augier) fut rédacteur en chef de *Devenir*, le mensuel des SS français, qui parut en son temps sous le symbole "d'une croix gammée, inscrite dans un cercle et non dans un carré". Il était, auparavant passé... par le Centre laïc des auberges de la jeunesse.

Amis du nouvel art slovène (ANAS)
Cette association, conduite par Sylvie Mérieux, est fondée au début de l'année 1991 sous l'influence du mouvement politique Troisième voie. Elle se donne alors pour but "de faire connaître au public français le groupe musical Laibach ainsi que les autres composantes de l'organisation Neue Slovenische Kunst (Nouvel art slovène, ou NSK) qui sont : Red Pilot, groupe de chorégraphie et de théâtre et Irwin, groupe de peintres aux créations mêlant des influences baroques, dadaïstes et néo-classiques"... et ésotériques. On pense immédiatement à la défunte NSKK (Nationalsozialistische Kraftfahrkorps) hitlérienne.

Le groupe slovène Laibach, né en 1984, multiplie pour sa part "les allusions ou citations relatives aux symboliques fascistes ou nazies". On s'y montre également avide d'atmosphères brumeuses "à la Dracula", de grottes et de chateaux hantés. La publication nazie *Signal* est pillée sans vergogne...

La revue d'information de l'**ANAS** s'intitule, en 1991, *L'Appel du cerf* (ou "bulletin d'information de la rétro-garde") et ses liens avec le **Futurisme européen révolutionnaire** sont étroits. Dans la sphère ésotérique, *L'Appel du cerf* se réclame encore de la revue d'étude traditionnelle émanant du **Cercle Sol Invictus**, mais également d'une publication dévolue à la "révolution spirituelle", *L'Age d'or*.

Une maison de disques intitulée Front de l'Est et fondée au début des années quatre-vingt diffuse, depuis Amiens, les tracts et documents afférents.

En mai 1994, *L'Appel du cerf* est rebaptisé *Le Corbeau* et devient "l'organe d'expression des clubs Faisceaux, Art et Rédemption". Les **Amis du nouvel art slovène** se muent alors en Actions nouvelles pour un art social, dont le logo comporte un compas apparaissant sur un fond de roue dentée. Ils sont basés dans l'Eure. L'influence est très "kriegsmarine".

Le discret insigne afférent est une croix inscrite dans une roue dentée, parfois barrée du mot "Leibach". Il faut préciser que l'adoption d'un tel insigne de reconnaissance est, par ailleurs, révélatrice — bien plus que les objectifs avoués du mouvement concerné — d'une volonté de se structurer et de se différencier. Bref, de cultiver un élitisme discret... comme nous en verrons de nombreux exemples dans les pages qui suivent.

Anagrom
Revue basée, en 1981, dans le cinquième arrondissement parisien. Consacrée, sous l'égide de Claude Gaignebet et Maxime Préaud, à la publication de travaux historiques et de documents relatifs à la sorcellerie et à l'alchimie, elle rencontre alors un écho marqué au sein de la Nouvelle Droite et de sa publication phare, *Eléments*.

Analyse actionnelle organisation (AAO)
Implantée à Vincennes en 1977, l'**Analyse actionnelle organisation** pour une pratique de vie consciente (**AAO**-PVC) devient Maison des arts et de la communication (MAC) en 1980.

Il s'agit en fait d'une émanation ″révolutionnaire″ de la Kommune du ″leiter″ Otto Muehl, dont les racines sont à rechercher en Autriche vers 1973 et dont la doctrine, prônant une lutte révolutionnaire pour la libération totale, est directement inspirée des travaux du médecin autrichien Wilhem Reich... lequel tenta jadis ″une synthèse entre le marxisme et la psychanalyse″, sur fond de libération sexuelle affirmée. Des communautés très autarciques se forment en Autriche, puis un peu partout en Europe jusqu'au début des années quatre-vingt. Muehl se réserve cependant la haute main sur l'ensemble de l'**AAO**, ″en veillant à la formation stricte de ses cadres dans son quartier général de Friedrichshof en Autriche″. En France, le bulletin du groupe s'intitule *Nouvelles AA*. Le premier numéro date de 1976.

Nous avons ici affaire à une démarche collective (dont le ressort est bien plus psychanalytique qu'ésotérique) visant en fait à ″l'affranchissement intégral de l'individu par la transgression des tabous″, le but final étant de former les cadres (surhommes AA, sains et libérés) d'un futur état mondial AA. Les adeptes des deux sexes se rasent le crâne et enfilent d'informes vêtements de travail. On y cherche également à relativiser les notions de couple et de famille, par la multiplicité des rapports sexuels éphémères (Zweier Beziehung, ou ZB).

Pour faire bref, "une femme qui n'a couché avec personne est un problème pour le groupe".

Un mouvement d'inspiration "gauchiste", les Cocoli — ou Commune communiste libertaire — s'oppose cependant, depuis le Val-de-Marne, à ces pratiques (jugées être par trop coercitives). A partir des années 1979-1980, on note pourtant "une plus grande souplesse dans le fonctionnement intérieur et en particulier dans l'acceptation du travail rémunéré à l'extérieur du groupe". Celui-ci reprend alors le nom de Kommune et l'on parle alors de "revirement de l'**AAO**". Dans cette période, le prosélytisme de Kommune est particulièrement visible auprès des jeunes. De nombreuses associations culturelles servent donc de relais à un mouvement **AAO** devenu plus fréquentable et "proposant, sous le nom d'« atelier culturel », des activités manuelles, du théâtre et des enseignements psychologiques". Ce sont des centres de Selbstdarstellung, ou centres de SD voués à la "représentation de soi-même".

Et les élections ? Et bien tout le monde vote "Kommune"...

Finalement, des pratiques internes odieuses conduisent, dès 1987, à un repli d'une partie de l'encadrement de la "psycho-secte" **AAO** sur une île des Canaries.

En 1992, extradé par l'Espagne, Otto Muehl est pour sa part condamné à sept ans de prison en Autriche.

D'autres entités semblables émergent alors un peu partout en Europe, vers 1990, afin de promouvoir la "révolution sexuelle et écologique" : Aktion Perestroïka, Sexpeace et, même, un second "Greenpeace"...

Ananda Marga
Mouvement néo-hindouiste (parfois qualifié de "socialisant") dont le nom signifie "Chemin de la félicité" et qui est fondé dans les années cinquante par Prabhat Ranjan Sarkar, devenu Sri Ananda Murti. Il dispose ensuite d'une organisation internationale, politique et bien plus activiste, le Proutisme universel (ou Progressive utilization theorie). En effet, "il faut s'éloigner à la fois du capitalisme qui rend les hommes esclaves et du communisme qui en fait des bêtes" et il convient de prendre la direction du monde ainsi libéré grâce à une élite dirigeante d'êtres "réalisés", sorte de "moines tantriques", les Acaryas.

Ainsi, l'asservissement est parfois total, et indiscuté, entre la base et un encadrement — "moralement fort et non égoïste" — très élitiste. L'ensemble est donc totalement hiérarchisé et fermement "verrouillé". Enfin, par des exercices tantriques, les adeptes (en longue veste orange, pantalon court, large turban et ceinture blanche) accèdent "à la libération spirituelle".

Ananda Marga est alors peu connue dans la France de la fin des années soixante-dix, mais elle tente pourtant d'y dégager une élite dirigeante composée de "yogis militants à l'esprit radical" à la recherche d'une troisième voie entre capitalisme et communisme… d'autant que la revue *Question de* participe à la diffusion, au sein de l'Hexagone, de la philosophie du "Chemin de la félicité". L'organe écrit d'**Ananda Marga**, basé à Lyon, s'intitule alors *Vanii* (le Message).

La dureté de ses actions politiques en Inde (heurts sanglants avec la police, attentats et immolations par le feu) lui forge durablement l'image d'un mouvement violent et dangereux. En Europe, malgré la promotion d'un Projet global pour l'Afrique, l'usage d'un emblème "malheureux", un svastika inscrit sur un soleil levant placé dans une étoile de David de couleur jaune orangé, ajoute encore à la confusion…

Vers la fin des années quatre-vingt un Centre français s'implante à Montrouge, dans les Hauts-de-Seine, d'où il diffuse de nombreux objets "cultuels".

En 1996, on compte alors une centaine d'adeptes au sein de l'Hexagone (même si le nombre des simples initiés est plus important). On les dit extrêmement actifs. En fait, "tout se passe pour eux comme si le changement individuel découlait d'une re-formation des structures sociales, à l'opposé des groupes spiritualistes ordinaires qui prétendent pour leur part réformer l'individu pour changer la société"…

Antaïos

Revue d'études polythéistes belge fondée en 1992 (date anniversaire de l'interdiction par l'empereur chrétien Théodose de tous les cultes païens, le 8 novembre 392) et présentée comme "le fer de lance de la pensée païenne". Bien diffusée en France, ses liens avec la Société internationale des études indo-européennes y sont ensuite établis. Il faut préciser que la première mouture d'*Antaïos* date au moins de 1959... et fut fondée par Ernst Jünger et Mircea Eliade.

Son nom est celui d'un géant de la mythologie grecque vaincu par Héraclès. La revue tire donc sa dénomination du personnage mythologique Antée, appelé Antaïos en grec.

Les références au Mithriacisme (culte perse incluant un baptême rituel dans le sang d'un taureau), au chamanisme (œuvre des prêtres de certaines ethnies de l'Asie) et à l'Inde traditionnelle sont très marquées au sein d'*Antaïos*.

Cette revue a pour animateur un enseignant bruxellois, Christopher Gérard. Le 8 novembre 1998 se met enfin en place la Société d'études polythéistes, afin de soutenir ses travaux.

Seule la solide implication française de cette publication d'outre-Quiévrain visant à constituer "une sorte de forum où viendraient s'exprimer, en toute liberté, tous ceux qui sont convaincus de la nécessité (…) d'un recours à la mémoire païenne de l'Europe" explique sa présence au sein de cette recension principalement axée sur l'Hexagone.

Ar Stourmer

Revue appartenant au troisième Emsav (relèvement) breton, et lancée en 1962 par Goulven Pennaod ou, si l'on préfère, Georges Pinault. On y lit notamment un poème, rédigé en langue bretonne, à la mémoire de Adolf Eichmann...

"Ar Stourmer" signifie "Le combattant". Selon *La Bretagne réelle*, en 1964, "son intérêt est certes très grand, et il peut être ce « fer de lance » dont a besoin le Mouvement". Dans les fait, il se présente surtout comme un stupéfiant bulletin bretonnant d'allure ésotérico-nazie et placé sous le patronage de la rune Odal. On y reconnait également la "patte" d'un extrémiste d'inspiration armoricaine fort actif, alors animateur de la **Fraternité de la croix gammée**, Michel Josseaume.

Dans les années quatre-vingt, Georges Pinault est maître de conférence associé à la faculté de langues de Lyon III (Université Jean Moulin). Après son départ de l'université lyonnaise il continue cependant, de 1992 à 1995, à être accueilli dans les pages de la revue *Etudes Indo-Européennes* éditée par Lyon III…

Archedia

Les clubs **Archedia** (sciences et tradition internationale) naissent, en 1984, dans la région de Genève et dans la mouvance du docteur Luc Jouret. On y pratique des activités axées sur le réel (hygiène de vie, éducation, activités culturelles et agriculture biologique) afin de mettre en pratique une "science de vie concrète" et de développer les enseignements initiatiques afférents. Ils prennent la suite des clubs Amenta sciences et tradition internationale, qui constituent le premier filtre (ou organe) de recrutement de l'**Ordre du temple solaire**.

Ces clubs Amenta organisent en effet, en leur temps, des "activités publiques telles que conférences, séminaires, symposiums et concerts. Ces activités sont définies, globalement, sous quatre thèmes : culture, science, humanisme et nature. Les clubs Amenta choisissent avec un soin tout particulier les conférenciers et animateurs, pour suggérer au public une information sûre, approfondie et de qualité. Certaines conférences sont éditées et mises en vente sous forme de brochures ou de cassettes, permettant ainsi une plus large diffusion à un public auquel Amenta reste largement ouvert".

Les clubs **Archedia** séduisent pour leur part, en 1987, quelques trois cent cinquante personnes (dont une centaine de Suisses) mais, dès 1991, l'activité de ces membres va décroissant, alors que s'affermissent les liaisons avec le tristement célèbre **Ordre du temple solaire**. Les Clubs **Archedia** sont dissous en 1991, dans la plus grande discrétion.

Dans une lettre adressée à la "Préfecture de Police" du dix-huitième arrondissement de Paris, la secrétaire d'**Archedia** Paris écrit que, le 12 janvier 1991, "conformément à l'article 5 consigné dans le procès-verbal de l'Assemblée générale extraordinaire du club **Archedia** sciences et tradition de Paris en date du 9 novembre 1990, nous demandons la dissolution de ladite association. Nous ne désirons aucune parution au *Journal Officiel*".

Sur le tard, le flambeau est repris par l'association Ordre traditions et science. C'est peut-être parce que "cette dernière semble vouloir prendre ses distances avec la direction de l'**Ordre du temple solaire** que sont apparus, en parallèle, quelques clubs Atlanta plus directement liés à Luc Jouret".

Certes, le sigle de l'association Ordre traditions et sciences est le même que celui de **l'Ordre du temple solaire**, mais il ne s'agit ici que d'une association loi de 1901.

Argad
Revue bimestrielle "violente" et iconoclaste éditée à Marseille puis à Aix-en-Provence de janvier 1969 au printemps 1971.
Son nom signifie initialement, en langue bretonne, attaque ou incursion.
Depuis ce mois de janvier 1969, se prétendant proche de la Nouvelle Droite et du **GRECE**, elle pousse l'anticléricalisme "jusqu'au blasphème systématique et à l'invocation du démon". En effet, "Dieu est mort ? Non, il est con"... On y parle également de "ressusciter les messes noires", de combat païen et d'abolir les dogmes. L'humour afférent est virulent, et discutable.
Il y eut environ dix numéros effectivement parus. Son directeur est l'écrivain gréciste Vincent Decombis, lequel affirme que "Argad" signifie surtout cri de guerre en breton, "cri de guerre issu de notre instinct le plus lointain". En effet, "c'est avec la culture et le paganisme celtique, étouffés depuis vingt siècles, qu'il nous faut renouer. Cri libertaire, combat païen : c'est de l'étatisme, du juridisme, du christianisme que la société crève. C'est deux mille ans qu'il faut contester".
Argad est en fait une émanation du Rassemblement socialiste européen (RSE), groupuscule "fédéraliste" travaillé par des correspondants belges qui émerge véritablement vers le mois de mai 1969 et attire, sous une étiquette volontiers anarchisante, des éléments jadis proches du mouvement Jeune Europe. On y vente la pensée de Nietzsche, associée "au celtisme traditionnel et au paganisme"... tandis que la revue bimensuelle *Socialisme Européen* offre à *Argad* — "cri libertaire, tribune et combat païen" — de forts visibles encarts de propagande. La revue est diffusée dans les facultés, à la criée, ou "de la main à la main". Un de ses principaux soutiens est constitué par ***La Bretagne réelle***.

Armoria
Magasin rennais "celtique et médiéval", notamment dépositaire, en 2000, de la revue identitaire ***Utlagi***.

Ars Magna
Maison d'édition d'orientation nationaliste révolutionnaire, née en 1980 (ou 1982, selon les sources) à Nantes. Ars signifie, dans un premier temps, "Association recherche et solidarité".
Ars magna — le Grand Œuvre aboutissant à l'obtention de la pierre philosophale — est donc bien une maison d'édition associative de forte influence nationaliste révolutionnaire, dirigée depuis sa création par Christian Bouchet. On y diffuse des textes à caractère ésotérique, dont ceux d'Aleister Crowley, et des écrits nationaux-bolcheviques. On y propose également des T-Shirts, des pin's et autres patches (écussons).
Très proche de la pensée du philosophe "traditionnaliste révolutionnaire" italien Julius Evola, on doit notamment à **Ars Magna** la publication d'un mensuel datant de 1997 et défendant des thèses nationalistes révolutionnaires (et ouvertement païennes), *Résistance*.

Art, culture et traditions d'Europe (ACTE)
Magasin (et catalogue) basé dans l'Oise. Il est fermement soutenu, en 2000, par la revue identitaire *Utlagi* et une publication "de tradition indo-européenne", *Réfléchir & Agir*. On y trouve alors des objets relevant d'une influence celte, nordique ou traditionnelle... tel le célèbre marteau de Thor (un bijou d'inspiration scandinave) ou des bagues comportant des caractères runiques.
Cet ensemble comprend également, en 1998, l'atelier La Mélusine.

Art Nordique
Catalogue armoricain basé dans la région de Saint-Brieuc, et proposant divers objets et bijoux de caractère ésotérique, mais également des reproductions d'objets traditionnels de l'Europe du Nord.
En 2000, cette initiative est soutenue par la revue "de tradition indo-européenne" *Réfléchir & Agir*, par la publication identitaire *Utlagi* et surtout, depuis 1987, par la revue belge *Volonté Européenne*.
Son emblème est un navire Viking chargé de guerriers...

Arts et loisirs de jeunes
Organisation culturelle fondée vers l'année 1991 à l'appel de l'abbé Georges de Nantes et de sa **Communion phalangiste**. Il s'agit, ici, de "lutter contre la télévision et ses programmes dégradants, immoraux et abêtissants".

Basé dans le département de l'Orne, **Arts et loisirs de jeunes** propose donc, sous l'impulsion de René Legrand, de "créer un vidéo-club familial pour répondre à l'attente d'un grand nombre d'amis, lecteurs ou auditeurs. Pour sélectionner les cinq cents films de son catalogue, il a dû en visionner un nombre considérable puis effectuer un retranchement scrupuleux des films avilissants, révolutionnaires ou sans aucune valeur. Ce vidéo-club a déjà le mérite d'exister, s'il se développe il pourra présenter plus de films à votre choix. Notre Père nous dit de préserver nos familles, préservons-les de la subversion de la télévision en faisant notre propre programme".

Asgard
Cercle basé dans le Calvados, actif dès 1974 et organisant alors des manifestations liées à la célébration du solstice d'été. Proche du **GRECE**, ce mouvement est surtout à l'origine d'initiatives à "caractère nordique" se traduisant par des reconstitutions en costume d'époque.

Dans la même région existe aussi, depuis 1984, une Confrérie odinique normande fondée par Jacques Coutard, lequel se présente alors comme étant "le seul Français à avoir suivi le cursus de neuf années de formation de l'Asatru" (forme de néo-paganisme islandais, ou religion ethnique polythéiste basée sur la mythologie nordique).

Selon la mythologie nordique, **Asgard** serait une cité située au centre du monde. Odin et ses frères l'auraient construite après avoir créé les êtres humains…

Assistance Jeunesse
Association émanant de l'organisation **Tradition Famille Propriété** (**TFP**) et ayant fondé, en 1977, une école privée — "catholique et traditionnelle" — dans le Berry.

Il s'agit de l'Ecole Saint-Benoît, laquelle connaît à la fin des années soixante-dix une grave crise d'effectifs (qui diminuent des trois quarts).

La **TFP** explique ainsi cette soudaine désaffection : "Des forces secrètes très organisées et très puissantes (la « mafia ») ont réussi à paniquer les parents et ont organisé avec eux le retrait jour après jour des enfants, tout cela parce que **TFP** est un pôle de pensée international". En fait on y développe une attirance exagérée pour la notion de discipline et, surtout, un culte de la personnalité en faveur de Plinio Corrêa de Oliveira.

En conclusion, l'école fini par fermer au bout de deux ans car "certains parents, tout en étant en accord avec la philosophie de **TFP**, n'allaient pas jusqu'à cautionner de telles pratiques".

Association de culture universitaire et technique (ACUT)

Organisation estudiantine déclarée à la Préfecture de police de Paris le 28 février 1956 et siégeant, ensuite, dans le septième arrondissement parisien, sous le strict contrôle de l'**Opus Dei**. L'association se donne pour objet "de faciliter le séjour et les études en France des étudiants en provenance notamment des pays d'expression française et des pays latins, et particulièrement de les orienter dans leur formation culturelle et de favoriser leurs relations avec des étudiants français".

Le nom de l'**Opus Dei**, qui a pourtant fondé l'**ACUT** de toutes pièces, ne figure pas dans les statuts de l'association. L'organisation entretient cependant (en 1970) une résidence internationale à Paris, une résidence féminine à Neuilly et des structures approchantes à Reims, Marseille et Grenoble. Un château de la région de Soissons, "avec arbres et pièce d'eau", est également régulièrement utilisé par l'**ACUT**, laquelle "patronne, avec la collaboration de membres de toutes les catégories professionnelles, des activités de toutes natures destinées à permettre aux jeunes d'enrichir leur formation professionnelle dans un climat d'initiatives et d'approfondissement spirituel".

Il existe alors également, "ici et là, divers appartements, de petits foyers, dont il est impossible d'avoir la nomenclature exacte".

Association des amis de la Patagonie

Entre le rêve au sein des tribus araucanes et l'histoire romancée, cette mystérieuse région située au sud du Chili est l'objet d'un étonnant jeu de société fort prisé à l'extrême droite (mais pas seulement) et consistant "à arborer ostensiblement des titres militaires et diplomatiques patagons".

Cette contrée imaginaire possède un drapeau comprenant trois bandes horizontales : bleue, blanche et verte. Il semble même qu'il soit, de loin en loin, arboré par des "Patagons" lors du pèlerinage de Chartres...

L'ensemble est fortement inspiré par les ouvrages d'un romancier royaliste, Jean Raspail.

Association française d'échanges et d'initiatives

Mouvement politique parisien animé, sans doute depuis le début des années quatre-vingt-dix, par les époux Bugat (fondateurs du Club liberté). Un des buts poursuivis semble être, par le biais de tables rondes, de donner la parole aux "nouveaux mouvements religieux" et de tendre une oreille attentive vers les "leaders des grandes sectes".

L'expérience tourne court à la fin de l'année 1993.

Association mondialiste interplanétaire (AMI)

Fondé en 1954 et basé, en 1960, dans l'Ain, ce groupement "soucoupiste" d'origine helvète a pour organe écrit mensuel *le Courrier interplanétaire* et met surtout en garde ses contemporains contre les dangers de la "science atomique". Son principal animateur est alors Alfred Nahon, installé au nord de Genève. Ce dernier lie "systématiquement, et en tant que doctrines, les questions astronomiques, philosophiques, scientifiques, sociales, économiques, politiques et humaines. L'ère interplanétaire va bouleverser tous ces domaines et abattre les cloisons étanches qui les séparent".

L'**AMI** entretient ponctuellement des liens avec le **Collège des druides, bardes et ovates des Gaules**. Elle anime également la Ligue anti-atomique de la protection de la vie mais elle est un temps parasitée, en Région parisienne, par "des exaltés guidés par un nommé Rameau de Saint-Sauveur qui se disait venir d'une autre planète, n'être qu'un mort en sursis et avoir un tas de messages médiumniques à présenter".

L'activité de l'**Association mondialiste interplanétaire** semble se tarir en 1969. Cependant le relai est alors assuré par l'Union mondiale d'avancée humaine.

Association nationale des amazones traditionnelles (ANATRA)
Mouvement actif au milieu des années quatre-vingt et très proche de la revue néo-traditionaliste *Rebis*. Animé par Georges de Maleville, il vise à réunir les "amazones traditionnelles" car ce terme "évoque de nos jours une femme très féminine, heureuse de l'être et de séduire son ami préféré : l'homme". L'association est présente dans l'Hérault et en Région parisienne.
Les références à la mythologie et à l'histoire grecques y sont multiples.
Les "cavaliers accompagnateurs" sont également admis au sein de l'**ANATRA** et "les plus confirmés y ont droit au titre traditionnel de « Membres à la Suite »".

Association nouvelle acropole-France (ANAF)
Voir **Nouvelle acropole-France**.
Elle veut être une "école de philosophie au vingtième siècle".

Association pour l'unification du christianisme mondial (AUCM)
Association fondée en Corée, en 1954, par Yun Myung Mun (devenu ensuite Sun Myung Moon) en vue "de mettre fin aux souffrances de Dieu et de l'humanité". Ce que Moon entend alors faire c'est "acquérir la puissance économique et financière, réunifier la Corée, qui est la nouvelle Palestine, et enfin écraser l'empire communiste, incarnation de Satan". Les premiers pays où l'on répand "la bonne parole" sont le Japon et les Etats-Unis. Remarquable tribun, Moon subjugue alors les foules auxquelles il s'adresse et fait publier en 1957 un très gros livre, *Les Principes divins*. On y trouve par exemple des éléments empruntés au christianisme, au taoïsme et au mazdéisme… sur fond d'anticommunisme viscéral.
En 1968, l'**AUCM** (dans laquelle la hiérarchie est strictement respectée) est officiellement déclarée en France et y forme finalement un bloc autoritaire de cinq cents personnes, les Pionniers du Nouvel-Age. En effet, précise Sun Myung Moon en 1974, "si nous pouvons manipuler au moins sept nations, nous contrôlerons le monde entier". L'organe écrit bimensuel afférent, férocement antisoviétique, s'intitule *Nouvel Espoir*. Il est principalement vendu dans la rue par les "moonies" et son

apparition date sans doute de 1978. En 1982, sa vente représente 80% des ressources de l'**AUCM**. La permutation des sigles est alors proprement stupéfiante. Outre l'**AUCM**, apparaissent le MURVA (Mouvement universitaire pour la recherche des valeurs absolues), l'ICF (International Cultural Foundation), l'ICUS, l'IOWC, le CARP et autres CURE.

Un tract intitulé *Des parents s'expriment suite à l'affaire Moon* est alors diffusé en Région parisienne. Il s'agit, ici, de réagir face aux investigations policières antisectaires.

Il existe également des "Teams" spécialisées, "sortes de groupes d'adeptes mobiles qui circulent continuellement, de préférence à l'étranger". On connaît ainsi la "Team de la joie", "célèbre pour la niaiserie de ses refrains". De multiples brochures sont diffusées au sein de l'Hexagone et Sun Myung Moon y assure que "la civilisation est devenue chaotique et désordonnée". En effet, "la confusion, au niveau des valeurs, foisonne ; les rapports de l'homme et de la technologie deviennent de plus en plus ambigus, l'homme ignore la signification ou le but de sa vie et beaucoup de gens adoptent une philosophie de recherche personnelle du plaisir".

Puis, en 1980, l'association Mooniste entame une vaste campagne anticommuniste par le biais de sa **Confédération d'associations pour l'unité des sociétés des Amériques (CAUSA)**. A tel point que, en mars 1986, Pierre Ceyrac (le secrétaire général de **CAUSA-Europe**, alors lui-même basé dans le quatorzième arrondissement parisien) est élu député sous l'étiquette du Front national. Il s'ensuit, en 1987, un affichage tricolore appelant "avec l'aide de Dieu à sauver la France"... Car, précise Moon, "lorsque je tiendrai dix pour cent de l'élite d'un pays, je tiendrai ce pays". En effet, le parti avec lequel **CAUSA** collabore le plus étroitement depuis 1985 est bien le Front national. L'organisation mooniste marque alors quelques points à Paris, dans les Hauts-de-seine, en Seine-Maritime et dans le Rhône. Pour les élections présidentielles du printemps 1988, "cent cinquante moonistes de divers pays d'Europe, pour la plupart anglo-saxons, débarquent sur le sol de France pour aider à la propagande lepéniste".

En juin 1989, Pierre Ceyrac siège au Parlement européen et devient conseiller régional en 1992. Pourtant, en France, les adeptes ne sont que quelques milliers. Ils n'y trouvent pas, en effet, les facilités que leur confère, aux Etats-Unis, l'establishment de droite.

En 1989, puis en 1990, le révérend Moon affirme, pour sa part, vouloir soutenir réellement "le courage et les idées du président Gorbatchev" ! La surprise est de taille pour la branche française du mouvement car, en effet, selon Moon, "l'Union soviétique va jouer un rôle-clé dans ce plan que Dieu a conçu de construire un monde où régnera une paix authentique et durable"...

L'anticommunisme est ensuite progressivement évacué des publications moonistes au profit de "la réconciliation, au niveau mondial, des deux frères Caïn et Abel". Il est vrai que la Russie fait alors figure de nouvelle terre de mission.

Cependant, depuis Nogent-sur-Marne, la stupéfiante association PLUTON (Pour la libération universelle de la tyrannie des oppresseurs de la nature) déclare que Moon et "toute cette opération politico-financière innommable doivent être renvoyés au néant"...

Le mercredi 16 février 1994, Pierre Ceyrac démissionne du Front national et déclare que celui-ci "ne lui permet plus de mener le combat pour le renouveau des valeurs et la reconstitution morale et spirituelle de la nation". Les adeptes français le suivent, dans leur immense majorité. Le communisme a en effet cessé d'être une menace pour les "moonies".

Association sportive du marteau de Thor

Organisation sportive fondée en 1992, par des activistes parisiens proches du Groupe union défense et du Front national de la jeunesse. Son secrétaire se nomme Frédéric Chatillon.

Il s'agit, en fait, d'une "couverture" permettant l'entraînement physique des militants afférents. Le recensement de cette association tient, ici, essentiellement à son intitulé néo-païen.

Association Sully

Fondé en 1925, ce mouvement mi-politique, mi-religieux, se heurte ensuite durement à l'Action catholique. Il regroupe alors les protestants monarchistes autour de personnalités théologiques comme Auguste Lecerf ou de pasteurs comme Noël Nougat (dit Vesper).

L'ensemble prend, parfois, une teinte antisémite.

Noël Nougat est fusillé à la Libération.

En 1960, les ultimes militants se confondent sans doute avec le dernier carré des animateurs de l'Union des protestants monarchistes. On les trouve alors à Paris, Nantes, Strasbourg, Marseille et Lyon. Ils y assurent que "tout cléricalisme est contre Dieu" et que "les laïcs doivent prendre tous les rôles dans l'Eglise".

Atelier de l'Elfe
Atelier et magasin païens "militants" situés, dès les années quatre-vingt-dix, dans les Côtes-du-Nord et spécialisés dans la diffusion de céramiques (bougeoirs, vases et muraux), de verres et d'artisanat d'inspiration celtique ou nordique. On y façonne donc runes, triskels et esnèques (vaisseaux viking, pour "mettre les trois bougies lors de la cérémonie du Solstice d'hiver").

Proche de la Nouvelle Droite, cette structure artistique reçoit, en 2000, le soutien de la revue identitaire **Utlagi**. Elle est animée par Catherine Nauwelaers.

Ateliers de l'homme global
Structure relevant de l'**Association nouvelle acropole-France (ANAF)** et dispensant des cycles de cours aux acropolitains, sans doute depuis la fin des années quatre-vingt. Sont concernés, au premier chef, les membres nouveaux venus.

Il s'agit d'y "réussir par la pensée positive", ou également de s'y livrer à l'étude des philosophies d'Orient, d'Occident ou, encore, d'explorer diverses doctrines ésotériques assurant une connaissance "des mystères de l'homme et de l'univers".

Il existe alors, également, des "cycles supérieurs"... dont l'inscription reste subordonnée à la participation à l'un des trois programmes du premier cycle d'étude cités ci-dessus.

Atlantis
Association et revue créées en septembre ou octobre 1927 (il s'agit, en fait, d'une scission de la Société d'études atlantéennes, laquelle date du 24 juin 1926 et est alors présidée par Roger Dévigne).

Son célèbre insigne circulaire de boutonnière comprend, pour des décennies, un trident d'or inscrit sur un fond circulaire azur.

Le fondateur des Amis d'**Atlantis** (aux multiples expériences parfois empreintes de l'esprit de Nietzsche), Paul Le Cour, "développait de surprenants raisonnements destinés à masquer la filiation entre judaïsme et christianisme : le christianisme serait ainsi un culte solaire, apollinien, sans rapport avec le Dieu de la Bible, tandis que Jésus n'aurait pas été juif mais celte"... Cette négation de l'héritage judaïque est très marquée dans *Hellénisme et Christianisme*, un vigoureux ouvrage diffusé en 1943. On y lit ainsi que "le christianisme a sa source non dans le judaïsme mais dans l'hellénisme". En effet, "Jésus est le contraire d'un sémite"...

Pendant la Seconde guerre mondiale, la revue *Atlantis* — un temps maréchaliste (au bas mot) — lance un Centre d'études et d'action pour une chevalerie moderne.

Paul Le Cour a fait auparavant paraître, en 1937, *l'Ere du Verseau*. Il s'agit, ici, de son ouvrage majeur.

Après de nombreuses publications, Paul le Cour meurt le 5 février 1954, faisant de Jacques d'Arès "son héritier spirituel". Ce dernier est alors proche de l'Eglise catholique orthodoxe de France, fondée vers 1922 par un prêtre catholique romain de tendance moderniste, Louis Winnaert. Il réédite notamment *l'Ere du Verseau*, avec de multiples ajouts, lesquels sont identifiés par ses initiales (JA).

Il existe également le centre de vacances Pignada Atlantis, jadis créé par Paul Le Cour en Gironde, ainsi que des voyages réservés aux adhérents. Citons aussi la tenue, généralement à Paris, de nombreuses causeries, de conférences publiques, de débats, de projections, de visites, d'expositions artistiques, de "banquets platoniciens", de "banquets pythagoriciens", de "banquets des Rois" et de "banquets de l'œuf de Pâques".

Par la suite, la revue *Atlantis*, qui intéresse entre trois et cinq mille adhérents, se défend d'être "réactionnaire", se garde assez soigneusement de tout dérapage de caractère ethnique ou politique... même si son principal dirigeant se demande parfois "pourquoi veut-on étouffer l'Occident, et pour le compte de qui ?" et si l'opposition à l'application de "l'analyse marxiste à n'importe quoi" est fermement affirmée. On y conseille aussi, en 1973, l'achat de *L'Ordre Français*, de *Lecture et Tradition* ou de *Nouvelle Europe magazine*... Le journal de l'**Eglise catholique rénovée**, c'est-à-dire du pseudo-pape Clément XV, *La Vérité*, y est jugé "mériter réflexion".

L'association **Atlantis** est actuellement basée à Vincennes, dans le Val-de-Marne et adresse son programme sur demande, contre une enveloppe timbrée. Elle a, au fil des ans, satellisé le Centre d'étude de la Lémurie, lequel fut fondé à Paris entre les deux guerres. Depuis 1964, au moins, elle accueille puis diffuse également les "travaux archéologiques" écrits du fondateur de la **Sainte Eglise normande**, Maurice Guignard. Le créateur d'une association "ésotérico-royaliste" (**Pèlerin de Paris**), Jean Phaure, y trouve de même, peu après, une place rapidement incontournable... y compris par le biais d'une de ses revues très "pointues", *Musique et Tradition* (luttant pour la musique "inspirée" et contre la musique fabriquée). Au début des années soixante-dix, **Atlantis** lui verse une aide financière d'urgence grâce au recours à une caisse de secours ad hoc...

En 1973 naît enfin une milice proche des aspirations du défunt Paul Le Cour, la Compagnie chevaleresque de l'Ordre christien. A cette époque, **Atlantis** peut également compter sur le soutien sans faille d'une revue férue d'ésotérisme, bien distribuée et marquée à droite, *Question de*, alors qu'un dépliant très complet, intitulé *Qu'est-ce que... Atlantis* donne un vaste panorama des activités de l'association.

Quant au principal animateur d'**Atlantis**, Jacques d'Arès, il se présente dans les années quatre-vingt-dix comme étant le président d'honneur du Centre européen des mythes et légendes (et un rédacteur de la revue afférente, intitulée *Liber Mirabilis*). Ce "cercle d'étude des civilisations comparées" est alors basé dans l'Aude, à Carcassonne.

Avenir de la culture (AC)
Association relevant de la loi de 1901, déclarée à la Préfecture de Paris le 28 mars 1986 et dépendant d'une organisation antimarxiste visant à restaurer la "civilisation chrétienne" : **Tradition-Famille-Propriété (TFP)**.

Les principes fondateurs sont explicites : "Assurer la défense, dans les domaines culturel et civique, des principes fondamentaux de la civilisation chrétienne et éclairer l'opinion sur l'influence délétère, dans la législation et la vie sociale, des principes de la révolution libérale et égalitaire".

L'activité d'**Avenir de la culture** consiste alors surtout, depuis Asnières, en l'édition de brochures et en de vastes opérations de mailing postal afin de lutter contre "la dégradation des mœurs" à la télévision, dans les spectacles, dans la vie courante, etc. Les films intitulés *Je vous salue Marie* (1985) et *La Dernière Tentation du Christ* (1988) sont particulièrement visés...

En 1987, **AC** lance également une pétition nationale contre "la pornographie et la violence à la télévision".

En 1989, cette association a ensuite mené une campagne contre la commémoration de la Révolution française, par le biais d'un questionnaire intitulé *Le Bicentenaire en questions*. Est également alors particulièrement visée une émission d'Antenne 2 intitulée *L'amour en France* : "L'émission fait d'Antenne 2 une véritable école de la perversion (...). Si vous et moi nous ne soulevons pas une réaction d'ampleur nationale, cette immoralité scandaleuse va commencer d'être admise comme la nouvelle morale officielle".

L'organe de liaison de l'association **Avenir de la culture** s'intitule, dès 1991, *Flash*... et affirme tirer alors à 225 000 exemplaires. Une de ses cibles favorites est constituée par la chanteuse Madonna. On y lutte également contre les messageries du minitel rose et, toujours, contre "la dégradation morale de la télévision". En effet, "concrètement, l'éducation qui est donnée là est tout le contraire de l'éducation familiale et chrétienne traditionnelle. Chasteté, pudeur, mariage, fidélité, tout ce qui fait la dignité de la vraie famille est absent de cette pseudo-éducation. Non seulement ces notions sont absentes, mais c'est l'opposé qui est prôné : attouchements, masturbation, relations sexuelles dès la puberté (...). Mais ce n'est pas tout, le producteur (du *Bonheur de la vie*) est en train de proposer sa série à plus de deux cents chaînes de télévision du monde entier. Ainsi le prestige moral et culturel de la France servira à promouvoir partout dans le monde cette conception athée et hédoniste de la vie, aux antipodes de la morale chrétienne".

C'est également à cette époque que l'association **AC** prend de plus l'initiative d'une campagne intitulée Lumières sur l'Est et consistant en l'envoi, vers l'URSS, de brochures relatives au message de Fatima.

B

Balder
Revue photocopiée rouennaise qui s'inscrit, de 1976 à 1979, dans la mouvance du Front de la jeunesse du Parti des forces nouvelles, puis dans celle du Cercle PAIEN (Pour une association d'information et d'études normandes). On y trouve notamment une bande dessinée intitulée "la bande à Balder". On lui doit également l'invention de "la ligue à Thor"...

On y propose surtout, pour un prix minime, divers modèles de croix celtiques et un carnet de chants "reprenant les chansons nationalistes les plus célèbres".

Bien entendu, "les articles et bandes dessinées publiés dans ***Balder*** paraissent librement et en dehors de toute censure, aussi n'engagent-ils en rien la responsabilité de ***Balder***"...

Rappelons que, dans la mythologie germano-scandinave, Balder est un des fils du père des dieux (Odin).

Bélisane
Bulletin trimestriel "de philosophie et d'histoire traditionnelles", fondé dans les Alpes-Maritimes en 1977. Animé, notamment, par Claude Boumendil et Wilfrid Chéttéoui, il lui arrive alors de commenter favorablement les écrits de certains auteurs très clairement marqués à droite : Jean Mabire, Robert de Herte (Alain de Benoist) ou le philosophe Julius Evola.

On y parle également de franc-maçonnerie, de kabbale, d'astrologie, de tradition néo-platonicienne, etc.

Bleimor
Centre scout de langue bretonne fondé le 9 janvier 1946, à Paris, et dont l'emblème combine le triskel et le loup, le tout inscrit dans un triangle. Le graphisme de l'ensemble peut pourtant rappeler, de manière malheureuse, la Balkankreuz ornant jadis les flancs des chars allemands.

Pierre Géraud-Keraod et Lizig Géraud-Keraod sont les initiateurs du centre.

Les statuts de cette Communauté de **Bleimor** (loup de mer) sont, cependant, officiellement déposés auprès de la Préfecture de

Police de Paris le 8 mars 1950. Ses créateurs désirent "que la jeunesse qu'ils rassemblent fasse sienne les plus anciennes traditions de la race". Cette dernière découvre alors, par exemple, les vertus de l'ancienne harpe celtique, laquelle "accompagnait les trouvères attachés à nos anciens souvenirs bretonnants"...

En bref, ce n'est pas vraiment de la propagande à caractère religieuse, ésotérique ou politique, "mais c'est peut être plus grave et la loi est désarmée".

En août 1962, les chefs et cheftaines de **Bleimor** décident de s'éloigner des Scouts de France... avant de se rapprocher de la Fédération du scoutisme européen. On connaît alors également cette structure sous le nom breton de Urzh Skouted Bleimor. Elle adopte comme organes écrits *Sked*, *Stur Va* et enfin *Sturier* (Pilote, lancé en 1957).

L'histoire de la Communauté de **Bleimor** se confond ensuite avec celle des Guides et Scouts d'Europe catholiques.

Blockhaus Editions

Maison d'édition fondée, au début des années quatre-vingt-dix, par un artiste féru de "magie" et proche de la Nouvelle Droite belge, Philippe Pissier. Depuis le Val-d'Oise, on y favorise les productions littéraires des Archives secrètes de l'Europe (ASE, un terme emprunté à la mythologie scandinave), et l'on y propose des ouvrages émanant du sulfureux mage Aleister Crowley ou de l'institut de recherche nazi Ahnenerbe. On y rappelle aussi que "les grandes tribus celtes et saxonnes qui firent les nations d'Europe avaient toutes des marques et symboles qui incarnaient leur essence divine. Ces marques formaient le tapis d'arcanes des fiers guerriers indo-européens"...

La réédition d'une partie de l'ouvrage *Magick*, initialement rédigé par Aleister Crowley, est ainsi décrit par les soins de **Blockhaus Editions** : "*Magick* était un livre mythique dans l'histoire de l'ésotérisme occidental, un volumineux ouvrage composé de quatre parties. Un grand nombre d'individus passionnés par l'aspect moderne de la théurgie attendait une traduction de cette œuvre capitale. Son auteur, Aleister Crowley, aventurier spécialisé dans la mise à sac des démesures, proclamait être la Bête de l'Apocalypse, lion-serpent dont le nombre est le nombre d'un homme : 666 (...). Nous souhaitons que cette publication calcine le voile de peur et de calomnies jeté sur un être qui révolutionna l'aventure spirituelle au vingtième siècle".

Signalons enfin, qu'en langue française, blockhaus est devenu un terme générique et désigne désormais tout type d'ouvrage militaire (ou autre) offrant un aspect bétonné.

Boutique celtique
Echoppe située, en 1998, dans le premier arrondissement parisien et spécialisée dans les bijoux ésotériques et autres runes. Elle fait alors partie du "Rézo" de la revue "de tradition indo-européenne" *Réfléchir & Agir*. En 1995, une structure de nom identique se trouve à Brest et diffuse déja, par correspondance, des bijoux et des vêtements avec l'aide de la revue révisionniste *l'Autre histoire*.

Bucéphale
Revue très confidentielle, dont deux numéros seulement sont connus (le deuxième paraissant en 1996). Son principal animateur est, depuis le département de la Marne, André Murcie.
On y développe le point de vue de l'ancienne religion romaine.
Dans la même optique cultuelle, Andrée Murcie publie ensuite, en février 2002, une "revue métapolitique de combat pour la refondation" intitulée *Louve*. Ce fanzine trimestriel, photocopié et agrafé, fait alors surtout la promotion "de l'idée d'Empire et de son polythéisme". Ses liens avec la Nouvelle Droite, en rapport avec l'écrivain Jean Parvulesco, sont avérés.
Bucéphale est notamment le nom du cheval d'Alexandre le Grand. Bucéphale est aussi le nom donné à l'un des chevaux du groupe ornant la fontaine de la place du Quirinal, à Rome.

C

Cadets de la mer, de l'air et de haute montagne
Mouvement de "scoutisme païen" basé dans le dix-huitième arrondissement parisien et accueillant des jeunes gens âgés de 12 à 19 ans. Durant les années soixante-dix, son emblème est une rune Hagal, "porteuse de sagesse".
Des accidents seraient pourtant à l'origine de la disparition de cette organisation.

Cahiers Raymond Abellio
Lancée en 1983 par Jean-Pierre Lombard et Jacques Mazeau, cette revue ésotérique annuelle est citée ici en raison de la personnalité de son inspirateur.

En effet, Raymond Abellio (Georges Soulès), décédé en 1986, est connu pour son parcours politiquement fort complexe : socialiste, communiste, proche des surréalistes, puis membre dirigeant du Mouvement social révolutionnaire sous l'Occupation, résistant... Ses essais et romans présentent, "en des termes parfois voilés, sa passion pour la politique, la géopolitique, le secret et le terrorisme". Il est, comme son prédécesseur Eugène Deloncle, "supérieurement intelligent".

D'autre part, le terme ésotérisme est ici à comprendre comme "un ensemble hétérogène de doctrines faisant référence à une Tradition universelle". Les notions de prophétisme, de gnose et de marxisme y sont régulièrement étudiées.

Cartouches pour un combat culturel
Revue éditée, dès 1997, par les étudiants relevant du Cercle des amis du **Groupement de recherche et d'études pour la civilisation européenne (GRECE)**. Très éclectique, elle rend hommage tant à d'Annunzio et Jünger... qu'à Jean-Edern Hallier.

Fascinée par "l'actualité des idées", *Cartouches* s'intéresse ainsi à la "naissance de Satan", à *Nouvelle Ecole*, au Mouvement synarchique d'empire (MSE, créé en 1922), aux "mégalithes égyptiens", etc. Le ton, reflet des origines estudiantines de la publication, y est parfois d'une vivacité et d'un mordant inusités au sein du **GRECE**.

Celtitude
Magasin armoricain (disposant d'une librairie) implanté à Saint-Brieuc.
On y diffuse notamment, en 2000, la revue identitaire *Utlagi*.

Centre d'études doctrinales Julius Evola ou **Centre spirituel Julius Evola (CSE)**
Basé, initialement, boulevard d'Aulnay à Villemomble (Seine-Saint-Denis), et créé au début de l'année 1975, le **CSE** "composite et modéré" se propose de faire connaître l'œuvre du philosophe traditionel Julius Evola par des conférences parisiennes (relatives, par exemple, à la psychanalyse), "des réunions d'études et des publications". On y oriente également, et fort savamment, les lectures des adhérents. Monsieur Léon Colas préside alors à ses destinées hexagonales. Son bulletin mensuel, analysant de nombreux ouvrages récemment parus, s'intitule fort logiquement *Bulletin intérieur du Centre d'études Julius Evola*. Mais il existe également des *Cahiers Evola*, plus théoriques et qui "publient des textes inédits de Julius Evola, des correspondances et des témoignages".

Un des groupes annexes est le Cercle culture et liberté (pour une Europe libre et unie), fondé en 1975 par un enseignant en philosophie, Daniel Cologne, et qui édite, en 1977, les textes intitulés *Pour en finir avec le fascisme*, *La nouvelle contestation* et *Eléments pour un nouveau nationalisme*. La publication de ces cahiers se fait en lien avec la revue traditionaliste révolutionnaire **Totalité**, "organe de la véritable « Révolution culturelle »". Mais l'étroite filiation avec le Centre — italien — Studi Evoliani fondé à Gênes en 1969 est également palpable. Pour ces penseurs, "le gauchisme ne tend aucunement vers l'Union soviétique, mais vers la Californie".

Si l'on en croit le fondateur du **CSE**, ce mouvement intellectuel "entend être d'abord le regroupement des hommes différenciés que ne satisfait aucune des idéologies universalistes contemporaines, aucun de leurs sous-produits spiritualistes, et qui aspirent à connaître d'autres dimensions de la réalité, alors que celle-ci devient plus opaque, à travers la redécouverte, grâce à l'étude et à l'ascèse, du monde de la Tradition. Ce monde, dont l'Occident s'est progressivement éloigné depuis l'apparition de l'humanisme et de la pseudo-Renaissance, ne s'oppose pas au monde moderne d'une façon historique et contingente, mais d'une façon morphologique et absolue".

Les fêtes du solstice d'été afférentes ont lieu "en pleine campagne, dans un lieu secret, dans la nuit du 24 au 25 juin". La devise du groupe évolien est : "De l'homme qui, face au chaos, étudie et cherche et a l'intuition de l'Eternel Présent et de la Lumière du Nord, naît le Guerrier". Lors d'une de ces fêtes, tenue en 1979, on remarque la surprenante présence de Joëlle Aubron, future activiste du groupe "communiste libertaire" Action directe.

Les membres du **CSE** — parfois accusés de racisme ou de complaisance envers le fascisme italien — pratiquent surtout l'étude et l'ascèse, "utilisant les témoignages traditionnels d'une forme de spiritualité qu'Evola désigne par l'expression de « Lumière du Nord », et les cultures créées par les différents rameaux du tronc indo-européen. Ils le font d'une manière préférentielle et non pas exclusive".

On y retrouve cependant, parfois, l'influence d'Yves Jeanne et de la Fédération d'action nationale et européenne (FANE, déclarée en avril 1966 et dissoute en septembre 1980), dont ce dernier anima le Comité directeur. Pourtant, le **CSE** veut alors être très ferme sur le plan politique et doctrinal : "Les associations de tradition hyperboréennes et occidentale sont rares. Il y a surtout des groupes qui proposent des doctrines plus ou moins farfelues, sinon même, parfois des « religions traditionnelles », fabriquées avec des éléments hétéroclites. L'ésotérisme demande une très grande prudence".

Il faut noter, d'autre part, qu'un premier mouvement évolien français, intitulé Ex Occidente Lux, tente auparavant de se constituer, vers 1970, à Paris. Mais c'est un échec et cette structure se replie alors sur la Belgique. Immédiatement, un autre mouvement tente de prendre le relais (Tradition) mais il vit alors à peine ce "vivent les roses"… et ce petit monde se retrouve, peu ou prou, au sein du **CSE** de 1975.

La Fondation Julius Evola (constituée en mai 1974) et sa revue *Quaderni di testi evoliani*, basées à Rome, disposent également, vers 1977, d'une antenne parisienne. Il existerait, d'autre part, quelques "loges évoliennes" au sein de la Grande loge nationale française… laquelle accueille également d'autres courants "néo-gnostiques".

Centre de recherches sémantiques Gimel

Association "néo-templière" installée dans l'Aveyron en 1995. Durant l'été 2004, les gendarmes découvrent (à la suite d'une dénonciation) un véritable arsenal en perquisitionnant les domiciles des principaux animateurs du centre. Ces derniers déclarent pourtant, bizarrement, "vouloir ouvrir de nouvelles pistes d'élucidation sur les phénomènes outre-mondains par des systèmes sémanto-zététiques appliqués à l'exégèse des fonds scriptaux et extra-scriptaux"…

L'arsenal découvert par les gendarmes doit alors, théoriquement, permettre de repousser une attaque venue d'autres groupes templaristes, devenus envieux… ou, même, des Martiens.

Centre européen de prospective et tradition-La Cour Pétral

Emanation de l'**Association nouvelle acropole-France** (**ANAF**) basée, en janvier 1989, dans l'Eure-et-Loir. Présidé par Fernand Schwarz, le Centre a pour objet "d'être un carrefour européen de la culture, grâce à l'organisation de conférences, stages, rencontres et concerts".

Le centre est alors notamment le siège du Stage Merlin, sorte de camp d'été réservé aux enfants des adhérents de l'**ANAF**. On y enseigne que "les dieux appartiennent à la nature", car "ce sont des êtres, bien sûr supérieurs, mais aussi naturels qu'un oiseau, un arbre ou un homme…, et peut-être qu'ils naissent…, et peut-être qu'ils meurent".

Certaines conférences acropolitaines se tiennent cependant à Lyon, sous l'égide de l'organisme Arcades-Conférences…

Centre international de diffusion et de recherche phosphénique (CDRPH)

Peu de gens "savent ce qu'est le « phosphénisme » (« art de transformer l'énergie humaine en énergie mentale, et de favoriser ainsi la mémoire, l'intuition, la créativité »), mais il n'importe guère, car la crédibilité scientifique de cette discipline ne paraît pas plus assurée que celle de la « psycho-immunologie », dont le statut est tout aussi incertain".

Le **CDRPH**, créé par le docteur Francis Lefébure (né en 1916 et "passionné d'anthroposophie dès l'âge de quinze ans"), est localisé, en 1980, dans le second arrondissement parisien. Par la suite, sa librairie s'installe dans le dix-huitième arrondissement.

Une revue mensuelle à caractère ésotérique, *Le Monde Inconnu*, lui assure alors une certaine visibilité.

On y étudie les possibles utilisations scientifiques des phosphènes, qui sont ″de petites taches de lumière qu'on « sent » au fond de notre rétine quand on a regardé une lumière trop forte par exemple″. Les exercices pratiques afférents sont reçus soit dans des cours, soit à partir de cassettes.

En 1970, le docteur Lefébure a, auparavant, publié un petit ouvrage au racisme exacerbé et à l'anticommunisme déconcertant, *Le jour d'Ingeborg*. On y précise notamment que ″l'heure est venue pour le personnel vraiment européen de savoir secouer le joug des mauresques espagnoles aux ordres de la coalition maovaticane. Que revivent les temps de Charles Martel à Poitiers !″.

Le docteur fonde également, à ce moment, un Comité de lutte contre l'invasion espagnole en France. En effet, ″par la création de ce comité, la grande guerre des « phosphénics » contre les ratons est réellement commencée″ !

Suit alors une ode au rapprochement franco-allemand…

Il faut encore ajouter que, selon le docteur Lefébure, ″les erreurs du nazisme ne retireraient pas l'intérêt de certaines de ses conceptions″. En effet, ″les Français, en 1940, à Bordeaux, par exemple, avaient reçu les Allemands avec des fleurs, sans parler de tous ceux, peut-être la majorité, qui l'avaient fait au fond de leur cœur, parce que l'Allemagne était le pays de Beethoven, Mozart, Gœthe et combien de génies, de telle sorte que les Allemands venaient enrichir notre capital génétique, dont on voit actuellement ce qu'il devient devant l'invasion principalement espagnole″. De plus, ″la roue solaire, forme adoucie aux angles de la croix gammée, devient un symbole de la non-violence considérée comme méthode de combat. C'est la meilleure expression de l'expansion de notre mouvement″.

Le but ultime est, bien entendu, la prise du pouvoir par le Parti phosphénique et la lutte contre la Chine communiste. En cas de résistance, toute une gamme de sanctions est d'ailleurs prévue par le docteur Lefébure.

Les précurseurs du **Centre international de diffusion et de recherche phosphénique** sont l'association Homosophie (déclarée le 7 août 1945) puis, surtout, l'association Phosphénique (née en novembre 1970 et dont l'emblème comprend alors notamment une ″roue solaire″ celte).

On y cultive une sorte de Christianisme phosphénique, pourtant "persécuté par « l'activisme athée »", les phosphènes ayant joué "« un rôle considérable » dans la naissance du christianisme"…

Ce stupéfiant ensemble se rapproche encore de la grande famille de l'héliothérapie (ou utilisation thérapeutique des rayons solaires), très en vogue au début des années soixante et, sans doute, de l'iriscopie et de la vénérable chromothérapie (basée sur l'usage lénifiant de radiations colorées).

Les militants "phosphénics", quant à eux, glissent discrètement, à la fin des années soixante-dix, "des tracts dans les boîtes aux lettres et se baladent avec des mines de conspirateurs, une serviette bourrée de vieux papiers sous le bras. Ces amoureux de Peynet, défraîchis, maniaques du complot, ont un sourire candide et cette lueur de détermination au fond des yeux qui dit à ceux qui plaisantent que l'heure de la vérité éclatera bientôt, rouge et verte comme un feu d'artifice"…

Le docteur Francis Lefébure décède le 19 mars 1988. Un magazine "de l'ésotérisme et des disciplines alternatives" bien diffusé en kiosque, *L'Inconnu*, est encore remarqué pour lui avoir apporté, à partir du milieu des années quatre-vingt, un soutien appuyé.

Centre spiritualiste de France

Mouvement parisien aux aspirations pouvant se rapprocher du prophétisme et créé, en 1927, par une voyante nommé Geneviève Zaepffel. Son influence sur l'esthétique teintée d'ésotérisme entourant le **Prieuré de Sion** est troublante.

En 1960, sa vingtaine d'adeptes se retrouve, pour sa part, avenue de Wagram. Le livre le plus souvent cité par ces derniers s'intitule *Mon combat psychique*. Il doit, en effet, constituer une réponse au *Mein Kampf* de Hitler.

Le mensuel du **Centre spiritualiste de France** se nomme alors… *Bulletin du Centre Spiritualiste*. On y apprend notamment que madame Zaepffel est "l'interprète terrestre de Dieu". Les cultes afférents ont lieu le dimanche et le mercredi après-midi.

Madame Zaepffel décède en 1971.

Cercle Beltane

Très certainement fondé au tout début des années quatre-vingt-dix, le **Cercle Beltane** diffuse alors, depuis l'Allier, de luxueux albums illustrés reprenant des textes de Marie des Bois (ou Marie de Valence, "sorcelogue, lutinière et amie des elfes"). On y lutte contre les "quatre fléaux de la forêt, qui sont en train de foutre tout ça en l'air", c'est-à-dire "l'aménagement touristique, la sécurité-surveillance, l'exploitation pillarde et la pseudo-écologie bolchevique". De toutes les manières, "le conflit est évident, du goupillon et du bulldozer au détriment de l'âme celte de la forêt". Enfin, "on s'acharne à améliorer la pureté de la race pour les chiens, les taureaux, les verrats, à qui ont reconnaît le droit d'en avoir et le devoir de la préserver. Paradoxalement on encourage le brassage humain, au mépris de la survivance des traditions et de l'identité des peuples". De plus, "la lutte contre la sorcellerie en Europe n'est que l'essai forcené, haineux et obsessionnel, de l'extermination du paganisme celto-nordique dont, ni Rome ni l'Eglise — conversion sanglantes, répression et profanation des arbres et sources sacrées à l'appui — n'avaient pu étouffer la sève ni venir à bout".

Les liens avec la Wicca (abréviation de Witches International Craft Associates, ou Association internationale des sorciers) sont, d'autre part, revendiqués et les références bibliographiques sont édifiantes : Konrad Lorenz, Dominique Venner, Alain de Benoist...

En mars 1995, la Wicca obtient notamment les honneurs de la presse "à sensations" à la suite des suicides de ses principaux responsables, tous survenus dans un même pavillon du Val-de-Marne.

Rappelons encore que Beltaine est une fête celtique (située aux environs du premier mai). C'est l'occasion, en honneur au dieu Père Belenos, de fêter le "feu Père". En effet, lors de cette "rituélie du feu", chacun apporte son fagotin "où doivent se trouver les sept essences les plus vigoureuses du pays : sapin, bouleau, hêtre, orme, pommier, if et chêne".

Cercle Bernard Palissy

Ce cercle édite irrégulièrement, à partir de 1988, un "journal parthenaisien (ou idiot-actif) des Hurons et des Francs-Tireurs", intitulé *Le Pâle-Ici*. Très lié par ses animateurs (dont Jean-Claude Bessette) aux **Editions Pardès**, le **Cercle Bernard Palissy** se réclame alors de Nietzsche et, dès 1990, d'un très curieux "anarchiste de droite", sorte de "surdoué du droitisme", Michel-Georges Micberth.

En effet, depuis le 15 octobre 1973, le tourangeau Michel-Georges Micberth (né en 1945) est l'animateur d'un groupuscule connu sous le nom de Nouvelle Droite française, ou NDF. Placé sous la devise "ni Dieu, ni Maître, ni Marx", ou "Honneur, intégrité et fidélité", ce curieux mouvement "se veut porteur d'un anarchisme aristocratique et libertaire en contradiction avec les principes égalitaires et progressistes fondés par la révolution de 1789". Mais il s'agit surtout, ici, "d'une révolte individuelle au nom des principes aristocratiques, laquelle peut aller jusqu'au refus de toute autorité instituée". La NDF se dit ainsi, en 1979, "anarchiste dans un système républicain et monarchiste dans un système monarchiste" et "indignée de la concurrence de la Nouvelle Droite". Bien entendu, elle n'a aucun lien avec la mouvance libertaire "traditionnelle" et rejette également tout amalgame avec le **Groupement de recherche et d'études pour la civilisation européenne (GRECE)**.

Le manifeste de la NDF, intitulé *Révolution droitiste*, date de 1980 et est publié sous la forme d'un ouvrage explicatif. On y découvre notamment ses premiers statuts. Cependant il ne s'agit pas vraiment, dans ce cas, d'un mouvement de type sectaire ou cultuel.

Une petite maison d'édition, Res Universalis, assure la diffusion de ces écrits parfois fort confus. Il s'agit bien, ici, de promouvoir "la destruction de l'Etat républicain".

Il faut enfin rappeler que les Lumières, puis les révolutionnaires de 1789, virent pour leur part dans la personnalité du verrier Bernard Palissy le type même "du génie persécuté par l'Église" Qui ne connaît en effet l'histoire de Palissy ruiné, brûlant ses derniers meubles pour parvenir à percer le secret des émaux ?

Cercle Clausewitz

Proche du **Groupement de recherche et d'études pour la civilisation européenne**, mais aussi de Philippe Conrad et d'Eric Saint-Léger, ce cercle regroupe dès le milieu des années soixante-dix les officiers (engagés) membres du **GRECE**, ou du Club de l'Horloge fondé au mois de juillet 1974.

Le Club de l'Horloge se garde bien, pour sa part, de prendre position sur la question religieuse et sort donc de l'orbite de ce recensement.

Cercle Corinthe
Fondé au début des années quatre-vingt-dix par Didier Lejeune, le **Cercle Corinthe** dispense à sa vingtaine de membres une analyse nationaliste, culturelle et païenne, très voisine de celle du philosophe traditionel Julius Evola.

Proche du mouvement Troisième Voie, qu'elle trouve parfois trop timoré sur le terrain idéologique, sa revue trimestrielle (à vocation européenne) s'intitule alors, depuis Amiens, *Le Prométhée déchaîné*. Elle se singularise notamment par "son exaltation du passé gallo-romain de la Picardie" et sa référence constante aux mythes païens.

Cercle d'étude druidique de recherche et d'information celtique (CEDRIC)
Le **CEDRIC** apparaît en 1989-1990 comme un surgeon — ou une scission — de la récente Ecole druidique des Gaules (dérivée de l'Eglise druidique des Gaules), laquelle n'admet depuis le 31 janvier 1988 que "des personnes d'esprit et de culture celtiques" mais bénéficie cependant (le 3 mai 1988) de l'intérêt amusé du journal *Le Parisien*.

Majoritairement composée de "nationalistes gaulois", l'Ecole druidique diffuse également ses fameux autocollants "SOS Druides"... Son organe écrit, apériodique, s'intitule *Glas : la Gazette Druidique*. On y propose une "formation morale, spirituelle et culturelle aux valeurs celtes en vue de l'armement intérieur et du rayonnement extérieur".

La présence du Front national est assez marquée au sein de cette mouvance druidique.

L'organe écrit (et irrégulier) du **CEDRIC**, lancé en 1989, s'intitule, pour sa part, *Subuta*. Composé de feuillets photocopiés et agrafés, *Subuta* semble encore être, en 1990, proche de l'Eglise druidique des Gaules. Il est d'ailleurs précédé, nous l'avons dit, dès le mois de mai 1988, par *La Gazette Druidique* (ou *Glas*), le mensuel — en forme de journal — de l'Ecole druidique des Gaules.

On dénonce, dans *Subuta*, la "démographie envahissante de nos voisins"... Un des buts poursuivi est de "réunir des phalanges d'hommes intègres et courageux qui entendent vivre en toute quiétude dans leur propre patrie". En effet, poursuit l'Ecole druidique des Gaules, "devons-nous laisser dépouiller et renier le passé glorieux de notre pays, ignorer nos valeurs ancestrales, répudier nos hommes de génie, pour épouser des lignes de conduites qui ne sont pas les nôtres ? Il nous faut un sursaut de courage et d'abnégation pour reconstruire notre civilisation celtique. Ce sont contre ces ingérences néfastes et odieuses que nous invitons nos frères et sœurs celtes à se regrouper autour de nous afin de rénover les nations européennes, donc la notre, dans la rigueur de leur mentalité primitive momentanément étouffée (...). Seule notre religion, indissociable de la Grande Tradition des origines, permettra un monde de paix où chacun se sentira heureux de vivre dans le souvenir de ses ancêtres".

Cercle d'études, de relations publiques, économiques et sociales (CERPES)

Le **CERPES** est fondé en 1965 par Bernard Lejeune.

En 1988, le cercle (bien implanté dans la Somme) compte environ trois cents adhérents et vise à permettre l'édification "d'une Europe fidèle à ses valeurs traditionnelles". Ainsi, la section chargée des relations économiques se donne-t'elle pour objectif de constituer une "maçonnerie blanche" apte à "faire passer des militants sélectionnés de la position d'économiquement faible à celle d'économiquement fort".

Le périodique afférent s'intitule *Contre-attaque*. On semble y pratiquer alors, notamment, le révisionnisme historique.

Cercle de la Licorne

Mouvement lucifèrien dirigé par le mage Jul Rugga (ou Yull Rega, alias Francis Ceccaldi), voulant être le propagateur de la Wicca occidentale. Un temps inquiété par la Police, en 1990, après l'affaire de la profanation de Carpentras, le **Cercle de la Licorne** semble en effet appartenir ensuite "à une nébuleuse néonazie qui affiche ouvertement sa fascination pour la mort et les cultes du diable". En 1996, avec l'affaiblissement de la Wicca Internationale au sein de l'Hexagone, le rituel se modifie et prend une tournure encore plus "violente et orgiaque, dans la grande tradition viking et germanique".

Bien entendu, il ne faut pas confondre ce groupe très restreint avec le Cercle d'études La Licorne (CEL) basé, dès 1988, dans le neuvième arrondissement parisien.

Il semble d'autre part, qu'au début des années quatre-vingt, Jul Rugga ait auparavant appartenu à "un groupuscule néofasciste appelé Force H (H pour Hitler) en tant que grand prêtre, druide et sorcier"...

Le décès de Jul Rugga semble avoir entraîné la disparition de ces micro-structures.

Cercle de recherche et d'animation sur les traditions populaires Franche-Comté-Europe

Association née au printemps 1987 dans l'orbite du **Groupement de recherche et d'études pour la civilisation européenne** et de la revue *Eléments*.

Dés le printemps 1988, le Cercle se dote d'une publication trimestrielle intitulée *Hamadryade* et consacrée aux "traditions, arts, mythes, légendes, archéologie". Un éditorial de cette revue nous assure qu'Hamadryade est une "nymphe des bois, dont le destin est lié à l'arbre qu'elle habite", symbole du "peuple des forêts"...

Hamadryade évoque, dans son premier numéro, l'or des Celtes, le château de Pymont et "le symbole du corbeau dans le bestiaire fantastique". La mémoire de 1789 est ensuite fortement critiquée.

Des célébrations de l'équinoxe unissent alors, en effet, des membres du **Cercle de recherche et d'animation sur les traditions populaires Franche-Comté-Europe** avec des activistes issus du Parti nationaliste français et européen. Un adage nietzschéen les rassemble : "L'avenir appartient au peuple qui aura la mémoire la plus longue". Cette dernière citation figure d'ailleurs en première page de la revue.

L'emblème afférent est une Vouivre, animal fabuleux, surmontée d'un symbole rayonnant. Un badge est même dessiné.

Cercle de recherches et d'études traditionnelles (CRET)

Le **CRET**, qui peut être qualifié de cercle "traditionaliste révolutionnaire", émerge vers 1983 et se veut proche de la pensée de René Guénon (le "penseur de la Tradition", "un coup de tonnerre au cœur du monde moderne″) et de Julius Evola. Il est animé, notamment, par d'anciens activistes relevant du Mouvement nationaliste révolutionnaire de Jean-Gilles Malliarakis.

On y défend, depuis Nantes et Cholet, ″la Tradition primordiale, en se référant principalement à l'Hyperborée, à ses diverse filiales et résurgences″. Il existe même, peu après, des *Cahiers de Recherches et d'Etudes Traditionnelles*. Celtisme, bouddhisme, chevalerie et Islam y sont l'objet d'un profond intérêt.

L'organe écrit du **CRET** est, pour sa part, un bulletin (sans numérotation) intitulé ***L'Ile Verte, Spiritualités et Traditions***. Animé par Jean-Luc Spinosi, il est très influencé par diverses publications issues de la Nouvelle Droite européenne.

On doit également au **CRET** la parution des bulletins ″complémentaires″ intitulés *Merlin* (un supplément, dédié à la publication des *Triades de l'Ile de Bretagne*), *Asgard* (domaine nordique) et *La Cité des Saules* (thèmes guénoniens orientaux). *Merlin*, féru de ″druidisme et d'écologie traditionnelle″, entretient alors des liens évidents avec **La Bretagne *réelle*** et **La Place Royale**, et affirme ″qu'un Genghis Khan n'est plus possible, mais nous ne pensons pas que ce soit un bien″… Dans *La Cité des Saules* ont peut lire, également, que ″l'Orient et l'Occident sont des projections du Nord véritable et métaphysique, la vision taoiste s'y réfère totalement″.

Cercle Europe

Formation lyonnaise fondée en 1969 et proche du **Groupement de recherche et d'études pour la civilisation européenne**.

Le **Cercle Galilée** lui succède.

Cercle Galilée

Section régionale du **Groupement de recherche et d'études pour la civilisation européenne**, créée le 8 janvier 1971, basée dans le Rhône et animée, en 1977, par un maître-assistant d'allemand de l'université Lyon III, Jean-Paul Allard. Son homme fort est alors un jeune professeur agrégé d'histoire, maître-assistant à l'Université de Saint-Etienne, Pierre Vial.

Cet ensemble donne ensuite naissance à l'Unité régionale (gréciste) du Lyonnais.

Cercle Horizons

Lancé à Paris et déclaré au *Journal officiel* du 14 mars 1986, ce cercle à vocation littéraire et culturelle organise alors des conférences et des manifestations où se retrouvent notamment des animateurs proches de la Nouvelle Droite, mais également des traditionalistes révolutionnaires, des nationalistes révolutionnaires, des révisionnistes ou négationnistes (dont le responsable des éditions de la Vieille Taupe, Pierre Guillaume) et, même, des néonazis. Le **Cercle Prométhée** bénéficie aussi, en son temps, de son soutien. Sans même parler du **Cercle d'étude druidique de recherche et d'information celtiques** et de sa revue intitulée *Subuta*.

On le rapproche généralement du Centre culturel Horizon, basé dans le quatorzième arrondissement parisien. Il serait également le successeur du Cercle Cadoudal, fondé par Eric Croenne.

Cercle Lux Fero

Le **Cercle Lux Fero** (ou Lucifero ?) est animé, en Charente-Maritime et vers 1990, par quelques "druides" activistes proches du néonazisme. Il faut y être conscient "d'appartenir à une seule nation européenne de plus en plus menacée d'engloutissement dans le melting-pot universel voulu par les cosmopolites de tous poils". C'est en fait un rameau du **Groupe druidique des Gaules**, (fondé en février 1987), pour lequel, "l'athéisme comme le monothéisme" constituent autant d'incompatibilités.

Le **Cercle Lux Fero** relèverait également de la **Grande clairière de l'Asgard**.

Cercle Maksen Wledig

Structure créée, en 1983, par le "druide et peintre" Jean-Pierre Tillenon. Ce "cercle culturel d'études européennes" porte le nom d'un empereur romano-breton et est très strictement hiérarchisé. Les adhérents deviennent ainsi "Mabineion" (Disciples) puis, après probation, "Drev"…

Jean-Pierre Tillenon a un parcours avéré de militant ésotérico-nationaliste breton. Il précise ainsi en 1988, que "la croix celtique, nous n'en voulons pas, c'est un symbole chrétien. Nous lui préférons le tribann, signe du druide, et symbole des trois fonctions européennes : spirituelle, guerrière, économique".

Voir **Cercle Maxime (ou Maxence) Empereur**

Cercle Maxime (ou Maxence) Empereur
Déclaré au *Journal officiel de la République française* le 7 mai 1983, et basé sur la loi de 1901, ce cercle néo-païen met un accent particulier sur la "vocation impériale européenne de la Bretagne".

Proche du **Groupement de recherche et d'études pour la civilisation européenne** (y compris de sa composante belge) mais aussi du Mouvement nationaliste révolutionnaire, il édite en 1986 la revue *Diaspad* et la publication *Kannadig Kervreizh*. Celtisme et ésotérisme y font bon ménage... Le breton Olier Mordrel (Olivier Mordrelle) et le néo-droitiste Guillaume Faye y laissent, de plus, une empreinte indélébile.

En 1987, *La Lettre Européenne*, "mensuel païen luttant contre « l'occupation judéo-chrétienne »", annonce une plus large diffusion de telles idées. Le numéro de janvier 1988 précise ainsi, sous la plume du "druide-guérisseur" (et peintre) Jean-Pierre Tillenon, avoir "l'honneur de nous présenter ses meilleurs vœux de résistance païenne, à l'occasion de ce mille neuf cent quatre-vingt-huitième anniversaire de l'occupation judéo-chrétienne et de sa collaboration en Europe".

On y prête toujours serment sur des livres traditionnels celtes, ou indo-européens. La hiérarchisation y est très poussée et il existe ainsi des disciples, des druides et, même, des "super-druides".

L'américanisme y est fermement rejeté. Depuis Landéda, situé près de Brest, le "président-directeur" Jean-Pierre Tillenon fait, de plus, "feu de tout bois" : animation du Sémaphore bleu de l'Europe (un bâtiment initialement dévolu à la Marine nationale), de l'association Accueil Aber Wrac'h, du **Cercle Maxence Empereur** et de sa publication *Diaspad*... Il s'investit, en même temps, au sein du Point Accueil Jeune municipal. Enfin, son organisation se confond sans doute avec le **Cercle Maksen Wledig**, un "cercle d'études européen organisé comme une secte vers 1986".

Revenu prestement à Paris, Jean-Pierre Tillenon devient bien plus tard vice-président du mouvement **Monarchie et régionalisme gaulois**. Il prend même provisoirement le contrôle de Kervreizh, le vénérable lieu de rencontre des bretonnants de la Capitale...

Cercle Ourania
Ce cercle dispense, à la fin des années quatre-vingt, des cours d'études et recherches en astrologie. Il dépend étroitement de l'**Association nouvelle acropole-France**.

Cercle Prométhée
Déclaré au Journal officiel le 2 février 1984, et basé à Thiers dans le Puy-de-Dôme, le **Cercle Prométhée** (de sensibilité néo-païenne) a pour objectif "d'étudier les traditions locales"… dans une optique qui rappelle celle du **Groupement de recherche et d'études pour la civilisation européenne**. Son organe écrit s'intitule alors *Lettres du président* et renvoi à un large éventail "de publications notamment d'extrême droite et négationnistes". Un vibrant hommage est ainsi rendu à l'activité passée du journaliste antisémite Pierre-Antoine Cousteau.

Le **Cercle Prométhée** est lié au Cercle Cadoudal, ou **Cercle Horizons**, lancé à Paris en février ou mars 1986 et qui constitue une sorte de carrefour regroupant quatre-vingts militants issus de toutes les tendances nationalistes.

Cercle Sol Invictus
Depuis le début de l'année 1985, à Bordeaux, "un petit groupe se réunit régulièrement sous la dénomination de **Cercle Sol Invictus**. De cette expérience, nous avons tiré quelques enseignements (…). Une confiance, indispensable, s'est établie. Les recherches menées par chacun ont pu être élargies par celles menées par les autres membres. Echanges féconds. Ce qui a, par exemple, donné lieu à des comptes-rendus de lecture, à des exposés (sur le Zen, l'ésotérisme chrétien, l'Hyperborée, les différents aspects de la subversion anti-traditionnelle, etc.). Sentir le souffle de la Tradition, avant et afin que s'y mêlent les énergies individuelles. Cela, dans son authenticité, actuellement, s'avère difficile, demande du temps, un climat propice (le groupe), de la ténacité, donc du courage. Ce qui s'ensuit est alors pleinement positif".

Le **Cercle Sol Invictus** édite ainsi, dès 1987, une revue d'études traditionnelles éponyme. Cette expression émane "du culte de Mithra, Sol Invictus signifiant Soleil Invaincu". La revue a pour objet "l'approfondissement de la Tradition qui avait, avant l'avènement du monde moderne, régie et organisé la vie des peuples d'Europe et d'Asie". On est, ici, très proche de la Nouvelle Droite païenne.

Le créateur de *Sol Invictus* est Christophe Levalois, lequel quitte précédemment — vers 1986 — les **Editions Pardès**.

Un des principaux animateurs est le journaliste et catholique traditionaliste Arnaud Guyot-Jeanin.

L'influence d'une revue "traditionaliste révolutionnaire" défunte, ***Totalité***, est également aisément perceptible. De plus, en 1988, Les liens du Cercle avec la Nouvelle Droite apparaissent être de plus en plus solides… y compris avec la revue belge *Vouloir*.

Cependant, la revue *Sol Invictus*, au tirage initialement limité à quelques centaines d'exemplaires, "est néanmoins bien acceptée par les autres « traditionalistes » ; en témoigne le colloque « Principes traditionnels et Révolution » organisé en octobre 1989 avec les revues *Atlantis*, *Connaissance des Religions*, **Les Deux Etendards**, *L'Ile Verte* (du **Cercle de recherches et d'études traditionnelles**), *Politica Hermetica* (de l'association **Politica Hermetica**) et *Vers la Tradition*".

On signale ici que les revues intitulées *Vers la Tradition* (dont le but est de "répandre la lumière et rassembler ce qui est épars") ou *Connaissance des Religions* (fondée en 1985 par Léo Schaya afin de contribuer à la connaissance des multiples expressions traditionnelles et des implications spirituelles des religions) ne peuvent être considérées comme des publications à caractère politique.

Par contre, la revue d'études traditionnelles *Sol Invictus* influence fortement, vers 1993, une publication politico-ésotérique russe dirigée par Alexandre Dougine, *Milii Angel*.

Le 21 avril 2000, une conférence est donnée par le **Cercle Sol Invictus** dans une salle située au sein du sixième arrondissement parisien. Sa symbolique, très habile, est limpide et fédératrice : société traditionnelle (fleur de lys et emblème rayonnant) contre société moderne (symbole du dollar et graphiques afférents). Une seconde intervention, annoncée pour le 4 juin, doit alors porter sur les thèmes de l'Apocalypse et de la Parousie (retour du Christ).

L'emblème du Cercle évoque une francisque, surchargée d'un aigle noir aux ailes déployées.

Chantier de la grande forêt des Gaules

Fondée de fait en 1974, mais officiellement déclarée en 1977, cette organisation druidique mixte est de pure... tradition maçonnique du bois. L'accent y est mis sur "la restauration de l'initiation forestière et la protection de la forêt". En 1982, le mouvement — très sélectif — se dit fort de l'adhésion d'une centaine de membres. Ses symboles sont l'arbre, la cognée, le coin et la hache.

La structure afférente est notamment animée, depuis le département du Nord, par R. J. Martin.

Le succès rencontré par l'ensemble reste cependant à démontrer.

Charlemagne Hammer Skins (CHS)

Identifiée, en 1993, à Marseille et en Seine-Saint-Denis, cette organisation activiste d'origine américaine (et très fermée) doit sa présence, ici, à sa référence constante à la mythologie germano-scandinave. Un des organes écrits de cette mouvance s'intitule d'ailleurs *Wotan* (Will of the Aryan Nation). Wotan (Odin) est, en effet, le dieu suprême de la mythologie germano-scandinave.

Les **CHS** diffusent ainsi des autocollants comportant les slogans "Hitler avait raison" ou "Halte à l'immigration". Des contacts avec le **Ku Klux Klan** américain ne sont pas à exclure.

Un des organisateurs les plus connus est alors un jeune marseillais, Hervé Guttuso.

Chercheurs du Graal

Si l'on en croit l'*Encyclopédie des sectes dans le monde*, parue en 1980, "cette société secrète (d'après-guerre) s'assimile à un ordre de chevalerie et canalise des sympathisants ou des militants néonazis". Peu présente en France, elle y serait surtout en relation avec les Rote Rebelen (ou Rote Ritters), "chevaliers rouges ou rebelles" formant alors une société secrète composée d'adolescents européens acquis aux principes du national-socialisme. On y reprend "une tradition mystique du Moyen Age".

Les **Chercheurs du Graal** n'ont rien à voir, bien sûr, avec le très spirituel *Monde du Graal*, discret périodique venu d'Autriche et longtemps basé dans le Bas-Rhin.

Chevaliers de l'alliance templière

Cette association lutte, dans les années quatre-vingt et depuis Toulouse, "contre le laisser-aller actuel". Elle s'élève donc contre "la violence, le laxisme et toutes les drogues".

L'état de chevalier permettant de retrouver "les véritables valeurs de la vie", les liens unissant cette association templière avec l'Ordre des veilleurs du Temple (basé à Montpellier) sont étroits. Il en est de même avec les **Chevaliers de Notre-Dame**.

Chevaliers de Notre-Dame

Association catholique (et apparentée au scoutisme) initialement créée à Lyon, durant les années vingt, par l'abbé Vautherin, puis dissoute au cours de la Seconde guerre mondiale. Son but est, originellement, "d'aider à la formation de l'enfant et de l'adolescent, élève ou ancien élève de l'enseignement secondaire, par la pratique du Code de chevalerie, les avantages d'une bonne camaraderie et la vie au grand air". Le bulletin mensuel afférent s'intitule *Les Chevaliers de Notre-Dame*. Un petit insigne en laiton de fabrication lyonnaise, représentant un heaume sur une croix à huit pointes, est attribué.

En 1944 un autre mouvement naît. Basée, en 1977, dans la Seine-Maritime, cette Militia Sanctæ Mariæ s'y avère "soucieuse de la civilisation chrétienne" et de lutte contre le communisme, dans le contexte de la guerre froide. Deux mille sympathisants partagent alors cette analyse.

Catholiques traditionalistes (voire intégristes), ses membres sont en fait opposés aux conclusions du concile Vatican II et éditent alors les revues *Magistère Informations* et *Chevaliers* (respectivement nées en 1970 et 1967). S'y adjoint également le bulletin *Militia sanctae mariae*.

Les liens seraient fort étroits avec la très intégriste Compagnie chevaleresque de l'ordre christien.

L'emblème afférant comprend toujours un heaume (couronné) surmontant une croix à huit pointes placée dans un écu. L'insigne de boutonnière se réduit à cette même croix, réalisée en émail bleu et inscrite dans un cercle.

En 2000, cette mouvance regroupe encore quatre cents laudateurs français.

Chevaliers servants de la Paix de Dieu, de saint Joseph et du vrai pape Paul VI

Si l'on en croit cette petite secte fondée en 1971, ou 1972 selon les sources, le pape Paul VI a été enlevé et remplacé par un imposteur... Sa fondatrice Pierrette Benquey (dite Marie Bernard) fait ainsi parvenir au préfet de Paris un disque dans lequel elle "révèle" certains messages divins. Soutenu par une douzaine de **Chevaliers servants**, elle coordonne en 1975 une "descente" de trois de ses adeptes en direction de Rome, afin d'y réclamer la "libération du vrai pape". Mal lui en prit car ses trois émissaires sont immédiatement "refoulés par la police, selon les ordres évidents des cardinaux traîtres, protecteurs du sosie, tremblants de se voir mis à découvert dans leur odieuse besogne et complices des forces judéo-maçonniques et marxistes, créateurs de cette imposture satanique et sans exemple dans l'histoire de l'Eglise". D'autres disciples s'installent en Bretagne, à Landeda (Finistère), alors que la mort de Paul VI amène, en août 1978, la secte des **Chevaliers servants de la Paix de Dieu** à redoubler d'ardeur. On écrit aux présidents, aux ministres et aux rois et l'on exige une autopsie de l'illustre défunt. Le 19 février 1979, Pierrette Benquey est incarcérée. Elle porte sa grande robe bleue de chevalière... mais est accusée d'escroqueries commises aux dépens d'adeptes trop crédules. Elle est finalement internée.

Citoyens responsables

Organisation basée, en 1991, en Indre-et-Loire et membre de la très intégriste Confédération du renouveau français (fondée au mois de décembre 1989). Emanation du **Ku Klux Klan France**, son slogan est "Pour Dieu, la race et la nation" et son objectif est d'analyser l'actualité "sous l'angle de la France blanche".

Le public concerné doit être français, blanc, chrétien et désireux de rejoindre une "organisation rituelle, chrétienne et militaire".

Club alauda

Déclaré au *Journal officiel de la République française* en mars 1975, le **Club alauda** entend bien, alors, reprendre l'idée des Chantiers de la Jeunesse vichyssois afin de restaurer "le côté national et le côté militaire". Alauda ("alouette") est d'ailleurs le nom d'une légion gauloise levée par les Romains, et le club s'avère être très nationaliste. Cependant, le programme éducatif est ambitieux et flirte avec l'ésotérisme : "il va des « chantiers de jeunesse » à un club d'amazones, en passant par la formation d'une chorale, d'un journal, d'une école de majorettes et d'un Ashram (lieu de retraite) enseignant la philosophie bouddhique, ainsi que d'un camp de naturisme". Ce mouvement localisé en 1980 en Seine-Saint-Denis comprend également... des brigades d'embellissement.

Il ne faut pas le confondre avec les instigateurs d'une revue grenobloise intitulée *L'Alouette*, alors en guerre ouverte contre le fort sectaire Office national de Cluny.

Club Marylen

Basé en Seine-Saint-Denis ce club assure, vers 1968 et par le biais de son *Bulletin*, que "les Muéens (habitants de Mû) de race blanche venaient de la constellation dite « chevelure de Bérénice », qu'ils furent les premiers habitants civilisés de la Terre et enseignèrent leurs connaissances aux Atlantes"...

Le **Club Marylen** est alors présidé par le professeur Rameau de Saint-Sauveur, qui se dit "ami intime d'Einstein".

Coalition populaire française

Basé, en 1980, dans le Val-de-Marne, ce groupement dépend en fait d'un "centre populaire libre", le club **Agora-Université**. Son but, assez opaque, est de tendre vers la "régénération totale de la société" et son programme est largement utopique dans le contexte d'alors : "souveraineté totale du citoyen, capitalisation interdite aux assurances, mutuelles, cliniques, suppression du secret comptable (public et privé), assainissement financier rigoureux, vote populaire à un seul tour, cumul des fonctions publiques interdit, condamnation pénale des armes atomiques, chimiques et microbiennes".

En 1979, le groupe **Agora-Université** diffuse des cahiers doctrinaux dont les prix oscillent entre vingt et cinquante Francs.

Collège celto-druidique rénové des Allobroges

Fondé, dans l'Isère, au mois de septembre 1983, ce collège basé à Vienne n'admet que les langues française ou "gauloise". La croix celtique y est portée au bras droit et le bulletin interne, trimestriel, a pour nom *Le Druidisme aujourd'hui*. Il existe, cependant, une incompatibilité avec toute admission d'élément "exotique" car, "s'agissant de tradition occidentale, un non-occidental risquerait de ne pas s'y sentir à l'aise"... Cette structure est alors animée par monsieur Moreau de Waldan.

Notons, pour finir, que le terme d'Allobroge désigne un peuple gaulois (situé entre l'Isère, le Rhône et les Alpes) réputé pour sa pugnacité.

Collège d'études celto-druidiques

Constitué, de fait, depuis 1976, ce collège basé en Seine-Saint-Denis est animé par le fils du Grand-Druide Paul Bouchet (lequel décède en octobre 1979) et produit notamment des "prévisions politiques". Son cercle intérieur s'intitule Collège du grand chêne interceltique.

Lié au **Collège druidique des Gaules**, cette organisation cultuelle possède cependant des ramifications internationales propres, et se spécialise dans "l'étude initiatique".

Vers 1978, l'ensemble de cette structure celto-druidique édite un bulletin interne à destination de ses 280 membres (dont neuf "dignitaires")... et n'admet, initialement, que des adhérents "de race occidentale". On y est fort proche, culturellement, du mouvement de jeunesse "new age" **Fiannas**.

En 2001, le fils du défunt Grand-Druide Paul Bouchet fait éditer, depuis le Canada, un ouvrage intitulé *Tout savoir sur les druides*...

Collège des druides, bardes et ovates des Gaules (ou Collège druidique des Gaules, CDG)

Fondé en 1942 par le Grand-Druide Paul Bouchet (Druide Bod Koad), mais officiellement déclaré le 24 décembre 1965, le **Collège druidique des Gaules** présente des aspects tant écologiques que religieux, philosophiques et néo-païens.

En pratique, pour y entrer, il faut être de race blanche et jouir de ses droits civils et politiques. En effet, "il faut d'abord souligner que chaque race s'organise selon son génie propre et le druidisme — de nombreux auteurs l'ont jusqu'à maintenant dit et redit — est le propre de la race blanche". En conséquence, le **CDG** ne rejette "chez ses membres aucune appartenance philosophique ou religieuse, sauf de personnes étrangères à son Awen celtique. Ce, non par esprit de racisme (qui lui est étranger), mais par incompatibilité entre les concepts et même les affinités physiques entre humains de groupes sanguins différents. Les uns et les autres obéissent à des maîtres différents, s'alimentent différemment, les uns de blé, d'autres de riz ou de miel voire de poisson ou de chair". Cependant, "le druidisme ne condamne aucune autre forme de croyance, estimant chacune adaptée à une race, une « ethnique » particulière".

Des cahiers de présentation assez sommaire, "exclusivité Natya" ou "exclusivité Amma", assurent un début de formation relative au symbolisme. Des références pressantes sont également faites à la revue de l'association **Atlantis**... laquelle donne d'ailleurs des conférences (relatives aux mégalithes) dans un Centre Natya parisien.

En 1982, un bulletin mensuel ronéoté, intitulé *An Gael*, maintient le lien entre les 325 membres actifs. Il est de plus exigé des Frères "qu'ils gardent le silence sur certains enseignements, sur certaines choses qui concernent l'Ordre dans lequel ils sont admis"... Les cours afférents portent en fait sur les dieux celtes (mais, "sous l'influence des Asiatiques, qui étaient fort nombreux dans les villes gauloises, ainsi que les légionnaires étrangers... les cultes nouveaux s'installèrent"), le folklore entourant les mégalithes bretons, la Trinité depuis la préhistoire, les druidesses ou le problème de la réincarnation.

Les symboles principaux du **Collège druidique des Gaules** sont la croix celtique et le Tribann (symbole druidique comprenant trois bandes). Paul Bouchet, son Grand-Druide, décède le 15 octobre 1979.

Combat

Fanzine marseillais, apparu au milieu des années quatre-vingt-dix et dédié en partie à la musique "black métal" scandinave.

L'influence païenne et, surtout, les accents nationalistes révolutionnaires, y sont fortement marqués.

Comité d'hygiène sociale

Fondé par l'Abbé Thomas en réaction aux évolutions survenues après mai 1968 et basé dans la Drôme, le **Comité d'hygiène sociale** est immédiatement parti en guerre contre le vice et la pornographie.

Très vite le mouvement déborde sur la Belgique alors que ses adeptes collent des milliers de tracts sur les affiches incriminées.

Le texte de ces documents précise "qu'il est tout à fait dans la logique des choses, qu'après les mini-jupes immorales viennent les « maxi-dupes » sociales, et qu'après la stupide et honteuse escalade du sexe dans la rue viennent, par la crise, les manifestations de colère dans cette même rue et la dégringolade du bonheur et de la paix !".

Comité Dieu et Démocratie

Ephémère surgeon mooniste apparu en France en 1976, sous l'égide de l'**Association pour l'unification du christianisme mondial** (**AUCM**). Il organise un banquet afin de célébrer le souvenir du Bicentenaire des Etats-Unis et tente de recruter au sein de la mouvance des "activistes chrétiens anticommunistes".

Comité international de réhabilitation de Giordano Bruno (CIRB)

Emanation directe de l'**Association nouvelle acropole-France** (**ANAF**), et fondé en 1989, ce comité a pour but de lancer un plan de réhabilitation du napolitain Giordano Bruno, "martyr de la Renaissance et préfiguration des martyrs de l'an 2000".

En février 1990, l'**ANAF** menait ainsi "campagne pour la réhabilitation du philosophe italien Giordano Bruno (mort en 1600) qui, en pleine Renaissance, fut brûlé vif pour avoir soutenu que la Terre tournait autour du Soleil. En fait, par cet étrange combat, l'**ANAF** tentait de s'acheter une nouvelle conduite, de réhabiliter la tradition occultiste, et surtout de recruter de nouveaux adeptes. Dans ce but, le choix de Giordano Bruno n'était pas innocent".

Campagnes de signatures et, même, pièce de théâtre (par la troupe Iakos-Dionysos) sont à l'ordre du jour. Il s'agit, ici, "d'ouvrir un débat médiatisé sur la liberté d'expression et la culture du troisième millénaire"…

Commanderie de Saint-Louis

Structure officiellement reconnue en 1989 par le grand maître mondial de l'**Ordre souverain et militaire du temple de Jérusalem** (**OSMTJ**) avec lequel elle entretient cependant des rapports tortueux. En effet, ce dernier lui refuse d'être reconnue "comme la seule branche officielle de l'Ordre en France".

Le siège de la **Commanderie de Saint-Louis** est alors basé dans un bar-tabac très pittoresque du quatrième arrondissement parisien. On s'y proclame "chrétiens, catholiques et, donc, royalistes". "Pour nous", exposent ces chevaliers parisiens, "la démocratie n'est pas légitime (…). La légitimité, pour nous, c'est Louis XX. A l'heure actuelle, il devrait être roi de France et d'Espagne".

Dans un discours tenu, le 22 mai 1993, au Mont des Alouettes (en Vendée), la **Commanderie de Saint-Louis** s'exprime ainsi : "Attendez-vous que nos enfants soient sujets d'un gouvernement mondial athée qui se transformera très vite en impérialisme musclé avec pour seule espérance le secret maçonnique, arche d'alliance, cette carotte psychothérapeutique d'un enseignement hiérarchisé puisant ses sources des cendres des religions juive et catholique ! Attendrez-vous d'être transformés en esclaves de l'impérialisme bancaire américain pour espérer suivre l'exemple de nos martyrs chouans ?".

Les héros de ces curieux templiers se nomment alors Jean Bastien-Thiry (qui a tenté d'assassiner le général de Gaulle en 1962) et Philippe Pétain…

Commanderie militaire française de l'OTAN

Cette structure templière et militaire déclarée le 15 septembre 1995 "est composée d'officiers de réserve recrutés habituellement dans deux structures « profanes », la CIOR (Confédération interalliée des officiers de réserve) et la CIOMR (Confédération interalliée des officiers médicaux de réserve)".

Cependant cette Commanderie militaire marque très vite une grande indépendance vis-à-vis de l'**Ordre souverain et militaire du Temple de Jérusalem (OSMTJ)**. En effet elle dépend, avant tout, du Grand prieuré de l'OTAN…

Partiellement infiltrée par l'extrême droite, la **Commanderie militaire française de l'OTAN** est promptement dissoute vers 1997.

Commission d'étude Ouranos (CEO)

Créée en 1951 — ou 1953, selon les sources — par le juriste Marc Thirouin, et basée dans l'Aisne ("aux frontières de la connaissance"), la **CEO** s'est initialement fixée pour objectif "l'étude des soucoupes volantes et des phénomènes paranormaux".

Thirouin décède en 1972, et une nouvelle équipe de cinq à six personnes s'inscrit dans son concept.

Cette équipe édite, en 1978, un ouvrage intitulé *Ces OVNI qui nous observent*. Dans le cadre de ce recueil d'enquêtes effectuées par des membres de la **CEO**, "les rapports sont intéressants et relativement détaillés. On peut pourtant suspecter des confusions avec des objets ou phénomènes conventionnels à l'origine des observations". D'importantes ramifications s'implantent en Isère (et surtout à Grenoble) et dans l'Aisne, à Bohain, où monsieur Delval anime l'Union des groupements d'étude des phénomènes inexpliqués (UGEPI). Une partie des forces vives du **CEO** rejoint cependant, à partir de 1962, le **Groupement d'étude des phénomènes aériens**.

Le bulletin fédérateur s'intitule *Ouranos*, puis *Ciel insolite* (dont l'ultime numéro parait en 1971). Il existe alors également *Ufo informations*, revue de l'Association des amis de Marc Thirouin.

Mais, au début des années quatre-vingt, la Commission se rattache à une explication "religieuse" et "canadienne" du phénomène OVNI selon laquelle "les soucoupes volantes seraient des manifestations surnaturelles, émanations de puissances occultes de nature diabolique qui préparent le règne de l'Antéchrist". De plus, "la franc-maçonnerie, l'occultisme, la magie, mais aussi les organisations internationales participent du même et unique complot luciférien".

Dans un "numéro spécial thématique" édité par la **CEO** à la fin de l'année 1982, *Le monde occulte du surréel paraphysique*, la Commission adopte donc — sous la plume de Pierre Delval et de Paul Vion — des positions radicales relativement au "phénomène extraterrestre" et au paranormal en général, et voit derrière ceux-ci une "action de subversion afin de créer un état parapsychocratique collectif suffisant pour laisser libre cours à des forces occultes « noires » et totalitaires du « surréel paraphysique », susceptibles de prendre en mains notre civilisation à la suite d'une succession de « crises » généralisées".

Le principal organe d'expression écrite de la **Commission d'études Ouranos** s'intitule, au moins depuis 1990, *Inter communication*. On y analyse, par exemple, l'importance de l'influence diabolique dans le "symbolisme du serpent de la connaissance". En effet, la **CEO** voit, dans la Tradition

primordiale, "une influence diabolique et non divine"... En 1995, elle précise encore que "le phénomène OVNI serait en fait un des vecteurs d'un complot de puissances « diaboliques » visant à attenter à notre âme, à notre psyché, plutôt que de déstabiliser « notre esprit auquel elles n'ont pas l'autorité d'accéder »".
L'analyse se fonde sur un ouvrage de cette même **CEO** intitulé... *Le diabolique secret des OVNI.*
A la fin des années quatre-vingt-dix paraît encore *Le mondialisme ou la fin des temps des nations.* On y découvre "l'existence de forces occultes qui agissent derrière les révolutions et les conflits mondiaux en vue de renverser « l'ancien ordre des choses » pour instaurer un nouvel ordre luciférien. Ce nouvel ordre, tourné sur l'humanisme, prépare l'avènement de l'Antéchrist à la tête d'une élite d'initiés détenant le véritable pouvoir et désirant installer un pouvoir mondial unique auquel devront se soumettre les nations".

Communauté anti-Rose-Croix

En 1960, on estime qu'il reste une dizaine de sectateurs de ce très petit mouvement cultuel lyonnais. Inspiré par l'Abbé Boullan (décédé en 1893), on y assure que "Satan a fait son apparition visible sur la terre sous la forme de la Rose-Croix". En conséquence, il convient "d'éliminer à tout prix ce groupement diabolique".
Le culte lui-même est d'ailleurs appelé "Sacrifice de Gloire contre les Rose-Croix".

Communauté de la Thébaïde

Mouvement "ésotérico-occultiste" officiellement constitué en 1985, en Isère, sous la forme d'une association de type loi 1901 portant le nom d'Antigone. Le principal animateur de cette "communauté révolutionnaire" serait, depuis 1980, "un ancien moine dominicain défroqué", Christian Singer. Une de ses brochures s'intitule *Appel aux vrais dissidents.*
La Communauté regroupe péniblement une vingtaine de membres, rejetant en bloc la "préhumanité", c'est-à-dire les Etats, les religions, la famille, la science, la philosophie et, même, les arts ! On y vit de la vente de fleurs séchées sur les marchés... et de la perception du Revenu minimum d'insertion. En effet, affirme alors — avec un cynisme certain — Christian Singer, "la

moindre des choses, c'est que la société qui nous opprime depuis tant d'années nous nourrisse".

De plus, assure le leader historique de la **Communauté de la Thébaïde**, "nous constituons une menace pour l'avenir et il est donc tout à fait compréhensible que la « démocratie » française, si justement réputée pour son authenticité, nous condamne à l'indigence et à l'oppression".

Un "meeting", tenu en 1992 dans la ville de Grenoble, se solde finalement par un échec cuisant. Mais le discours de Christian Singer reste inchangé : "Je ne suis pas un gourou, mais l'apôtre d'une révolution radicale qui concerne tout ce que la terre compte d'humains". Une structure, encore nommée Antigone, vivote.

Communauté Notre-Dame de Miséricorde

Ce groupe de traditionalistes normands, né en 1982, ne doit sa place au sein de cette recension qu'à la personnalité de son principal fondateur, Monseigneur Philippe Miguet. Ce dernier, sacré dans la lignée de Monseigneur Ngo-Dinh-Thuc, est en effet le frère de Nicolas Miguet, animateur, depuis 1999, du Rassemblement des contribuables français (parfois qualifié de "poujadiste" et de proche du Front national).

Pour sa part, la **Communauté Notre-Dame de Miséricorde** se borne cependant à entretenir une activité pastorale très importante (sous forme de catéchismes traditionnels et de centres de messes de saint Pie V).

Communauté pour le renouveau de la Tradition

Très petit mouvement d'influence "traditionnaliste révolutionnaire", actif en 1987 et fort proche du **Cercle de recherches et d'études traditionnelles**.

Sa philosophie s'inscrit ainsi : "Mais, qui sont-ils, ces héritiers des anciens peuples celtes ? Ils ont renié la civilisation latine, antre de la pollution, du gâchis et du matérialisme, ô combien dévastatrice ! Oui, ils ont fui à la recherche de l'héritage traditionnel. Ils ont choisi la pureté, le retour à leurs racines. Cette « quête du Graal » représentant l'harmonie cosmo-tellurique. Au nombre de deux ou trois, ils se sont installés dans une fermette située dans la région du Mans. Là, ils s'occupent de maraîchage et de vente de bois, travaux alternés de temps à autre par un peu d'artisanat".

Communion phalangiste (ou **la Phalange**)

La **Communion phalangiste** remplace, en 1984, la **Ligue de Contre-réforme catholique** mise sur pied par le très polémiste Georges de Nantes en 1970.

Elle résulte d'un long travail préparatoire et s'exprime par le biais d'une *Lettre de la Communion Phalangiste*, d'une revue intitulée *La Contre-Réforme catholique au vingtième siècle* et, surtout, par d'innombrables conférences parisiennes (à caractères prophétique et anticommuniste) tenues à la Mutualité dans un véritable esprit de croisade. On y prône notamment la lutte pour "l'intégrité de la foi traditionnelle dans l'Eglise catholique" car "il faut à la France un dictateur pour imposer la primauté de la religion catholique". On le voit, ici, politique et religion sont intimement mêlées.

Fonctionnent également un groupe intitulé Les Amis de la Communauté du Sacré Cœur de Saint-Parres-lès-Vaudes (dans l'Aude), une imprimerie saint-Joseph qui assure la diffusion des écrits du fondateur et une Maison du même nom (fondée dès 1963). Une lutte sans concession est encore engagée contre le supposé MASDU (Mouvement pour l'animation spirituelle de la démocratie universelle), "ennemi de la chrétienté véritable placé sous l'impulsion du judaïsme".

Des colonies de vacances regroupent la frange la plus jeune des sectateurs alors que "tous les mois de mai, à Paris, les phalangistes se mêlent aux mouvements d'extrême droite pour la fête de Jeanne d'Arc".

On distingue progressivement, pour les jeunes, les Retraites des enfants (organisées par les familles phalangistes en fin de semaine), les Camps d'été (de 9 à 12 ans), le Camp itinérant (de 13 à 18 ans) et la tenue d'un village de vacance pour "étudiants, jeunes travailleurs et jeunes ménages". Une antenne est développée au Québec.

Cet activisme qui s'étoffe d'années en années ne passe certes pas inaperçu et lorsque, en 1987, "le Père" (ou, plus justement, "l'ex-abbé") Georges de Nantes annonce triomphalement la tenue d'une conférence intitulée *Discours métaphysique* en Sorbonne… les autorités compétentes s'y opposent formellement. La lutte contre la "désorientation diabolique" reprend pourtant de plus belle. Un combat féroce est également engagé contre un mouvement luttant contre les sectes, et engagé sur le terrain versaillais cher à la **Communion phalangiste**, l'Association pour la défense de la famille et de l'individu (ADFI).

Une autre cible de choix est ensuite constituée par le pape Jean-Paul II car ″nous avons un Pape dément ou apostat. La culture est l'alibi de son maçonnisme (…). Lui, la religion, il s'en moque. Il a mieux à proposer et exulte à l'idée du « melting-pot » universel où sa fureur démagogique aura libre carrière″.

Au printemps 1988, Georges de Nantes appelle fermement — et contre toute attente — à voter pour Jacques Chirac. Il s'en explique ainsi un an plus tard : ″Et Le Pen ? Il préparait, dans cette déroute calculée, la prochaine aventure électorale. Stupidement d'ailleurs, joué par le dieu élyséen. C'est à peine si son parti survit, à force d'européisme et de démocratisme dans le cadre nouveau du parlement de Strasbourg, affichant là plus ostensiblement son racisme blond. Aux dernières nouvelles, contraint de choisir, il a rompu avec le fascisme italien, latino-maghrébin (?), pour rallier ses anciennes amitiés germanophiles et leur résurgent aryanisme. Mânes de Doriot, de Déat, de Luchaire, revivez-vous encore ?″.

La base du mouvement phalangiste est sérieusement ébranlée par ce soudain revirement anti-Front national.

Dans la proche mouvance de la **Communion phalangiste** se structure une Association des amis de la Communauté du Sacré-Cœur, chargée de lutter pour la reconnaissance de l'authenticité du Suaire de Turin. En octobre 1988, un exemplaire de *La Contre-Réforme catholique au vingtième siècle* proclame d'ailleurs que ″le Saint Suaire de Turin est authentique″.

L'information est reprise pour Noël 1988, un dossier fracassant affirmant toujours, à cor et à cri, que ″le Saint Suaire est authentique″…

Las, en septembre 1989, dix moniales et deux moines, doutant de l'honnêteté morale de leur mentor, font finalement sécession… ou sont promptement renvoyés. Peu à peu, la **Communion phalangiste** se disjoint.

Pourtant, en 1991, se met en place au cœur de l'Orne l'association **Arts et loisirs de jeunes**, laquelle diffuse à destination des phalangistes des vidéocassettes soigneusement sélectionnées.

En 1996, on estime que le mouvement phalangiste compte encore cinquante moines et moniales en France, soutenus par quelques centaines d'adeptes. Le tirage de la revue afférente est alors sans doute de moins de vingt mille exemplaires.

Enfin, depuis 2001, Georges de Nantes est frappé par un interdit de célébrer, donner et recevoir les sacrements en tout lieu.

Il se heurte également, au moins jusque vers le milieu des années quatre-vingt-dix, aux familles de certains adeptes regroupées dans une association orléanaise de défense nommée Espoir et Dialogue et fondée en 1984.

Georges de Nantes décède le 15 février 2010 au matin. Il est enterré le 18 février à Saint-Parres-lès-Vaudes

Compagnie des Mithridates

Mouvement occulte très hermétique, fondé à la fin des années soixante-dix dans la Saône-et-Loire, fort respectueux des titres de noblesse et dont la philosophie semble provenir… de la résistance à la toxicité de certains champignons.

Ainsi, un comte y revêt une "ample cape d'un rouge vif et ornée d'insignes"… alors que le laquais passe aux profanes "une sorte de lévite noire".

Confédération d'associations pour l'unité des sociétés des Amériques (CAUSA)

Fer de lance de la politique mooniste, **CAUSA International** (fondé en 1980) dispose, au milieu des années quatre-vingt, d'une filiale **CAUSA-France** basée dans le quatorzième arrondissement parisien. En latin, "langue religieuse de l'Occident, causa signifie cause, c'est-à-dire, ultimement, Dieu". Le but de cette organisation contrôlée par le révérend Moon est alors de "libérer le monde du communisme". Son action, d'abord souterraine, tend ainsi à devenir chaque jour plus "grand public". Elle est lancée après la victoire de la droite aux élections municipales d'avril 1983. Le mensuel afférent s'intitule… *CAUSA*. Il est proche, par ses rédacteurs, de *Nouvel Espoir*.

Une brochure mooniste nous précise ainsi, en 1987, que "le mouvement **CAUSA-France** a pour vocation de rassembler, au-delà des clivages politiques, philosophiques et religieux, des hommes de foi et de conscience qui, selon le précepte d'Alexandre Soljenitsyne, refusent de voir la vérité pervertie et de participer au mensonge. Contre tous les matérialismes agressifs du monde actuel, **CAUSA-France** se propose de promouvoir un réveil spirituel et moral qui puise aux racines de la nation française et s'inspire des valeurs universelles de l'Occident. **CAUSA-France** organise chaque semaine des conférences à Paris et en province, publie le magazine bi-mensuel *CAUSA*. Elle vient d'éditer un livre, *La Vocation Spirituelle de la France"*. On découvre également, dans cette publication, une photographie de "Pierre Ceyrac, député, ancien Secrétaire Général de **CAUSA-France**".

Conseil circulaire Nom-Khan (CCNK)

Association politico-ésotérique fondée, au tout début des années soixante-dix, par l'inusable Jean-Claude Monet (alias Karl Thor) et prenant la suite de la **Grande loge du Vril**.

Son curieux manifeste s'inscrit alors ainsi : "Le **Conseil circulaire Nom-Khan** est une Fraternité France-Camarade réunissant des personnes désirant participer à la construction d'une cosmogonie nouvelle, basée sur le plus haut ésotérisme, centre-asiatique, dit d'Asgarda".

On note, ici, qu'Asgard est, selon la mythologie germano-scandinave, la "ville que les enfants d'Odin auraient élevée au centre du monde « pour y abriter leurs palais »"…

Cet ensemble **CCNK**, qui mêle traditions nordiques et haute magie d'Asie centrale, affirme de plus avoir "comme Grand Maître d'Honneur le lama Djorni Djen Rimpoche qui (…) ne serait autre que le disciple spécialement formé par Trebitsch-Lincoln, le « Lama aux gants verts », lors de son long séjour dans un monastère tibétain".

Une sorte de tract, sans doute datée de l'année 1970, "précise" ce curieux concept : "Durant une longue période, le **CCNK** se formera librement, sans structures hiérarchiques, ni cotisations, organes de presse, cahiers, cérémonial, signes ou symboles particuliers. Hiérarchiquement, les Francs Membres ne relèveront que du seul Grand Maître de l'Association et ne seront tenus de connaître physiquement que lui seul… A long terme le **CCNK** posera les assises de l'Eglise Aryenne, appuyée doctrinalement sur l'Asgarda-Veda. On surnommera l'Eglise Aryenne : « Eglise mondiale de masse pour la fin du Kâli-Yuga ». Le Kâli-Yuga est le nom de la période terminale du cycle terrestre actuel (…).

Travail initiatique à longue échéance : a) Eveil tantrique de Koundalini (nom donné à la très puissante énergie magique que masque la sexualité dans les conditions courantes de l'existence) ; b) acquisition du King-Kang-Kaya (expression tibétaine qui désigne le « Corps de Lumière ») ; c) maîtrise du Vril.

La sélection des Francs Membres s'effectuera sur les deux plans magique et biologique. La Communauté des Mages qui en résultera aura pour mission d'élaborer la synthèse universelle des grandes religions et des pouvoirs dirigeants".

Rappelons ici que le fameux "Vril", terme créé au dix-neuvième siècle par le baron anglais Lytton, désigne "un courant d'énergie mystérieux et miraculeux utilisable par le corps humain".

En résumé, et selon Jean-Claude Monet, le **CCNK**, est donc "l'unique filiale de l'Asgarda souterrain pour la fin du Kâli-Yuga.". Ce **Conseil circulaire Nom-Khan** doit ainsi constituer "l'élément-cadre de la société" dans un environnement "post-atomique"...

Le **CCNK** prend donc "logiquement" le relais de la **Grande loge du Vril**, alors agonisante.

Conseil national de la résistance celtique (CNRC)

Le très confidentiel **CNRC** est sans doute fondé au début des années quatre-vingt-dix et assure alors, dans une certaine mouvance néo-païenne ou d'inspiration druidique, que "l'Africafrance doit crever pour que vivent les Celtes". Ce mouvement fort peu connu estime également "qu'il faut refuser le mondialisme et ses deux mamelles : immigration-colonisation et importation massive".

Le **CNRC** semble entamer par la suite une action "d'information" en direction de la sphère journalistique.

Coopérative européenne Longo Maï (ou SCOP Européenne)

Cette communauté initialement alternative, laïque, néo-rurale et autogestionnaire prend naissance en 1973 dans les Alpes-de-Haute-Provence. Son fondateur est Roland Perrot — dit Rémy ou Rémi — et on peut alors, sans détour, qualifier cette création (de type utopique, plus politique que véritablement spirituel) de "marginaliste gauchiste (après 1968) par l'alternative rurale". On y trouve, pêle-mêle, des "Katangais" tout juste échappés de la Sorbonne, des Allemands, des Suisses (relevant des mouvements Hydra et Spartacus), des Autrichiens, etc. Tous pensent pouvoir y faire échec "au fascisme renaissant en Europe" et "au complot des forces de droite". L'organe écrit de la coopérative s'intitule *Message de Longo Maï*.

En provençal, "longo maï" signifie, en effet, "ce qui dure longtemps"...

Peu à peu, dans le cadre d'un long dérapage "commercial" de sept ans lié à la recherche fébrile de biens fonciers et mobiliers, la **Coopérative européenne Longo Maï** et ses pionniers révolutionnaires connaissent une dérive sectaire avérée : "autoritarisme du chef-fondateur ; attitudes fascisantes (méthodes « musclées » de surveillance, menaces de mort, agressions, etc.) ; exploitation éhontée des adeptes ; organisation discriminatoire, travail dur mais gratuit, nourriture et sommeil insuffisants". Les "adeptes" partent ainsi à cinq heures du matin, après un café léger, pour travailler la terre. Il existe également un Groupe des jeunes, Groupe I, sorte de "police politique"... que la base surnomme Guépéou (ou, même, "furets du Führer").

Rapidement, les gens des Alpes-de-Haute-Provence en viennent à se méfier de ces curieux militants "qui patrouillent avec des chiens policiers". On est loin, ici, du "phalanstère gauchiste" des débuts, animé par des activistes suisses et autrichiens issus des mouvements Spartacus et Hydra !

De plus, après 1981, Roland Perrot "met en avant le fils d'un ancien ministre de la République française pour accroître sa renommée et son pouvoir". Mais les tentatives d'inscription au Parti socialiste, puis au Parti socialiste unifié, se soldent par des échecs.

Le pénible régime de vie de la **Coopérative européenne Longo Maï** est, heureusement, légèrement adouci en 1982. Mais il est vrai que le recrutement des adeptes est alors en nette régression. Il serait finalement passé de quelques milliers en 1973 à une centaine en 1982.

CRAC

Commune agricole basée dans le sud de la France vers 1974, pratiquant une sorte de culte de la personnalité autour de son créateur, Raymond Coroner. Le langage est violemment révolutionnaire et en totale opposition avec l'attitude autoritaire du jeune "gourou", jugé être "dans l'impossibilité absolue de recevoir la moindre des critiques". Ce dernier est d'ailleurs alors qualifié, au sein de la presse d'extrême gauche, de "baron de

Crac"... militaire français imaginaire, commandeur de l'ordre du Royal-Jabot, courtisan de Louis XV, hableur et vantard.

Cratère 13
Mouvement fondé vers 1993 par Jean Haberey, dit Don Jean Habrey. Implanté à Paris, dans les Hauts-de-Seine et à Lyon, il regroupe alors une vingtaine de jeunes tout juste majeurs et parfois décrits comme étant de tendance "paramilitaire et apocalyptique". Un des leitmotivs du mouvement s'inscrit ainsi : "Oyez, oyez, il est interdit d'être des civils innocents".

Credo
Le mouvement **Credo** est fondé en 1975 et se trouve proche de Monseigneur Lefebvre. Selon l'*Encyclopédie des sectes dans le monde*, publiée en 1980, "cette association religieuse intégriste, présidée par l'écrivain catholique Michel de Saint-Pierre, comprend quelques centaines de fanatiques voulant donner à la religion catholique une emprise temporelle qu'elle a perdue depuis le Moyen-Age". Elle regroupe, en fait, surtout des catholiques heurtés par le dénouement concile Vatican II (ou "Révolution conciliaire") et les prétendues "fumées de Satan" afférentes.

Dès 1987, il devient cependant évident que l'action de **Credo** se déplace — bon gré, mal gré — sur le terrain politico-religieux et se montre favorable à la droite nationale.

Croyance celtique (ou Kredenn Geltiek, KG)
Fondée en 1936 (avec pour président Morvan Marchal), réactivée en 1947 et déclarée légalement en 1981, la **Croyance celtique** est une sorte de "religion druidique paganisante" et inspirée par certaines structures humanistes. Il faut pourtant, pour y être admis, être Celte.

Créée en 1936, sa publication néo-païenne *Kad* — remplacée bien plus tard par *Ialon* — demeure, sous une forme nouvelle, "une revue d'éthique et d'étude confrontant au catholicisme romain (ainsi qu'aux monothéismes en général et à leurs avatars contemporains), l'humanisme et le personnalisme du druidisme". Ce "luxueux cahier de philosophie druidique" imprimé et illustré, mais non périodique, *Kad* (Combat) ou *Ialon*, renseigne les adhérents bien après 1982. Plus tard, en novembre 1988, il se nommera d'ailleurs *Ialon-Kad-Nemeton*. Son emblème est un torque, fort collier porté par les Celtes.

Ialon est une clairière (en celtique ancien) et Nemeton, un sanctuaire...

En 1994, le groupe se sépare d'une partie de ses membres à l'occasion d'une polémique relative à la Déclaration universelle des Droits de l'Homme et s'installe à Commana, dans le Finistère.

Selon la **Croyance celtique**, "l'égalité ne règne pas en fait parmi les hommes mais il existe une aristocratie naturelle composée d'hommes et de femmes, plus évolués que les éléments constitutifs des « masses »". De plus, le mouvement développe fortement son aspect "scout" et, même, "survivaliste".

Voir également **Kredenn Geltiek**.

Culte de l'être suprême

En 1979, il semble demeurer encore une vingtaine d'adeptes de ce culte éphémère fondé par Robespierre en 1794. Les cérémonies afférentes auraient lieu alors dans la forêt de Meudon.

On peut les rapprocher des réunions tenues par les "théophilanthropes", membres d'une petite secte politico-religieuse (exclusivement française) qui paraît vivoter jusque dans les années soixante. Pour cette dizaine d'adeptes parisiens, il n'existe pas d'organisation fixe. Ici encore, "Robespierre est un nouveau Messie qui a donné aux hommes enfin la liberté. Il mérite donc d'être adoré".

Les discussions afférentes ont lieu devant un buste... de Robespierre.

D

Délivrance

Revue parisienne dont le titre est sans doute une référence à un film dramatique de John Boorman daté de 1972. Dirigée, à la fin des années quatre-vingt-dix, par Phil Gittes, cette publication a pris la suite d'*Azraël* ("fanzine « ésoterroriste » nationaliste révolutionnaire — option nationale-socialiste — pour les jeunes", tiré à cinquante exemplaires). On y trouve notamment les coordonnées postales de groupes ésotériques d'obédience sataniste répartis sur tous les continents, à l'image de la célèbre Church of Satan (animée, depuis la Californie, par Anton La Vey). Mais il s'agit, dans le cas très précis de La Vey, "d'antirigorisme et de libération des désirs naturels".

On adore plutôt, dans la mouvance proche de *Délivrance*, Satan, le diable, "l'ange des ténèbres, déchu, mais possédant la faculté de disperser le mal à sa guise".

Deo Occidi

Fanzine "nazi-sataniste" rouennais lancé en 1995 et dont les deux principaux animateurs sont interpellés en février 1998 "suite aux menaces de mort formulées à l'encontre de certaines personnalités juives". Cette publication tente de séduire les adeptes de la musique "black métal" et conseille même, dans son numéro trois, "de tisser des liens avec les milieux nationaux-socialistes classiques".

Dès le mois d'avril 1996, *Deo Occidi* a, de plus, ouvert ses colonnes à Hadès, leader d'un groupe musical britannique ayant "créé la formation Funeral pour diffuser ses idées, basées sur la destruction des religions juive, chrétienne et musulmane, la pureté et la suprématie de la vraie race aryenne (…). L'esprit de Heinrich Himmler ne mourra pas".

Diffusion de la fin des temps (DFT)

Organisation intégriste catholique (et millénariste) modeste, fondée durant le mois de septembre 1982 en Ille-et-Vilaine, et persuadée que le pape Paul VI "s'étant rendu compte des effets nocifs de Vatican II, et ayant entrepris de les enrayer, a été victime d'un complot progressiste de la Curie romaine, et en conséquence remplacé sur le trône pontifical par un sosie, puis emprisonné dans les caves du Vatican". Cette structure est également anti-judaïque et assez hostile au Front national.

L'ensemble paraît être lié au bimestriel légitimiste intitulé *Le Lys blanc*, fondé au mois de septembre 1984 par un ex-trotskyste.

Pourtant, malgré ces approches surprenantes, le catalogue de la **DFT** compte alors plus de quatre cents titres.

En 1984, la **Diffusion de la fin des temps** diffuse ainsi divers tracts et brochures aux titres très explicites : *Le Rock, instrument de révolution et de subversion culturelle, Gloire ou perdition* ou *La guerre de Satan contre nos enfants par la drogue, le satanisme et le Rock'N'Roll...*

Direction centrale de l'organisation du laïcat

Sorte de société secrète catholique anticléricale encore basée, vers 1960, à Paris mais aussi à Lyon, Nantes et Nice (et dans quelques autres grandes villes françaises). Cette organisation aurait cependant vu le jour en Westphalie vers 1905.

Le but principal de la **Direction centrale de l'organisation du laïcat** est "d'inaugurer un catholicisme sans clergé". Les adeptes de ce mouvement très discret ne fréquentent donc plus l'Eglise catholique, ne participent plus aux sacrements et refusent de se confesser. Leurs propres cérémonies se déroulent alors dans le plus grand secret... et dans un climat d'hostilité permanente au clergé.

On estime que, vers 1960, quelques dizaines de fidèles sont toujours actifs au sein de l'Hexagone. Mais ils constituent la partie discrètement visible d'une diaspora comptant plusieurs centaines de membres éparpillés entre l'Allemagne, la France, l'Espagne, l'Italie, le Portugal et la Hongrie.

Domus Europa

Structure localisée dans les Bouches-du-Rhône dès les années soixante-dix. Animée par Maurice Rollet, un des cofondateurs du **Groupement de recherche et d'études pour la civilisation européenne**, cette "maison de Provence" propose des activités liées à cette mouvance. Dès la seconde moitié des années soixante-dix, certains néo-droitiers pratiquent par exemple des cérémonies païennes dans le cadre de cette **Domus Europa**, domaine de Roquefavour...

C'est également ici que Roger Lemoine remet le symbole de sa charge à son successeur à la présidence du **GRECE**. Il y repose d'ailleurs depuis le 28 août 1999.

Une Association **Domus** est par ailleurs créée dès le 4 novembre 1973. Les bulletins *L'âtre* et *Roquefavour* y sont domiciliés.

Durandal

Boutique basée dans les Hauts-de-Seine et proposant, en 1999, des livres, des disques ou des objets liés aux croyances traditionnelles. Elle bénéficie alors du soutien de la revue ***Réfléchir & Agir***.

E

Ecovie (ou **Ecoovie**)
Cette coopérative de vie écologique est déclarée à Paris en 1978 et trouve en Piel Petjo Maltest (qui affirme appartenir à la tribu canadienne des indiens Micmacs) un soutien apte à lui fournir des "écoopérateurs" (de sa Tribu fondée en 1973) travaillant bénévolement pour elle.

Les lieutenants de Maltest se nomment alors Jeff, Michoun ou Maoi... et vivent sous des tentes nomades de type "tepees".

Sous le nom de Norman William (Man, ou Piel, pour ses adeptes), Maltest lance ensuite l'Université de l'Ile-de-France (UNIDEF) en 1980, devenue une stupéfiante Université de la Paix (UNI-Pax) en 1983. Par ce biais, il parvient à prendre le contrôle d'une partie de la Fédération mondiale des villes jumelées (FMVJ). Cette fédération relie entre elles trois mille cinq cents communes, dont des villes très importantes.

La Tribu de Man (qui influence environ cent soixante sympathisants) s'installe pour sa part à Noisy-le-Grand sous le couvert d'un fantomatique Conseil mondial des peuples, ethnies et minorités (CMP). Un autre surgeon s'implante dans le Gard.

A Noisy-le-Grand, on s'est d'abord amusé, comme d'un folklore inoffensif, de ces "zombies qui dansent au retour de la pleine lune" et de cette "secte des indiens". Puis l'inquiétude s'est installée...

En effet, c'est de ce terrain que part, le 20 mars 1984, la catastrophique marche d'un mouvement baptisé **Le Retour**... dans le cadre "d'un retour à une vie saine et primitive" et de la consommation quasiment exclusive de végétaux.

En septembre 1984, Norman William perd l'appui de la Fédération mondiale des villes jumelées. Il passe ensuite en Belgique ou il fonde un pseudo ordre franciscain (les Frères Recollet) dont certains adeptes semblent être affiliés à la droite locale la plus dure.

Arrêté lors d'un banal contrôle d'identité, et "balayant d'un éclat de rire de possibles escroqueries à l'encontre des services secrets et son accointance avec des réseaux d'extrême droite", Norman William est expulsé de Belgique en 1989 mais reste convaincu de la nécessité de fonder "un réseau autogéré présentant une alternative globale".

En 1991, des membres de la Tribu de Man sont cependant repérés en Finlande (où il vivent selon les mœurs primitives des Indiens d'Amérique du Nord et semblent étudier "la survie dans les grands froids"!) car Norman William, ou si l'on préfère Apjdinoman, y a en effet "infiltré les milieux écologistes locaux afin d'obtenir des subsides". On emploie notamment, au sein de la Tribu, "un idome inconnu". L'enfermement sectaire est donc total. D'autant que l'on y pratique, entre mâles, un rite stupéfiant : "la transmission du savoir par le sperme (ou « sodom-initiation »)".

Vers 1993, une centaine de ces curieux écologistes aux mœurs sanitaires douteuses va être finalement expulsée par le gouvernement finlandais. Fuyant vers le sud, les Ecoovistes français passent alors au sein de l'Hexagone où il vivent très discrètement, voire clandestinement. Officiellement, ils y dissolvent la secte.

Quant à Norman William, il réapparaît (avec une dizaine d'adeptes français) au Québec en 1994…. où un film-documentaire sera promptement consacré à son "affaire".

Projetée, en janvier 1995, à la vidéothèque parisienne du Forum des Halles, cette dernière création (placée sous l'égide de l'Office national du film du Canada) y provoque alors, on s'en doute, un véritable scandale.

Eden

Durant les années 1980, les **Editions Pardès** éditent une série de revues traditionnelles telles que *L'Age d'or*, *Totalité*, *Rebis*, *Kalki* et la collection *Eden*.

Eden accueille notamment une étude consacrée… aux chats de Pierre Loti. Il y eu même une tentative de mettre sur pied "une revue d'écologie traditionnelle intitulée *Eden. Ecologie et tradition* dont le premier numéro devait paraître au printemps 1987".

Editions Copernic

Les **Editions Copernic** constituent, dès 1973, une maison d'édition parisienne animée par plusieurs membres du **Groupement de recherche et d'études pour la civilisation européenne**, dont Pierre Vial (directeur général), Alain de

Benoist et Michel Marmin. Cette maison d'édition comporte, finalement, jusqu'à huit collections : Théoriques, Factuelles, Maîtres à penser, L'Or du Rhin, Nation Armée, Héritage et Traditions, Réalisme fantastique et Cartouches. Un des premiers ouvrages édités y est relatif au *Conflit du christianisme primitif et de la civilisation antique...*

Les **Editions Copernic** publient notamment des ouvrages de membres du **GRECE** ou d'auteurs affiliés (ou annexés) à celui-ci, de représentants de la révolution conservatrice allemande et de traditionalistes comme Julius Evola. Un de leurs ouvrages collectifs parmi les mieux diffusés est d'ailleurs intitulé *Julius Evola, le visionnaire foudroyé* (collection Maîtres à penser, 1978). Elles professent, de plus, un dégoût marqué de l'égalitarisme.

En 1978 y paraît également, sous la plume de Jean Mabire, *Les dieux maudits. Récits de mythologie nordique*.

Cette activité éditoriale va être poursuivie, entre autres, grâce à la création — à la fin des années soixante-dix — des Editions du Labyrinthe (ou éditions Le Labyrinthe). En tout, une vingtaine d'éditeurs peuvent alors, à des degrés divers, être classés dans une mouvance ésotérico-droitiste.

Editions du Porte Glaive

Maison d'édition placée dans la mouvance de la Nouvelle Droite, de l'université Lyon III et sans doute née vers 1985. On s'y intéresse ainsi particulièrement à la littérature classique du Nord (c'est-à-dire aux sagas islandaises et scandinaves).

L'accent y est, cependant, mis plus généralement sur les cultures de l'Europe nordique et germanique.

Editions du Veilleur de Proue

Maison d'édition basée à Rouen, créée sans doute vers 1994 et surtout connue pour avoir réédité, en 1999, les premiers numéros de la revue *Viking* (c'est-à-dire l'ancienne série) ainsi que le journal apériodique *Fram*. Il s'agit, bien sûr, d'un ensemble "intégralement restauré avec l'aimable concours de Jean Mabire".

Editions Pardès

Maison d'édition française fondée à la fin de l'année 1982 et publiant par la suite de nombreux ouvrages ésotériques (d'un aspect inspiré par la célèbre collection *Que sais-je ?*) souvent proches de la culture indo-européenne, de la mythologie celtique ou de la révolution conservatrice allemande. Elle est le prolongement des activités de Georges Gondinet (jadis situé dans la mouvance du mensuel *Défense de l'Occident* et adepte de la "stratégie de la rupture"), directeur de la revue traditionaliste révolutionnaire *Totalité*, et l'on y retrouve les principaux animateurs du Cercle culture et liberté, constitué en 1976 dans l'orbite de la Nouvelle Droite. C'est-à-dire, notamment, Philippe Baillet et Daniel Cologne...

Il s'agit, ici, "de mettre en valeur et de rétablir les principes traditionnels (recherche de l'harmonie, épanouissement spirituel dans les voies traditionnelles légitimes, etc.) au sein du monde moderne".

Les **Editions Pardès** ont fort logiquement repris, en 1989, la diffusion des Editions du Labyrinthe, émanation du **Groupement de recherche et d'études pour la civilisation européenne (GRECE)**. Elles constituent alors, à n'en pas douter, "le réseau de diffusion le plus important de la littérature néo-droitiste et néo-païenne".

Actuellement, ses livres sont vendus par les grandes enseignes. Un des grands succès commerciaux de la maison est constitué par le livre de l'universitaire anglais Nicholas Goodrick-Clarke intitulé *Les racines occultistes du nazisme*.

Eglise catholique mariavite

Quelques milliers de familles françaises, souvent d'origine polonaise, se serrent encore, dans les années quatre-vingt-dix, autour de ce mouvement cultuel né vers 1893. Un de ses fondateurs les plus en vue, Monseigneur Kowalski, laisse en effet en héritage un stupéfiant "train de réformes" permettant le mariage des prêtres et la communion des petits enfants.

Au seuil de l'an deux mille s'active toujours en France Monseigneur Alain-Marie Fraysse, qui est placé sous la juridiction de la Province mariavite d'Amérique du Nord et qui est soutenu dans son entreprise par quelques centaines de fidèles et une demi-douzaine de clercs.

Les lieux de culte afférents sont implantés à Sarcelles, à Agen et dans l'Aveyron.

Eglise catholique rénovée (ou **Eglise du Christ-Roi**)
A la fin de l'année 1942 le père Michel Collin (né en 1905 et créateur, en 1935, de l'Ordre des apôtres de l'Amour infini) fonde, à Romans, la Croisade du Rosaire et du Magnificat. Il y est assisté par un mystérieux Chevalier blanc, dont la garde est tenue par une sentinelle armée d'une hallebarde, "casquée et habillée aux couleurs du roi". L'affaire fait grand bruit, une partie des sectateurs est finalement internée, l'évêque de Valence se montre excédé et le père Collin est sommé de rejoindre promptement un couvent à Uriage... dont il "s'échappe" en décembre 1946.

En 1948 naissent, sous son impulsion, la Ligue pour les Droits de Dieu et la Ligue de Confiance.

En 1951, le Vatican réduit à l'état de laïc le très remuant père Michel Collin... lequel installe pourtant à Haguenau un Foyer du Christ-Roi et, le 9 juin 1963 (à la mort du Pape Jean XXIII), se proclame "« Pape de l'apocalypse », sous le nom de Clément XV". Il fonde également, durant l'été 1961, un "petit Vatican" dans la chapelle de Marie-Rédemptrice de Clémery, en Meurthe-et-Moselle. Il constitue de même un collège "international" de Cardinaux et développe des "foyers-cénacles". Selon lui, Clémery signifie en effet "Clément-Marie"... et il se dresse alors (la crise post-conciliaire aidant) contre "l'Eglise athée qui tend la main aux communistes". Dans les années soixante, la Phalange blanche de Clément XV sillonne également l'Hexagone avec ses "autobus Magnificat". Clément XV, "tout en blanc, y est entouré de ses évêques ainsi que de suivants en pantalon bleu et veste blanche. Des sortes de Suisses".

On doit de même mettre à l'actif de cette mouvance l'édition des revues intitulées *La Vérité* (lancée en 1961 et comptant deux mille abonnés en France, dans les meilleures années), *Lettre Mariale* et *Les glanes spirituelles*. On y interprète les catastrophes naturelles comme autant d'avertissements divins. C'est la "guerre du ciel". Ces documents sont alors "tirés" à des milliers d'exemplaires.

Mais, en 1967, une scission "modérée" voit finalement émerger, depuis le Québec, un nouveau "pape", Grégoire XVII (à ne pas confondre avec son homologue andalou).

Le 14 août 1966, Clément XV rencontre, pour la première fois, des extraterrestres "devant la grotte de Notre-Dame de Lourdes au Petit-Vatican".

En mai 1971, certains disciples de Clément XV occupent pour leur part, à Rome, la place Saint-Pierre, et "distribuent à la foule des portraits grimaçants de Paul VI frappés du chiffre 666". Promptement, Clément XV se voit condamné par la justice italienne à deux ans "d'internement psychiatrique par mesure de sûreté". Et, en décembre 1971, il excommunie... le directeur général des Impôts. Le président Pompidou en est d'ailleurs, lui-même, informé par une lettre recommandée.

En janvier 1973, Clément XV déclare "qu'il veut une France heureuse", mais "qu'elle ne sera jamais heureuse avec un Marchais, avec un Mitterrand, avec un Malraux menteur, qui ont osé outrager Dieu". En octobre, il engage encore une campagne dirigée contre la Librairie Hachette, et sa récente *Encyclopédie sexuelle*. Le fer est également porté contre Joseph Fontanet, le ministre de l'Education nationale. Pourtant, "paradoxe traditionaliste ou conquête du féminisme", le sacerdoce des femmes est admis à Clémery. Par contre, le communisme est fermement rejeté.

En février 1974, le tribunal de Venise rappelle encore que si l'anti-pape de Clémery a l'intention de se rendre en Italie, il risque d'être interné "durant deux ans dans un asile d'aliénés, par mesure de sécurité"...

Mort au mois de juin 1974, le pseudo-pape — qui suivit "à peu près" la doctrine traditionnelle de l'Eglise catholique et avait excommunié son percepteur — est surtout connu depuis 1966 (et grâce à l'ORTF) comme étant le très ridicule "pape des extraterrestres", ce qui occulte quelque peu sa proximité avec la fort raciste **Sainte Eglise normande**. En effet, peu avant le décès de Clément XV, ces deux mouvements ont tressé une sorte "d'alliance tactique". Dès 1972, ils vont ainsi s'échanger des articles et de prétendues révélations relatifs à "l'antipape Paul VI". Ils s'entendent sur des points très précis : "Fin à l'Eglise romaine pourrie ! Qu'elle disparaisse avec ses ministres sataniques ! Et que Dieu envoie le feu du Ciel et châtie le monde ecclésiastique coupable, en se servant de nos frères interplanétaires !". Dans sa lutte contre Paul VI, "Clément XV trouve un allié (tout à fait décidé à faire monter les enchères) en la personne de Maurice Guignard. Cet étrange et également extravagant personnage nourrit, à partir des années soixante-dix, de ses « révélations » calomnieuses et insultantes, la campagne du Pape de Clémery contre le Vatican et l'Eglise catholique de France. Mais les plaintes déposées en 1973, à la suite de cette croisade, les condamnations qui s'ensuivent et surtout la maladie, puis la mort de Clément XV en 1974, y mettent un terme".

Quelques centaines de dévots assistent enfin aux obsèques de Clément XV. Les Croisés, gardiens du Petit-Vatican, montent une garde vigilante. Le journal *France-Soir* écrit, pour sa part, que "Clément XV, l'anti-pape, est mort avant d'avoir pu bâtir une église sur Vénus". Quant au *Canard Enchaîné*, il se fend d'un article satirique relatif à ces "religieux qui seraient des extraterrestres".

Répartis dans le monde entier, les disciples afférents sont alors environ vingt-cinq mille.

Le "pape des extraterrestres" envoie ensuite à ses adeptes (et bien après sa mort physique) une "lettre du ciel"... alors que continue à paraître *Magnificat*, "organe du Petit Vatican de Marie Corédemptrice".

En 1980, l'**Eglise catholique rénovée** de Clément XV, en baisse constante d'effectifs et pourtant secouée de scissions tant conservatrices que progressistes, édite toujours son mensuel, *Magnificat*, lequel aurait été fondé "le jour de Pâques 1961". Deux mille adeptes se partagent alors, en France, l'héritage spirituel du pseudo-pape défunt. Ils prétendent "ne pas être une secte et être l'Eglise catholique" et que la seule différence est "qu'ils sont plus traditionalistes que les traditionalistes".

Signalons également l'existence, en 1979, du Règne de Marie-rédemptrice, secte religieuse et filiale de l'association Magnificat initialement créée... par le pseudo-pape Clément XV.

Eglise de la Sainte famille
"Dissidence de l'Eglise catholique" fondée en 1974 par un fils d'agriculteurs né en 1924 et se sentant "investi d'une mission divine", Pierre Poulain.

Il est devenu (en mai 1975) le Restaurateur, dans le sens "de la restauration du monde".

Depuis Derval, sorte de "Lourdes breton" situé en Loire-Atlantique, cette "Eglise" royaliste et anticommuniste (parfois qualifiée "d'asile autogéré" par les habitants du lieu) proclame ainsi que "le monde est rongé par le péché et puni, par la main de Dieu, de grandes catastrophes. La fin du monde est pour bientôt.

Notre roi a reçu le message divin. La révolution succèdera aux élections. Les Russes et les bolcheviques vont envahir l'Occident". De plus, comme la fin du monde est annoncée, "tout sera détruit, et c'est de Derval que repartiront les élus de Dieu (...). Le seul espoir de salut se trouve ici, à Derval". On s'oppose donc vigoureusement aux pseudo-papes (au lorrain Clément XV, bien sûr, mais également à l'espagnol **Grégoire XVII**).

Il semble que **Grégoire XVII** se soit pourtant rendu à Derval afin d'y obtenir la soumission du Roi-Restaurateur. Peine perdue pour le "pape" andalou, dont les "légions violettes" sillonnent, un moment, le modeste village de Loire-Atlantique... Un autre détracteur du Roi-Restaurateur, le père Bourcier, prétend cependant localement que "l'année 1981 sera marquée par l'envahissement de la France par les brigades internationales. C'est la période où l'Europe entière tombera aux mains des communistes".

L'Eglise de la Sainte famille dispose, ensuite, d'une congrégation religieuse féminine, l'Ordre des filles crucifères, dont les adeptes, vêtues de longues jupes grises, portent un voile vert sur la tête et une croix autour du cou. Certaines ont notamment pour mission "de mettre au monde des enfants conçus par l'opération du Saint-Esprit et préservés du péché originel". Lorsque, en 1980, la gendarmerie et la presse locale se saisissent de cette histoire de mœurs, un vaste scandale éclate...

En avril 1982, par le biais des messages de Marie Corédemptrice, le Roi-Restaurateur (qui croit, par ailleurs, fermement, à l'influence des extraterrestres) assure de plus confusément, depuis Derval, que "Karl Marx se croyant si fort en son grand orgueil du communisme inspiré par Lucifer, avec tous ses zélés qui le suivent, si nombreux soient-ils, ne réussiront pas plus leur projet infernal et outrant que leurs prédécesseurs, mais s'éteindront écrasés sous les pieds du Tout-Puissant se vengeant de leur grand orgueil destructeur, cruel et criminel".

Des collectes d'argent sont enfin organisées pour "le berceau et la couronne d'or" d'un futur roi — "Jésus-Pierre bébé de l'Apocalypse" — qui doit en effet être sacré le 13 décembre 1999...

Excédé par le battage entretenu autour de ses actes et prédictions, le Roi-Restaurateur finit par assurer aux journalistes "qu'il ne faut pas s'occuper de politique. Ça écarte du droit chemin. C'est l'œuvre tentatrice de satan. Il n'y a qu'une seule chose à faire, c'est prier (...). J'espère que vous ne ferez pas de scandale". Son mouvement cultuel compte alors, en France, environ 1 200 membres.

A Paris, vers la gare Montparnasse, il est connu sous le nom d'Œuvre de restauration...

Eglise de Mithra

Actuellement, les fidèles de cette antique religion (qui a bien failli supplanter la chrétienté à ses débuts) s'étiolent entre Londres et Bruxelles, en passant par Paris. Il s'agit en fait, souvent, d'admirateurs du philosophe — et militant traditionaliste révolutionnaire — Julius Evola, lequel explique initialement que "parvenu à Rome vers la première moitié du premier siècle, le culte de Mithra connu son apogée au troisième siècle".

En 1960, "les croyants et pratiquants de cette religion prétendent que le christianisme n'a pas tant supplanté qu'absorbé le Mithraïrisme, empruntant certaines de ses formes extérieures et les modifiant à son propre usage". Un adepte de Mithra, ou "myste" (candidat digne des mystères), compare ensuite ce phénomène... à l'éclipse du Parti libéral britannique, "car deux autres partis se sont emparés de ses objectifs et en ont élargi les bases. Seuls les initiés actuels de Mithra savent ce qui a été perdu au cours de ce processus".

Eglise de Notre-Dame le Saint-Esprit

Mouvement fondé par le docteur Grémillon, selon une interprétation des "révélations" de La Salette. Sans doute créé avant la Seconde Guerre mondiale, ce groupement cultuel initialement basé dans le Gard assure notamment que Rome est le siège de l'Antéchrist et qu'il faut combattre l'Eglise catholique romaine.

En 1960, le mouvement comprend toujours quelques dizaines d'adeptes, surtout présents dans le Midi et dans les Alpes. Ses deux modestes publications s'intitulent *L'Echo de la Grande Nouvelle* et *L'Esprit* (plus discrète encore).

Eglise de Sidologie

Terme disqualifiant employé — entre autres — par des militants du mouvement Nouvelle résistance, puis Unité radicale, à l'encontre de l'Œuvre française, organisation ultra-hiérarchisée (d'inspiration catholique) dont Pierre Sidos est le "présideur" depuis 1968.

La référence à l'Eglise de scientologie, mouvement sectaire, est ici immédiatement compréhensible.

La peur engendrée par le Sida (terme voisin de Sido) est également, dans ce cas précis, fortement instrumentalisée.

Eglise des vrais chrétiens orthodoxes (VCO)

Plus connue sous le nom de "vieille-calendariste", cette Eglise s'est détachée, en 1924, "de l'orthodoxie grecque qui venait d'adopter lors de la conférence inter-orthodoxe de Constantinople (1923) le calendrier julien révisé pour le cycle des fêtes fixes". Bien implantée à Tarbes, Lyon, Montpellier et à Toulouse, mais également en Picardie, cette structure cultuelle (qui n'est pas rattachée à l'Eglise orthodoxe de France) semble, vers 1990, recruter par conversion dans les milieux catholiques du sud-ouest de la France.

On y lutte conjointement contre la franc-maçonnerie, le judaïsme, le papisme, l'avortement (en soutenant notamment l'association *SOS Tout Petits*) et le communisme, "figure de l'Antéchrist"... mais également contre "le modernisme sectaire d'une administration ecclésiastique aux ordres des idées dominantes".

L'organe bimestriel écrit de ce mouvement s'intitule, depuis 1982, *Foi transmise et sainte tradition*. Il sera ensuite soutenu par une revue à caractère révisionniste, ***l'Autre histoire***, car "les prêtres et les moines qui composent la mission ne sont pas d'origine grecque ou roumaine, mais ce sont des Français qui à la suite d'un itinéraire personnel ont choisi de retourner à la foi de leurs pères. Avec eux, pas de faiblesses œcuméniques ou de tentations modernistes : la tradition, rien que la tradition mais toute la tradition".

Il existe également *La Lumière du Thabor*, animée par le Père Michel Laroche.

Un des membres les plus connus de l'**Eglise des vrais chrétiens orthodoxes** est "l'exorciste" Olivier Contamin, qui la rejoint, en 1982, sous le nom de Père Antoine et s'y fait moine. Mais cette appartenance est contestée par certains "pour cause de pratiques occultistes". Dans le Lot-et-Garonne, où se trouve le

Monastère Saint Michel, "l'archimandrite Antoine" semble pourtant jouir, alors, d'une véritable autorité spirituelle.

Eglise universelle du messager de la paix

Mouvement cultuel lancé par un agriculteur normand né en 1863, Ernest Thirouin. Défait aux élections législatives de 1932, ce dernier se découvre ensuite une vocation de "Réformateur du monde". En 1937, après une tentative de propagande par voie d'affiches, il présente au gouvernement français "son plan bouleversant d'une Rénovation du monde, rénovation qui partirait de France". Ses "travaux" proposent non seulement une réforme des Assurances sociales mais un remodelage des systèmes électoral, fiscal et parlementaire. Pour faire bref, "il suffit d'appliquer un système d'assurances sociales pour que la terre redevienne le Jardin d'Eden".

Finalement, Thirouin n'apparaît plus seulement comme l'Initiateur de la réforme du monde (1932) et le représentant de Dieu sur terre (1936), mais il semble bien être devenu Dieu lui-même !

Ernest Thirouin décède en 1944, mais son **Eglise universelle du messager de la paix** vivote encore en 1960 à Paris et en divers points de Normandie (Falaise, Caen et Bayeux). Le culte, resserré autour de moins de trente adeptes, semble s'y réduire "à des exhortations du Message de Thirouin et des chants de gratitude à Dieu venu après des millénaires d'attente".

On pense que le parcours d'Ernest Thirouin a pu inspirer Emile Dauphin lors de la création, en 1957, de son **Mouvement pour la paix intégrale**.

Eglise universelle et triomphante

Ce mouvement cultuel politiquement conservateur, très actif aux Etats-Unis vers 1958, tente ensuite de s'implanter en France depuis Paris. Il croit en la réincarnation, pratique les guérisons et insiste, en 1989, sur la perspective d'une possible agression nucléaire venue de l'URSS. Son créateur serait Mark L. Prophet.

Cette Eglise est connue, par ailleurs, pour avoir initié la création d'abris anti-atomiques dans le Montana, avoir incité ses adeptes à s'armer... et pour se réclamer tant de Nefertiti que de la Marquise de Pompadour.

En France, vers 1997, on dénombre encore quelques dizaines de sympathisants, presque tous situés en Région parisienne.

Ekklésia des Kataugues

Organisation d'origine germanique vraisemblalement fondée en 1532 et dont le titre exact signifierait "Assemblée des éclairés". Elle se réfère à un ouvrage introuvable en bibliothèque, *L'Arbor Mirabilis* ("L'arbre merveilleux").

On révèle dans *L'Arbor Mirabilis* les — sombres — destinées de l'humanité : "une guerre terrible à la fin du vingtième siècle, une famine sans précédent, le retour à l'esclavage et la fin du monde en 2500".

Le but des Kataugues, qui se réunissent de nos jours "encagoulés", serait de "donner à la société un idéal moral fondé sur l'amour du prochain" et "de réaliser par le moyen de leur force occulte les conditions politico-sociales de la morale, sans laquelle l'humanité ne pourrait survivre ".

L'**Ekklésia des Kataugues** semble ainsi constituer, à la fin des années soixante-dix, un ordre très hiérarchisé, comptant "quarante-neuf degrés répartis en sept étages". Des cérémonies nocturnes auraient alors lieu dans la forêt de Fontainebleau, tandis que deux temples secrets existeraient à Paris.

Elsass Korps (EK)

Formation "national-socialiste", à très fort contenu paganisant, fondée en Alsace en 1993 autour d'un noyau d'une quinzaine d'activistes et d'une petite centaine de sympathisants. Outre l'organisation de concerts "Rock Against Communism", l'**Elsass Korps** est également à l'origine de soirées "mémorial" en souvenir d'Adolf Hitler. Son influence sur un groupe de supporters strasbourgeois, les Meinau Boys, est évidente.

L'**EK** est dissout par un décret daté du 19 mai 2005. Emerge également un Lothringen Korps, à l'existence plus éphémère encore...

Enfants de Dieu (EDD)

En 1968, le "pasteur" américain David Berg (né en 1919 et décédé en 1994) se dit en contact avec Dieu, prend le nom de prophète Moïse David (Mo) et commence à rédiger ses *Lettres de Moïse David aux Enfants de Dieu*. On y lutte, en tant que "nomades révolutionnaires" évangéliques, contre le "capitalisme corrompu" et le "communisme athée". Car "c'est le moment de violer l'Amérique. Ils essaient encore de la respecter, elle ne le mérite pas. C'est une vieille p...".

De toutes les manières, "les mauvais et les riches s'entretueront dans une guerre atomique à l'issue de laquelle survivront seulement les bons".

Quant au président Nixon il est élégamment surnommé "Nitler"...

L'association des **Enfants de Dieu** est officiellement déclarée à Paris le 14 septembre 1972. Mais on y regarde "d'un drôle d'œil ses techniques de racolage qui ressemblent plus à celles des dames de Pigalle qu'à celles de l'Armée du salut". Certains "militants" arborent ensuite autour du cou "un petit joug miniature qui est devenu leur emblème". Accompagné d'une chaînette, il est disponible en deux tailles...

Il y a alors sept à huit colonies en France, et leur bulletin de liaison parisien s'intitule *Nouvelles de la nouvelle nation*. Il est publié sous l'égide du Septième Continent.

La lettre afférente, *Europa*, s'exprime, en novembre 1973, de manière bien plus ciblée : "Mon Dieu ! Donne la sagesse aux leaders arabes, aide-les à ne pas se laisser séduire par ces maudits Américains ! Aides-les à priver les Américains de pétrole (…), à participer à la destruction de l'Amérique. Jésus, aide l'Europe à se tenir ferme contre les leaders maudits et antéchrist d'Amérique !".

En 1975, le groupe diffuse toujours au sein de l'Hexagone des disques et un livre (*Les Lettres de Moïse David*), des jougs miniatures, des "tee shirts" présentant quatre messages différents ("Don Quichotte", "La seule loi de Dieu", "Redeviens un bébé" et "La Lumière d'amour"), de luxueuses plaquettes explicatives, etc.

Outre des pratiques sexuelles scandaleuses (initiées en 1973), l'association dérape ensuite dans la diffusion de bandes dessinées à caractère antisémite lorsqu'elle devient, après son autodissolution datée du 29 décembre 1978, la très discrète **Famille d'amour**. En 1979, elle fait donc l'objet d'une plainte émanant de deux influentes organisations antiracistes françaises. Deux de ses membres seront finalement condamnés.

Ainsi, en novembre 1983, le tribunal de grande instance de Nancy voit-il juste (au sujet des défunts **Enfants de Dieu**) en précisant que "ce mode de pensée qui n'a de référence religieuse que le nom de la secte, constitue, en fait, une vaste entreprise, au surplus bien administrée, de déstabilisation politique, économique et sociale"... Une tête de pont de la secte est localisée dans le septième arrondissement parisien, rue de Verneuil. Il faut signaler cependant que la procréation entre personnes de couleurs différentes y est encouragée, ce qui distingue radicalement ce mouvement de la plupart des courants d'extrême droite.

Scandales mis à part, les **Enfants de Dieu** sont surtout connus au sein de l'Hexagone en raison de l'activisme prosélyte, en 1974, d'un groupe musical baptisé Family of Love, lequel a notamment interprété *Liberty, Danse, My love is love* et *Redeviens un bébé pour aller au ciel*. Certains de ces morceaux deviennent en effet, alors, de véritables succès télévisuels.

Mère Marie Magdeleine, Supérieure générale des Petites Sœurs de Jésus a même présenté Faith, fille de David Berg, à Paul VI. Elles auraient alors chanté ensemble *Redeviens un bébé*...

Esprit-Force-Matière (ou Néo-spiritualisme)

Structure parisienne regroupant des "chercheurs de vérité, pionniers du Nouvel Age" et animée dès la fin des années quarante par Marino Bertil Issautier. Son organe écrit est constitué par les *Cahiers de la Pensée et de l'Action*. On s'y intéresse à l'astrologie, la radiesthésie, l'occultisme, la lutte contre certaines vaccinations obligatoires, l'"économie franche" de Silvio Gesell, la philosophie, la langue internationale, la "médecine hérétique" et, même, aux "ondes cérébrales" (c'est-à-dire à l'activité électrique du cerveau), au végétarisme et au pacifisme.

Le but de cet ensemble complexe est "d'orienter l'humanité vers son destin par une culture humaine raisonnée" et de constituer "un « creuset » d'où sortira l'homme nouveau, le monde nouveau". En effet, assure le **Néo-spiritualisme**, "salut à toi, enfin, homme nouveau ! Nous te servirons comme nous avons servi Dieu, comme nous avons servi la philosophie et la liberté, de toute notre âme, de tout notre cœur, de toute notre intelligence et de tout notre courage, et nous ne voulons point d'autre règle ni d'autre maître que toi !".

Marino Bertil Issautier publie en 1961 un ouvrage intitulé *L'économie Franche, condition du développement humain*.

Son mouvement est lié à la Ligue des "sans haine", dont l'objectif est de forger une "chaîne d'amour universelle".

Ethno-Psychologie
Revue de "psychologie des peuples" fondée vers 1945. Elle relève de l'Institut havrais de sociologie économique et de psychologie des peuples. Dans les années soixante-dix, son directeur de publication est un historien, professeur à l'université de Rouen, Bernard Guillermain. La revue semble alors s'intéresser particulièrement à la papauté, à la franc-maçonnerie et à d'autres thèmes de caractères ésotériques ou religieux.

Ethno-Psychologie rencontre, dès 1982, le chaleureux soutien du **Groupement de recherche et d'études pour la civilisation européenne** et de sa revue trimestrielle, *Nouvelle Ecole*.

Europe Jeunesse
Mouvement de jeunesse mixte du **Groupe de recherche et d'études pour la civilisation européenne** (**GRECE**), s'inspirant du scoutisme et fondé officiellement en 1975, mais dont la structure date en fait du début des années soixante-dix. Son emblème est le "casque de Sparte", sans doute hérité du mouvement Europe-Action (disparu en 1967 et vivier de la Nouvelle Droite). Les cérémonies, regroupant parfois bien plus de cent participants, se déroulent sur fond de roulements de tambours décorés de flammes. L'usage des runes y est encouragé et les rituels résolument païens y sont valorisés.

Les jeunes, âgés de huit à vingt ans, sont répartis en trois tranches d'âge (cadets, hordes et raiders) et en "bans régionaux". L'ensemble est parfois dominé par l'élément féminin (à la différence du **GRECE** adulte).

Dès 1975, **Europe Jeunesse** dispose d'un bulletin de liaison sans numérotation, comportant deux à quatre éditions par an et intitulé *Flamme*. Cette publication consacre alors "l'essentiel de ses articles à présenter des mythes et coutumes dont l'origine ou la symbolique sont préchrétiennes". Dans le numéro "Equinoxe d'automne 1989", un article est consacré à Odin, alors qu'un autre s'efforce de démontrer que saint Michel "a repris à son compte beaucoup de traditions païennes". Le dessinateur et graveur Sluyterman van Langeweyde, aux inspirations martiales et ésotériques nordiques, est par ailleurs encensé.

Puis **Europe Jeunesse** organise en Région parisienne, au mois de juin 1990, un "solstice d'été", afin de "se retrouver à plus de deux cents autour d'un bûcher, torche à la main, pour célébrer durant la nuit la plus courte de l'année, le retour du soleil".

D'autres cérémonies identiques prirent place en Normandie avec l'appui de l'écrivain "nordique" Jean Mabire.

C'est, alors, une sorte de "scoutisme païen" regroupant les enfants des militants du GRECE, lesquels s'y adonnent "aux « jeux de piste » avec une perception quasi religieuse de la forêt. Ils croient aux dieux multiples, aux aventures mystérieuses, comme dans la quête chevaleresque". Leurs poignards, d'allure germanique et arborés lors des Fêtes du glaive, font couler beaucoup d'encre car une sentence est gravée sur la lame : "Plus est en nous"...

On parle parfois directement des "Scouts Europe jeunesse". En 1986, leurs activités sont même vantées par une revue londonienne favorable à une "forte Europe impériale", *The Scorpions*. Une adresse est alors citée, au cœur de l'Essonne.

Europe notre Patrie (*Le Perce-Neige*)

Revue bimestrielle parisienne animée, dès 1965, par une militante nationaliste, Micheline Peyrebonne. Il s'agit en fait de l'organe écrit d'un minuscule Parti révolutionnaire occidental (PRO), lequel se soucie notamment "du marquis de Sade, ou les malheurs du vice".... et des questions liées à l'immigration. Cependant, les buts du PRO "n'ont pu être poursuivis faute de moyens".

On écrit également dans ***Europe notre Patrie***, en 1976, que "sans Jésus, le Christianisme eut-il réussi ? Je répond non. C'est Jésus qui a donné à cette doctrine sa force (…). Quant aux possédants, ils surent assez vite qu'ils pouvaient, en observant extérieurement les préceptes de la religion chrétienne, gouverner les pauvres plus commodément, grâce à cette religion fondée par un pauvre".

L'ensemble est donc anticapitaliste, anti-arabe, antisémite et surtout fortement antichrétien. En effet, les Eglises chrétiennes "jettent le discrédit sur ceux qui, en France ou en Europe, veulent défendre leurs peuples et leurs races de l'invasion des races étrangères qui, avec la bénédiction des Eglises, déferlent sur notre continent. Elles paralysent les Blancs timides en leur disant que se défendre contre une telle invasion est un péché, voire un crime (…). Chrétiens, opposez-vous aux vraies forces du mal. Soyez racistes comme votre Dieu, car ce qu'on vous prêche à ce sujet est le contraire de la vérité".

Des liens existent alors avec la revue nationaliste, et philosophique bretonne, **Keltia**.

Les rapports avec ***La Bretagne réelle*** sont également avérés. Il en est de même avec le **Centre international de diffusion et de recherche phosphénique** du docteur Francis Lefébure, fermement encensé… mais aussi avec la revue *Facettes*, spécialisée dans les "bizarreries religieuses", et de manière plus tortueuse, avec la fort raciste **Sainte Eglise normande**.

F

Facettes
Stupéfiant "lien des curieux et des chercheurs", fondé en 1966, bimestriel puis mensuel (en 1976), et fort intéressé par les religions — et les curiosités et "bizarreries" afférentes — mais également par l'origine de la circoncision, l'alphabet runique, la part des juifs "dans le premier soviet de Lénine" ou les citations de Robert Brasillach.

Soutenu, dès le mois de janvier 1980, par la Fédération d'action nationale et européenne (FANE), ***Facettes*** l'est également depuis fort longtemps par la revue ***L'Hespéride*** dirigée par Pierre Lance. C'est donc un assez tendancieux "miroir de la curiosité"...

Famille d'amour (La)
Cette organisation (non déclarée et, donc, très discrète) prend le relais, au sein de l'Hexagone, de la fort sulfureuse association des **Enfants de Dieu**, laquelle y disparaît officiellement au mois de décembre 1978. Le mouvement de David Berg entre alors dans une sorte de clandestinité ponctuée par la diffusion des *Nouvelles de la nouvelle nation*, la mise en place de Foyers d'amour, de Foyers Selah et autres Foyers catacombes... On parle alors d'une "association de communautés missionnaires chrétiennes indépendantes". En effet, "il fut décidé de rompre avec le passé et de repartir sur de nouvelles bases. Le mouvement des **Enfants de Dieu** était ainsi officiellement dissout. Ceux qui souhaitaient continuer à travailler aux côtés du Père David furent invités à se joindre à un nouveau mouvement doté de nouvelles structures et de cadres élus démocratiquement. Ce mouvement prit le nom de **La Famille d'amour**".

Berg diffuse ainsi auprès de deux cents Français, répartis dans une trentaine de centres, ses *Lettres de Mo* (rédigées depuis un lieu inconnu) alors que la figure du colonel lybien Kadhafi (surnommé Godhafi) y voisine avec un antisémitisme virulent. Cet antisémitisme s'exprime parfois par le biais de — très naïves — bandes dessinées qualifiant les juifs de "faiseurs de guerre". Car, en effet, "où la Mafia a-t-elle trouvé des cerveaux pour contrôler la scène internationale du crime ? Evidemment chez les juifs !". Kadhafi est "la voix et le guide de tout le tiers-monde". C'est un "Aladin contemporain, avec sa lampe à pétrole". De plus, il est affirmé que "Dieu veut l'invasion et la destruction d'Israël". En effet, *Mein Kampf*, de Hitler, est estimé être "persuasif dans sa logique et sa théorie".

Enfin, les contrôles et critiques subis par **La Famille d'amour** et émanant de plusieurs gouvernements, des média et des associations opposées aux sectes, sont considérés par ce mouvement comme constituant un des signes de la dictature de l'Antéchrist. Les actions policières — les "descentes" du 9 juin 1993 — relèvent ainsi "d'une attaque du diable pour s'efforcer de nous empêcher d'annoncer le message de Salut, et de dénoncer le plan diabolique de l'Antéchrist tel qu'il est révélé dans la Bible". Pourtant, de nombreux adeptes sont relaxés... et, le 29 juillet 1993, les enfants (qui furent un instant retenus loin de la secte) sont finalement rendus à leurs parents.

Soigneusement camouflé, voire "édulcoré", ce mouvement reste ensuite présent dans le sud de la France — près de Lyon, d'Aix et dans les Pyrénées — de manière endémique et y compte sans doute une cinquantaine de membres (dont un tiers de mineurs).

A Paris, il y a alors certainement moins de vingt adeptes.

Dès que possible, les sectateurs français de Moïse David sont répartis en centres (en milieu urbain) et en colonies d'une douzaine de membres (en milieu rural).

Après la mort de David Berg, survenue en novembre 1994, sa veuve Maria a pris le relais. Ainsi, au sien même de l'Hexagone, les leaders de l'organisation sont presque tous américains. Leurs organisations "en forme de paravent" s'y nomment Familles sans frontières et Fraternelle d'Amour.

Fédération druidique des Gaules (FDG)

Fondée le 2 novembre 1985 par Pierre de la Crau (un ancien de l'ultra-gauche) qui en démissionne par la suite et René Lixon, elle est légalement déclarée en 1990 sous le nom d'Eglise druidique des Gaules, basée en Seine-Saint-Denis. Elle n'a donc aucun lien de parenté avec l'Eglise druidique et nationale, constituée dès l'année 1885 par Henri Lizeray.

Il est également a noter que l'Eglise druidique des Gaules "n'a pas à prononcer des condamnations envers toutes les églises, mosquées, temples ou synagogues puisqu'elles se sont condamnées elles-mêmes en demeurant incapables d'enrayer les maux dont souffre l'humanité". Elle attire alors environ deux cents sympathisants. Ses liens avec les Suisses animant le Collège druidique de Thulé sont remarqués lors de la fête Lugnasad 1988. Ce rituel folklorique semble bien dissimuler, en fait, "une réunion de cadres traditionalistes révolutionnaires européens".

Ses attaches avec les nationalistes européens, la Nouvelle Droite et **Le Partisan Européen** alors basé à Béziers, sont également évidentes.

Cependant, dès 1993, l'appellation d'Eglise druidique tombe en désuétude... Une revue proche de la Nouvelle Droite belge, *Le Druidisme* (véritable émanation des Publications gauloises datée de 1987), lui sert pourtant toujours d'organe écrit et paraît quatre fois par an. Il existe aussi une modeste publication lancée durant l'automne 1979, **Le Triscèle** (*dextrogyre*), animée par Pierre de la Crau et qui fit ses premières armes dans les pages de ***La Bretagne réelle***. L'ensemble se réclame également de la Ligue panceltique européenne et de la Fédération de la renaissance gauloise... On y développe, nous dit la presse du temps, "tout un folklore indo-européen assez éloigné des idéaux de la génération morale. Ainsi sont longuement exposés les thèmes majeurs du droit celtique, à savoir les liens du sang, les vertus de la famille, l'ethnie organisée en Etat, le droit religieux, le droit naturel, la royauté et l'apologie du clan. Ou en plus concis : « Honorer les Dieux, être brave, et ne rien faire de déshonorant »". Pourtant on ne cherche pas, ici, "à supplanter la civilisation judéo-chrétienne, mais bien au contraire à l'enrichir d'une tradition gallicique".

Dans la mouvance de l'Eglise druidique des Gaules et de la **FDG** gravite également, depuis 1990, un bulletin parisien photocopié animé par Stéphane Le Mat et tiré à plusieurs dizaines d'exemplaires : *Le Griffon*. Cette sorte de "fanzine" diffusé depuis l'Essonne précise que "sa volonté première est de défricher l'épais roncier qui asphyxie la pensée païenne afin de retrouver notre religion, de la déchiffrer, de la comprendre et de mieux la pratiquer" et que "la volonté seconde du *Griffon* est de rechercher la société parfaite (si elle existe), trouver le juste milieu entre les sociétés capitalistes et les sociétés communistes". De manière surprenante, une place y est reconnue au courant néo-socialiste... Edité par la société Stal Louarn, *Le Griffon* devient par la suite le trimestriel **Kelt omp !** et certains de ses contributeurs peuvent y être qualifiés de révisionnistes. Ses liens avec les nationalistes révolutionnaires animant le mouvement Nouvelle résistance depuis 1991 sont ensuite avérés.

La **FDG** serait liée pour sa part, via René Lixon, à l'**Ordre vert** et à l'**Ordre vert druidique de la Fraternité du soleil celtique**. On y diffuse alors en effet, trop souvent, une idéologie néo-païenne mâtinée d'extrême droite. On lui prête également des liens passés avec les Faisceaux nationalistes européens.

Fédération internationale des religions et philosophies minoritaires (FIREPHM ou FIREPhIM)
Association fondée en octobre 1992, en France et en Suisse, afin d'y lutter notamment contre l'activité des associations anti-sectes et les "persécutions religieuses" afférentes.

La **FIREPHM** accueille donc alors, sans surprise, des membres relevant tant du **Mouvement raëlien français** (qui serait à l'origine du nom du projet), de l'Eglise de scientologie (qui en assure, un temps, la présidence), de **CAUSA-Europe** ainsi qu'une galaxie de groupuscules ésotérico-occultistes.

Elle est mise en sommeil à la fin de l'année 1994.

Antérieurement, l'Eglise de scientologie avait déjà lancé un Comité français des scientologues contre la discrimination (CFSD).

Sans oublier la précoce création, dès l'année 1979, de l'Association pour le respect des libertés spirituelles...

Fédération internationale pour la victoire sur le communisme
Organisation mooniste française dont les statuts sont déposés le 21 novembre 1978. Un de ses buts est "de proclamer l'inexactitude, l'inconsistance et les contresens de l'idéologie communiste". C'est, en fait, "la section française d'une puissante organisation qui compte plusieurs centaines de milliers de militants en Corée du Sud et au Japon (...). C'est elle qui a organisé le meeting de 1975 à Séoul où de jeunes moonistes français ont juré de combattre pour la Corée".

Fiannas
Mouvement de jeunesse (entre 12 et 16 ans) en forme "d'école de la nature pour le nouvel âge", véritablement lancé en 1988 par

Robert Graffin. On s'y réfère à un mouvement de jeunesse irlandais très inspiré par le scoutisme et fondé en 1909.

Le compagnon (membre des **Fiannas**) y intègre une Branche (ou Feu), sous la conduite d'un Fil. Ensuite, le Cercle englobe l'ensemble des Feux ou Branches sur le plan local.

Un des insignes les plus couramment remis est "l'insigne pectoral de la première griffe : une fleur de lys rouge sur fond noir". L'insigne suivant est "une fleur de lys d'or sur fond rouge"... puis vient l'emblème d'écuyer, et celui de chevalier.

Sur le plan strictement philosophique, le mouvement **Fiannas** se réclame de l'enseignement dispensé par la confraternité du **Grand chêne celte**. Enfin, précise Robert Graffin, "nous venons du scoutisme. Nous n'entendons pas le renier. Mais nous ne pouvons pas garder une image de loisirs limités, ou de courroie de transmission pour des idéologies quelles qu'elles soient. Le vase devenait trop petit".

Dans la mythologie celtique irlandaise, les **Fiannas** sont des guerriers et chasseurs ayant servi le roi d'Irlande au troisième siècle. Leurs aventures sont relatées dans le Cycle fenian, également appelé Cycle ossianique. Leur rôle était de maintenir l'ordre et de prélever les impôts. Cependant, on faisait parfois appel à eux en tant que mercenaires... Robert Graffin dit, pour sa part, avoir été "formé et initié progressivement à l'histoire des religions". Sa démarche veut être de type "hébraïque-kabbaliste, celto-druidique, compagnonnique et astrologique".

Pour les **Fiannas**, la croix celtique est "le plus merveilleux symbole que les Celtes aient laissé". Leur logo est pourtant une sorte de croix de Malte, ou croix chevaleresque, "rayonnant dans les quatre directions de l'espace".

Filiation Solazaref (ou Aux amoureux de la science)

En 1984, Daniel Winter, ex-ingénieur de la société Michelin, s'installe comme potier dans une petite localité du Puy-de-Dôme. Peu à peu, "une cinquantaine de personnes le rejoint, pour la plupart des ingénieurs, architectes, ostéopathes, médecins, psychologues, dont certains sont des francs-maçons en rupture avec leur organisation". Winter prend alors le surnom de Solazaref (sol : le soleil, ases : groupe de dieux apparentés à Odin et arès : dieu grec de la guerre).

En mars 1988, la **Filiation Solazaref** diffuse un opuscule anticommuniste, *Les Bûchers du vingtième siècle*, avec l'appui d'une maison d'édition amie dénommée **Aux Amoureux de la Science** et animée par Dominique Vadot. Par ailleurs, quinze de ces disciples musclés se déplacent en groupe dans la région de Clermont-Ferrand, en chevauchant de puissantes motos Harley-Davidson. Ils se mêlent alors parfois aux jeunes légitimistes arborant le blason diffusé par *La France Monarchiste*.

Installée à Teilhède, dans le Puy-de-Dôme, depuis 1984, la **Filiation Solazaref** fédère donc en 1991 une cinquantaine de "permanents", plus environ cinq cents sympathisants évoluant en France, en Italie et en Belgique. La base juridique de ce mouvement "ésotéro-occultiste" est alors constituée par deux organisations nancéennes : les Portes d'or (officiellement fondée en mai 1984 afin d'assurer "la promotion de la bonne volonté mondiale") et l'Association pour la promotion des arts industrieux (l'APPAI, fondée en 1986). La **Filiation** propose des objets ésotériques et est présente lors des fêtes du Front national et du **Groupement de recherche et d'études pour la civilisation européenne** (**GRECE**). En 1994, un chanteur proche de la Nouvelle Droite, Docteur Merlin, rend hommage à ces chandeliers du solstice dans le cadre d'un album intitulé *Soleil de pierre*. Bref, "quand l'esprit se souvient, le peuple se maintient"…

La cinquantaine de militants actifs ralliée à **Solazaref** diffuse pourtant, depuis 1989, un "trimestriel d'opposition réelle" intitulé *Gaulois !* et qui peut être qualifié de négationniste (on y lit, par exemple, des analyses émanant de l'universitaire Robert Faurisson), d'anticommuniste et, de manière surprenante, de publication proche des catholiques traditionalistes. Dans la communauté on voue une haine marquée à la franc-maçonnerie, à l'islam, au marxisme, aux médias, au métissage et, même, à l'**Association nouvelle acropole-France** (**ANAF**).

En 1997 le noyau dur de **Solazaref** se serre finalement autour de vingt "artisans" et environ deux cents sympathisants. L'intégrisme catholique y est encore très bien porté et l'on s'y réfère volontiers "au royalisme, aux principes de la chevalerie, aux Celtes et à leurs druides, à la Vierge Marie et à des rituels où l'on évoque le Graal". Louis XVI y est encensé.

Parfois on y prête même la main, entre voisins, aux militants locaux du Front national…

Filosofem
Revue "franco-norvégio-américaine" datée du début des années quatre-vingt-dix et dont la couverture s'orne "d'un guerrier viking debout sur son drakkar, coiffé d'un casque allemand de la Seconde Guerre mondiale". La revue ***Filosofem*** se définit "comme une école, un courant de pensée qui retourne aux sources de la spiritualité européenne".

Fils du feu
Groupe luciférien "spécialiste de pratiques sexuelles" entretenant, dès le milieu des années soixante-dix, des relations très serrées avec le fort raciste **Ordre vert** (fondé à Bruxelles dans la nuit du 6 décembre 1970) et le fameux "Mage de Marsal". Lucifer est, rappelons-le, un ange déchu foudroyé par Dieu à cause de son orgueil. On le nomme aussi Prince des ténèbres, ou Ange noir.

Un des objectifs des **Fils du feu**, partiellement armés, est de détruire les valeurs "judéo-chrétiennes". Ce groupe ne s'affirme donc pas ouvertement nazi mais il est "raciste, élitiste, antisémite au nom de Lucifer, et adepte de la violence". Il pratique une sorte de "magie sexuelle" et revendique l'adoption du tatouage 666 (le "nombre de la Bête annoncé dans l'Apocalypse de Jean"), inscrit "sous le sein gauche". Un de ses lieux de culte privilégiés est la forêt de Fontainebleau… et ses grottes (propices aux "orgies sacrées"), mais un "Templum" existe parallèlement, en 1972, à Paris. Après quelques temps, pourtant, "chacun recouvre ses esprits et se rhabille, avec souvent un vague sentiment de gêne".

On y encourage également le sacrifice des animaux et, même, le saccage de certains lieux de culte chrétiens. Les attributs du culte sont les suivants : "poignard, calice, fouet, encensoir, crâne, chandelier, épées, aiguilles servant à l'envoûtement et pentacles". Ici, "on adore Lucifer, l'ange de lumière, le favori de Dieu".

Durant l'été 1975, la police française découvre d'autre part, près de Clermont-Ferrand (un des points d'encrage du mouvement), "un camp d'entraînement paramilitaire mis en place par les **Fils du feu**". On y porte "une chemise bleue ornée du casque spartiate" et, avant l'entraînement, le sang des militants coule sur les lances en bois, "pour rendre hommage à Odin, le Dieu nordique". On pense immédiatement au défunt bulletin *Europe-Action*, ou au mouvement Occident.

Au siège clermontois de l'organisation luciférienne sont encore saisis une carabine 22 Long Rifle, un fusil à canon scié, un revolver, des poignards, des barres de fer, des cocktails Molotov et des casques de couleur noire...

Cette structure — accompagnée de ses stupéfiantes "croyances magiques sexuelles" — se replie ensuite prudemment sur la faculté parisienne d'Assas.

Fondation Saint-Germain

Organisation basée en 1974 dans les Alpes-de-Haute-Provence et liée à l'**Ordre rénové du Temple (ORT)**. Les membres doivent notamment suivre un régime alimentaire draconien, tuer leurs chiens et briser leurs liens familiaux. Le port des couleurs marron, rouge et noire est également interdit, tout comme certains mélanges afférents. Pour tous, "le drapeau des Etats-Unis d'Amérique est le symbole de la liberté pour tous les peuples du monde. C'est le Maître Ascensionné Saint-Germain qui est le Père des Etats-Unis d'Amérique et de leur liberté... L'Amérique est la porte ouverte par les Maîtres Ascensionnés dans l'octave de Lumière".

Un des objectifs majeurs de la **Fondation Saint-Germain** est de lutter contre ses ennemis (réels ou supposés), et particulièrement "les communistes, les anarchistes et les membres d'Amnesty International". De même, "les noirs, les israélites ont des vibrations trop basses, on ne peut guère les mélanger avec nous".

En juin 1977, à la suite d'une brouille survenue entre les cadres, les chemins de la fondation se séparent de ceux de l'**ORT**. Même si certains templiers conservent une certaine nostalgie du rituel d'alors...

Formes et Ombres

Atelier "d'artisanat d'Europe" localisé dans le Val-de-Marne durant les années quatre-vingt-dix... et après. La boutique afférente, tenue par Jean Foor, est imprégnée de mysticisme hérité du Moyen-Age.

L'ensemble est alors notamment soutenu par une récente revue "de tradition indo-européenne", *Réfléchir & Agir*.

Forts dans la foi
Trimestriel intégriste catholique basé à Tours depuis 1969. On y a adopté, sous la houlette des forts remuants abbés Barbara et Coache, de stupéfiantes vues "sedevacantistes", lesquelles assurent que "le trône pontifical est vacant en droit, bien qu'occupé de fait par quelqu'un qu'elles croient comme hérétique"... Près de trois mille croyants semblent alors adhérer à cette analyse. Certains s'engagent ensuite dans la Guerre civile libanaise.

Fraternité de la croix gammée (Breuriezh An Hevoud)
Lancée à la fin de l'année 1961 par l'activiste nazi Jean-Claude Monet (qui fut un des responsables, en Moselle, de la Phalange française, constituée en 1955) cette "organisation druidique néo-païenne" adepte de la "croix qui tourne" prend, en partie, la suite du **Parti national-socialiste ouvrier français**. L'influence d'une revue nationale socialiste bretonne, *Ar Stourmer*, y est ensuite palpable.

Cependant, le groupe se fixe immédiatement des objectifs bien plus spirituels, c'est-à-dire "la lutte pour l'avènement d'une religion du sang et du sol, pour la défaite des forces du mal : athéisme, indifférentisme, modérantisme, absence de fierté, d'ambition ; pour combattre les croyances étrangères à notre sol et à notre mentalité, les différentes formes du christianisme, les croyances anti-naturelles comme l'idée égalitaire, libertaire et anarchique". Il s'agit donc d'entreprendre "la lutte pour la découverte de ce qui est divin en nous : notre sang aryen".

Fraternité de la Transfiguration
Connue par son bulletin mensuel basé dans l'Indre et intitulé *La Simandre*, la **Fraternité de la Transfiguration**, animée par l'abbé (intégriste) Bernard Lecareux, annonce à la fin des années quatre-vingt la perspective d'une troisième guerre mondiale (comme résultante du refus d'établir "le règne social de Jésus"). L'abbé Lecareux y affiche également son refus de l'Islam, de l'œcuménisme et sa croyance "en l'existence d'un vaste mouvement anti-chrétien, d'essence démoniaque, qui se manifeste par le New Age, mais aussi l'ONU, l'UNESCO, la franc-maçonnerie et, même, quelques cardinaux romains".

Fraternité des druides d'occident (FDO)
La discrète **FDO** fut fondée, en 1974, comme une simple association cultuelle affirmant vouloir réintroduire le sacerdoce dans le druidisme moderne. Basée dans le nord du Finistère, elle fait alors preuve d'un néo-paganisme très affirmé et refuse d'admettre des individus non-occidentaux ou même non-européens. Cependant, le fait de ne pas être européen peut parfois connaître quelques tolérances... En 1980, la **FDO** compte ainsi quatre-vingts membres, parlant le français ou le breton.

Fraternité des Polaires
Il reste, de nos jours, bien peu d'adeptes de cette **Fraternité des Polaires** "dépositaire de la tradition boréale de l'ancien royaume de Thulé" et fondée, en mai 1930 (depuis Paris), par deux Italiens, Mario Fille et Accomani.

Politiques, journalistes et écrivains s'y retrouvent alors pour écouter les médiums dans le quartier parisien de Montmartre.

Le rédacteur en chef d'un grand quotidien du soir intitulé *L'Intransigeant*, Fernand Divoire, s'intéresse ainsi rapidement à cette curieuse entreprise. Un écrivain occitan, Maurice Magre, semble, pour sa part, y avoir exercé une influence déterminante sur l'archéologue allemand Otto Rahn par le biais de ses travaux relatifs à la tradition cathare.

En attendant, dans ces années trente, "il fallait assurer le salut de la France, menacée par les « Verges de Feu » et « par les sabots des Quatre Cavaliers de l'Apocalypse ». A cette fin, il fallait « préparer une Cohorte de Fer pour défendre le Flambeau » ; il fallait « des Frères pour le grand Combat, et des Frères pour aider à la Grande Reconstruction »".

A la veille de la guerre, le chef du Groupe polaire de Paris est monsieur Odin.

Depuis 1944, la **Fraternité des Polaires** est cependant entrée dans une phase dite, pudiquement, "d'occultation". Certains choix politiques passés, parfois relatifs au national-socialisme, n'y sont certes pas étrangers...

Dans les années soixante, "il demeure (juste) un petit noyau qui se réunit en secret pour interroger les oracles de Thulé et essayer de faire le bien". Le recrutement s'opère grâce à de très sévères initiations, et l'on y observe une morale des plus rigoureuses afin de lutter contre l'égoïsme, de protéger les animaux et d'observer une stricte hygiène, tant corporelle que morale. On note que ce programme correspond, peu ou prou, à celui déjà énoncé en 1938.

L'emblème de la **Fraternité des Polaires** est, fort logiquement, une représentation de l'étoile polaire.

En 1960 on compte à peine quatre-vingts membres en France. Les "lieux de cultes" sont localisés à Paris (dans le dix-huitième arrondissement), à Nice et à Marseille. Ailleurs, les groupes survivants sont minuscules.

Fraternité des veilleurs

Organisation fondée, après la Grande Guerre, par René Schwaller de Lubicz, dit Aor chez les théosophes, et dont le programme se résume alors ainsi : "hiérarchie, liberté, fraternité". A gauche ou dans les milieux "progressistes", des écrivains tel Henri Barbusse ou des peintres de la stature de Fernand Léger soutiennent cette création. Le noyau de la **Fraternité des veilleurs** reste cependant "un véritable ordre initiatique et ésotérique, voire magique, extrêmement fermé". Il s'agit en effet de "réveiller dans le monde la conscience des buts de l'existence humaine".

Les bulletins afférents s'intitulent *L'affranchi* et *Le veilleur*.

La mort de René Schwaller de Lubicz, survenue le 5 décembre 1961, semble avoir mis un point final à la **Fraternité des veilleurs** et laisse quelques dizaines de membres orphelins.

Il importe enfin de ne pas confondre ce mouvement "progressiste" avec la Fraternité des meilleurs, née en 1965 et dirigée alors, depuis les Hauts-de-Seine, par Guy Madaule, une sorte de prophète "égyoto-ufologue".

Fraternité druidique bretonne

Dans le cadre de cette fraternité, il est nécessaire d'être celte, de s'exprimer en breton littéraire et, surtout, de militer "pour une Bretagne libre". Le recrutement afférent se fait donc, essentiellement, dans les milieux intellectuels.

Fraternité interceltique du Grand espace

Association déclarée le 21 février 1982, à la suite de "révélations", parfois d'ordre stratégique ou politique. Ainsi, selon cette fraternité, "un froid inhabituel" devait, en 1984, avoir raison des USA et de l'URSS... Cependant la Bretagne, "considérée comme sacrée", pouvait être épargnée. Il faut donc "vous y réfugier, vous qui êtes prévenus, dès le début des évènements (glaciation future) ".

Finalement, l'accent est surtout mis "sur la nécessité de revenir à l'ancienne religion druidique authentique", teintée de prophétisme. Chaque trimestre, le Bureau de la **Fraternité interceltique du Grand espace** édite ainsi un bulletin d'information à caractère prophétique et médiumnique. La langue de l'association est le français, ou le celtique ancien. Le symbole retenu est la Croix druidique, surmontant le Tribann des druides (trois traits convergents).

Fraternité Notre-Dame de la Merci

Fondée en 1945, la Fraternité constitue la section hospitalière de la Militia Sanctæ Mariæ, dite également Ordre des **Chevaliers de Notre-Dame**. Son organe écrit s'intitule, depuis 1964, *La Chaîne* et semble s'inspirer des publications des Equipes militantes d'union française de 1961.

La Fraternité s'occupe, initialement, des prisonniers détenus pour faits de collaboration, puis s'intéresse aux membres de l'OAS incarcérés. L'aide s'étend ensuite aux réfugiés du Sud-Est asiatique, puis aux maronites libanais et à la famille (et à la personne) de l'ex-milicien Paul Touvier. Elle compte 137 adhérents en août 1964, et près de mille en 1967.

Les autres publications afférentes s'intitulent *Magistère informations* (bimensuel lancé en 1970) et *Chevaliers* (trimestriel fondé en 1967).

En 1976, le nombre d'adhérents à la **Fraternité Notre-Dame de la Merci** tombe à 477. La proximité avec les nationaux-catholiques animant les multiples avatars de la Cité catholique est cependant toujours évidente.

La Militia Sanctæ Mariæ Europe contrôle alors, pour sa part, la Fraternité Saint-Benoît pour une Europe chrétienne (FSB), basée à Aix-en-Provence et dont le trimestriel s'intitule, depuis 1977, *Europrospections*.

Front de libération des Gaules (FLG)

Organisation modeste, "apolitique et areligieuse", fondée le 24 juin 1979 par Pierre de la Crau (secrétaire ou Vergobret) et Pierre Lance (président d'honneur). Ses emblèmes sont fort classiquement, en 1981, l'hermine ducale et le triskel… et ses liens avec l'équipe issue de *La Bretagne réelle* sont alors évidents.

Selon l'ancien maoïste Pierre de la Crau, "l'antiracisme actuel joue le même rôle que le dreyfusisme : il démobilise le peuple, le détourne de la révolution. C'est un allié objectif du capitalisme".

Un journal de province proche du Front national et impliqué au sein du Parti nationaliste français fondé le 10 décembre 1983, *Le Monde Rural*, offre ensuite au **FLG**, temporairement, un espace d'expression. Mais il décèdera peu après de ses tentations extrémistes et ne sera jamais diffusé à plus de trois cents exemplaires.

On trouve également, au sein du **FLG**, la trace d'une revue "fédéraliste et régionaliste" intitulée *Horizons européens*. Il s'agit en fait du Bulletin trimestriel du Mouvement pour la liberté de l'Europe, spécialisé dans l'étude du philosophe Julius Evola et accueillant notamment la signature de Pierre Lance.

Si Pierre Lance prend des distances évidentes avec le néonazisme, Pierre de la Crau peut être pour sa part qualifié de "néo-druide et nationaliste".

En avril 1979, *Notre Europe*, organe écrit de la Fédération d'action nationale et européenne (FANE), précise déjà que le **FLG** naissant "vise à défendre le celtisme, à propager la culture druidique et… à faire interdire les statues de Jules César". Son implantation principale semble alors se situer en Seine-Saint-Denis, à Aubervilliers.

Le **Front de libération des Gaules** anime ainsi, au début des années quatre-vingt, un cartel intitulé *Les publications gauloises*, dont font partie notamment les revues intitulées *Le Triscèle* et le *Réveil d'Alésia*.

Voici le texte d'un communiqué du **Front de libération des Gaules**, datant de 1981 : "Le **Front de libération des Gaules**, association exclusivement culturelle qui milite pour le retour aux sources pré-latines et pré-germaniques de notre culture nationale, se réjouit de la naissance d'un courant vigoureux dans la presse française pour la remise en honneur de notre identité celtique (…). Le **FLG** tient à rendre hommage au nouveau mensuel *L'ère nouvelle*, dont les objectifs futuristes ne sont pas dissociés d'une volonté manifeste d'enracinement culturel. Le bureau du **FLG** a particulièrement apprécié l'article de Pierre Lance « Le mal français chez les Gaulois » et l'article de Jean Schmitt « La liberté des peuples est-elle une imposture ? ». Ces deux auteurs ont su brillamment démontrer que les effets d'une conquête sur l'évolution d'un peuple se mesurent à l'échelle des siècles et sont d'autant plus néfastes qu'ils sont oubliés ou acceptés. Le **FLG** entend réunir tous ceux qui ont pris conscience que la culture française ne pourrait s'épanouir si elle n'était pas libérée des systèmes de pensée qui lui ont été imposés par les divers impérialismes de l'histoire européenne (**Front de libération des Gaules**, 27 rue Lacépède, 75005 Paris)".

En 1983, le **Front de libération des Gaules** devient le Foyer de la lumière des Gaules.

Pierre de la Crau fonde par la suite une publication druidique fortement inscrite à droite, *L'Unisme*.

Futurisme européen révolutionnaire (FER)

Dès le mois d'octobre 1989, le **FER** (fondé par le musicien "bruitiste" Jean-Marc Vivenza), l'Electro-Institut (né en 1983) et *L'Œuvre Bruitiste* (né en 1987) se dotent d'un "mensuel de l'avant-garde" sous forme d'un simple carton recto/verso intitulé *Volonté Futuriste*, lequel devient trimestriel en janvier 1993. On y présente — depuis l'Isère — un courant musical comprenant des bruits industriels et inscrit sur fond du Futurisme hérité du très opiniâtre Filippo Tommaso Marinetti, voire du penseur Julius Evola (première mouture). Les références du **FER** "se résument à l'attachement à la pensée qui éclot sous le soleil philosophique du Logos grec, après avoir été mise en germination pendant plusieurs siècles par les peuples de la matrice indo-européenne, et se poursuit aujourd'hui dans l'aventure philosophico-artistique futuriste (…)".

Un des buts du **FER** est de constituer des Unités de volontaires futuristes car "il faut cesser de faire subir aux populations l'intoxication par les breuvages musicaux dégénérés engendrés par l'accouplement consanguin des courants africains, noirs américains, du rock petit-bourgeois et de l'industrie du disque".

Depuis 1990, au moins, le **Futurisme européen révolutionnaire** est lié avec la **Nouvelle Droite jeunesse** par le biais de manifestations culturelles tenues en commun. En fait, le discours du **FER** contribue, aux yeux de la Nouvelle Droite, "à détruire le discours rationnel qui est encore debout, laissant table rase pour que s'exprime, dans une deuxième phase, l'élan vital indo-européen". Ses liens avec la revue italienne "radicale" *Orion* sont clairement revendiqués et un des emblèmes de *L'Œuvre Bruitiste* représente "un prolétaire maniant le marteau au centre d'une roue dentée (symbole de l'industrie) inscrite sur fond rouge".

Le **FER** diffuse alors, depuis Grenoble, des tracts (*Manifeste de l'œuvre bruitiste, Le futur est déjà commencé*, etc.), des opuscules à vocation théorique (*Futurisme et fascisme, De la fin de la troisième voie à l'émergence de l'Europe totale*), des anciens numéros de *Volonté Futuriste* aux titres édifiants (*Marinetti, Julius Evola, de Mafarka à Mithra, Kraftwerk : les machines de la modernité*, etc.) ainsi que "divers gadgets futuristes comme, par exemple, des porte-clés ou briquets à l'effigie de Mussolini".

Nous ignorons cependant la nature des liaisons existant entre le **FER** et *Deus terrium*, la revue grenobloise impulsée par Nouvelle Résistance.

Rappelons encore que, pour les futuristes, "la guerre était la seule hygiène du monde"...

Citons enfin (sans rapports organisationnels identifiables) les travaux de Fabien Gaudry lequel, sur une musique "qui oscille entre la techno et la bourrée" tente, en 2000, d'assurer la survie de son rythme Ksan…

G

Geri
En 1992, cette structure commerciale située dans le Tarn propose, par le biais de la revue intitulée *Le Choc du mois*, la vente de "bijoux et articles de décoration celtes et nordiques"… dont des médailles "Vikingland". On y trouve également des objets militaires, des livres, des insignes, des revues et des autocollants. Une liste est promptement disponible "contre deux timbres".
Son emblème est une tête de loup.
Il s'agit très probablement de l'ancêtre direct d'un futur magasin en ligne appartenant à la mouvance néo-droitière et europaïenne.
Le nom Geri désigne d'ailleurs un des loups "magiques" d'Odin.

Grand chêne celte
Mouvement druidique mis en sommeil en 1943, puis relancé en 1960. Basé à Paris, ce groupe paganisant animé par un "Grand Druide Pendragon Mic Goban" dit être incompatible avec la tradition judéo-chrétienne. En janvier 1987, un collège druidique du même nom tente un rapprochement avec l'Eglise druidique des Gaules (ou **Fédération druidique des Gaules**, alors animée par Pierre de la Crau) afin de mettre en place "une action commune de protestation contre la construction d'une mosquée à Lyon, notre ville sainte".
En 1988, le mouvement de jeunesse **Fiannas** (ou "Ecole de la nature pour le nouvel âge") se revendique, depuis la Seine-et-Marne, de cette Confraternité du **Grand chêne celte**. L'animateur est Robert Graffin (écrivain-conférencier), lequel prétend alors posséder "vingt-cinq années de scoutisme et un diplôme d'éducateur spécialisé".

Grand collège celtique de la forêt des chênes de Brocéliande
Fondé le 15 août 1950 et localisé en Ille-et-Vilaine, le **Grand collège celtique** met l'accent sur le renouveau du celtisme, tout en présentant une légère tendance d'allure néo-païenne.

Cependant, on y entre uniquement si l'on est de "pensée blanche" et d'origine celte...
L'usage des drogues (ou de la violences) y est interdit.
Le bulletin ronéoté — et irrégulier — du groupe s'intitule, en 1982, *Ar Gwyr*.
S'y ajoutent **Les Cahiers Bretons** nés dès 1958. Ce trimestriel, complété par une feuille mensuelle, prône toujours les bienfaits d'un "mouvement breton de rénovation celtique". Férus de culture celtique et de spiritualisme, **Les Cahiers Bretons** sont cependant basés, dès 1974, en Seine-et-Marne.
Le symbole du **Grand collège celtique** est un Tribann (trois traits convergents et dirigés vers un point élevé) placé dans un triangle inscrit dans un cercle. Ce mouvement est un des initiateurs de la Ligue Europe 2000, laquelle "réunit depuis le mois de février 1979 plusieurs tendances du fédéralisme d'extrême droite", dont certains celtisants. On y est alors "fédéralistes européens côté cour et druides investis dans des activités « celtistes » côté jardin".

Grand collège druidique de Bibracte
Fondé en 1981, ce collège met l'accent sur l'aspect religieux de la tradition druidique. Basé dans la Nièvre, il admet comme symboles "la pierre cubique et les deux losanges inscrits dans un cercle". Pour être admis au sein du collège il faut être d'origine celte et renoncer à toute autre religion. Les femmes peuvent être initiées, "mais ne sauraient avoir accès à l'archidruidicat". Il existe, enfin, un serment ("Honneur et dignité") ainsi que des sections décentralisées... par "groupes ethniques".
Le **Grand collège druidique de Bibracte** édite également un *Rituel druidique* rédigé par un antisémite condamné à la Libération, Henri-Robert Petit. Ce dernier est alors notamment connu pour la rédaction de deux ouvrages bien précis : *L'Emancipation des juifs en France* (1940) et *Rothschild, roi d'Israël et les Américains* (1941).
Le collège entré, depuis, en sommeil, se déclare initialement proche de la très discrète Fédération de la renaissance gauloise-Triscèle.

Grand temple punk de Paris
Stupéfiante organisation d'inspiration (sans doute) "libertaire" basée, en 1977, dans le dix-neuvième arrondissement parisien.

Grande loge blanche
Société secrète très fermée et censée réunir des "initiés spiritualistes" (très souvent adeptes de la Théosophie). Dirigée par un "chef suprême", on l'assimile parfois à l'Agartha où, "selon la Tradition, se trouveraient réunis les Grands Initiés qui dirigent le monde".
Selon d'autres sources, elle serait en fait dirigée par le Christ lui-même...

Grande loge du Vril (GLDV)
Fondée le 23 janvier 1969 par Jean-Claude Monet, la **GLDV** (dite également Ordre du Vril) offre sans doute à son créateur une possibilité de dépasser l'essoufflement de son très matérialiste **Parti prolétarien national-socialiste** et d'assurer sa domination sur le monde par la maîtrise d'une force appelée "vril". L'épicentre du phénomène semble alors se situer à Pigalle. Son cri de ralliement serait "Kham-Land über alles !"
Localisé ensuite dans le second arrondissement parisien, ce mouvement ésotérico-politique semble encore compter, vers la fin des années quatre-vingt et à travers de multiples avatars (dont le **Conseil circulaire Nom-Khan**), une poignée d'adeptes "dont l'action est bien cachée". On parle alors, également, de Grande loge aryenne d'Occident censée "faire le pendant des loges maçonniques".
Pour la **GLDV,** "les forces occultes d'Orient, indo-tibétaines, sont seules dépositaires des plus anciennes traditions aryennes. Le maître des Trois Mondes trônant à Schamballah, ou KBL, est Lucifer, ou Odin". Ses initiales seraient KRTKM.
Les principaux animateurs de la **GLDV** sont initialement, outre Jean-Claude Monet (Karl Thor ou 999), Alain Bernier (Von Keiler), Christian Adam (Raguar) et Jean Guéré (Andrik). Ils ont de vingt-huit à trente-huit ans et "font paraître, depuis le début de l'année 1968, un bulletin, *Le Vril*". Pour adhérer au mouvement il faut, notamment, jouir d'un "bon équilibre physiologique et psychique" et posséder une "bonne connaissance générale des sciences traditionnelles". Il faut ici préciser que *Le Vril* se

présente alors comme étant la revue de l'Ordre maçonnique de Schamballah (Fraternité de la Grande loge lumineuse).

Dix ans plus tard, la **GLDV** paraît avoir en partie disparu, "mais, à cause de ses revendications politiques, elle a fait beaucoup parler d'elle".

On doit également à Jean-Claude Monet la mise en activité vers 1966 d'un Ordre maçonnique de l'Himalaya, ou **Organisation mondiale armaniste** (**ORMA**). Jean-Claude Monet peut ainsi annoncer la création d'une Karlburg, ou "Kommunauté ahrimanique du Reich luciférien". Il se dit alors "999, représentant de la surface de Phosphoros-Lucifero, 22ème avatar, seconde manifestation du Crocodile Incommunicable, chef suprême de la Race des Verts, souverain maître de Schamballah". Plus prosaïquement, l'**ORMA** est une association issue, initialement, de deux courants ésotériques bien particuliers, "nordiques" et "tibétains". Dès le mois de septembre 1967, elle prétend même être la convergence de quatre courants magiques qui sont, dans l'ordre, allemand, tibétain, égyptien et indien… Ainsi le Tibet et l'Egypte représentent la tendance "cosmique" de l'**ORMA** ; l'Allemagne et l'Inde la tendance "tellurique".

Jean-Claude Monet commente alors ainsi la création de son **ORMA** : "Sans aller jusqu'à prétendre « nous sommes les seuls » nous pouvons, en tout cas, nous affirmer comme l'une des « Voies du milieu » pour l'Occident. L'**ORMA** a pour but essentiel la propagation d'une doctrine répondant à la plupart des problèmes inhérents à notre époque (philosophiques, religieux, métapsychiques, sociaux et, même, scientifiques). Certaines fraternités parlent beaucoup de « tolérance », d'entente, d'entraide. A l'**ORMA**, nous préférons les pratiquer sans tambour ni trompette. Présentement, l'**ORMA** est structurée en vingt-trois degrés. A chaque degré correspond un stade d'avancement spirituel, tant « magique » que « yogique ». Les mots « folklore », « tradition indo-européenne », « mystique » n'ont pas de valeur péjorative dans notre bouche. Par contre, nous ignorons désespérément ce que signifient les mots « rationalisme », « scepticisme », « positivisme », « cartésien ». Désolé de contredire les braves gens mais, pour nous, la méthode de pensée empirique, déductive, dialectique (en un mot « rationnelle ») appartient au monde des fossiles"… Les affichettes parisiennes afférentes appellent pour leur part, sous le signe de la rune Odal (ou "rune gammée" représentant l'héritage et l'hérédité), à la lutte "contre les Eglises, le matérialisme, le capitalisme et le cosmopolitisme" et "pour la synarchie, l'aristocratie populaire, une doctrine totale et une révolution totale".

Toutes ces stupéfiantes créations, **Grande loge du Vril**, *Koran-999*, *Cahiers ORMA* ou **Organisation mondiale armaniste**, annoncent l'émergence, en 1985, de l'œuvre de la vie de monsieur Monet, le **U-Xul-Klub**. Elles n'ont, bien sûr, aucun rapport avec les diverses obédiences maçonniques connues.

Grande loge nordique (GLN)

En 1978, cette association (loi 1901) est basée à Paris et se prétend encore "première maçonnerie aryenne d'Occident". Elle œuvre alors pour le rétablissement de la "tradition polaire hyperboréenne", source originelle "des traditions métaphysiques d'Orient et d'Occident". Elle propose, enfin, "de pénétrer les arcanes de l'ésotérisme nordique, de briser le cercle infernal des réincarnations", c'est-à-dire "de permettre de s'accomplir spirituellement selon la voie aryenne et solaire propre à toutes les natures héroïques". Dès l'été 1977, elle est décrite comme une "nouvelle entité réunissant plusieurs Grandes Loges anciennes".

Cette nouvelle loge est fort fermée (car elle n'admet en effet que les hommes ou les femmes de race blanche, et refuse les handicapés physiques ou mentaux). Ses initiés y font preuve d'une discrétion remarquable, d'autant que les dossiers d'admission sont foisonnants et les justifications demandées innombrables. Il s'agit, en effet, "de dégager une élite humaine spirituellement «évoluée, incarnant le courant nordique primordial». Comme il est entendu, par ailleurs, que la France, « de par sa nature géo-occulte », est appelée à jouer prochainement le rôle de « Mecque des temps futurs », il n'est guère étonnant que les maîtres pratiquent, dans leurs effectifs, une sélection très dure"…

Les derniers animateurs connus de la **GLN** sont Bernard Assas et Adam de Supranis. D'autres sources citent les noms de Guy de Belfond et de Guillaume de Saint-Ymer. La première tranche des enseignements se fait uniquement par correspondance. Un culte particulier y est voué à Yggdrasil, le "frêne merveilleux", lieu de réunion des dieux peuplant la mythologie germano-scandinave.

Grégoire XVII (Dom Clemente Dominguez)
Pape autoproclamé depuis le mois d'août 1978, né en 1946 et résidant alors près de Séville (à ne pas confondre avec un autre Grégoire XVII, autoproclamé au Québec en 1967-1968 et ayant quitté l'**Eglise catholique rénovée** de Clément XV, bien que disant en être le successeur).

L'influence sur le territoire français de son Ordre des carmélites de la sainte Face et de son Eglise palmarienne est loin d'être négligeable au sein du petit monde sectaire d'extrême droite car, au milieu des années soixante-dix, ses "soutanes violacées" ont investie le paisible village breton de Dorval afin de tenter d'y obtenir la soumission du Roi-Restaurateur, Pierre Poulain. Cette influence hexagonale assez marquée constitue par ailleurs la raison de la présence de ce pseudo-pape espagnol au sein de cette recension. C'est sous cette influence que sont également ordonnés "évêques", en 1977, les deux fameux "faussaires du Fréchou".

Mais l'Ordre des carmélites de la sainte Face regroupe ensuite, il est vrai, des centaines de religieux dans le monde.

Au cours de son "règne", **Grégoire XVII** accuse sans cesse le Vatican d'être infiltré par les communistes et les francs-maçons. En effet, Jean-Paul II est, selon lui, "un valet de Satan, un monstre qui, avec une apparence de charité, est en train de s'unir à tous les hérétiques et à tous les régimes politiques de gauche !".

Extrêmement anti-romain, **Grégoire XVII** "excommunie Jean-Paul premier le huit septembre 1978, organise sa nouvelle Eglise de manière extrêmement cléricale, élabore une doctrine mariolâtrique hypertrophiée et ouvre les perspectives apocalyptiques d'un proche retour du Christ sur la terre". Il y gagne le surnom de "caudillo du Tage" et une croisade dirigée contre Moscou est même envisagée. Des textes rendent hommage "aux martyrs irlandais morts à cause de l'Angleterre" et "aux innombrables martyrs de Pologne, martyrisés sous le joug marxiste".

Malgré l'excommunication lancée par le (vrai) pape de Rome, l'influence de cette secte andalouse ne cesse cependant de grandir à la fin des années quatre-vingt-dix et les pèlerins "viennent par dizaines de milliers se faire bénir par l'anti-pape qui a excommunié le roi Juan Carlos en septembre 1978"… et canonisé "saint François" Franco, le "grand croisé".

Le "pape" **Grégoire XVII** décède en 2005. Il a toujours lutté contre "l'évêché qui nous espionne, et puis il y a aussi les francs-maçons"...

Notons également l'apparition médiatique — vers le milieu des années quatre-vingt-dix et après — du "pape" Pie XIII (de tendance intégriste et né en 1918), mais également de deux Pierre II (dont l'un, le Père Isidore, serait par ailleurs le successeur de **Grégoire XVII**).

Le Père Isidore ou, si l'on préfère Manuel Alonso Corral, se fait donc promptement appeler Pierre II, "ce qui pour un pape n'est pas se moucher du pied".

Sans oublier Michael premier, "proclamé pape depuis 1990"...

Groupe de Saint-Erme
Marcel Cornélis, prêtre catholique belge, fonde, en 1971, la Famille de Nazareth. En 1979 il quitte définitivement l'Eglise catholique et constitue un centre de recherche psychologique dans l'Aisne, le **Groupe de Saint-Erme**. Parfois inscrit dans la mouvance "gauchiste", le Groupe fédère en fait l'action de deux organismes dont Marcel Cornélis est "directeur de recherche" : la SIRIC (Société internationale de recherche interdisciplinaire sur la communication) et la SIRIM (Société de recherche interdisciplinaire sur les maladies).

Le **Groupe de Saint-Erme**, dont la psychothérapie suscite de grandes réserves dans le milieu scientifique, en vient rapidement a adopter un ton passionnel dans ses ouvrages, par ailleurs émaillés "de violentes attaques contre les parents, et spécialement la mère, l'Eglise, la femme, les médias, les patrons, les psys ; et d'une violente agressivité se traduisant souvent par le nombre de lettres injurieuses qu'envoient de nombreux adeptes à leurs familles, toujours plus spécialement à leur mère".

Vers 1985, le **Groupe de Saint-Erme**, qui se heurte à une vigoureuse association de défense, l'APEIF, se délite progressivement. Dans sa période la plus faste, il aurait compté 450 membres répartis au sein de onze villes de France et de Belgique.

Groupe de Thèbes
Sorte de "cartel" de l'occulte, résultant de l'opération Arc-en-ciel de septembre 1988 et constitué au mois de juin 1990.

Cette tentative de fédération, rapidement infiltrée par l'extrême droite, s'inspire — peu ou prou — de la Fédération universelle des ordres et sociétés initiatiques (ou FUDOSI, créée en 1934 et aujourd'hui disparue). Officiellement, il s'agit ici de "préserver les voies traditionnelles authentiques, de vérifier l'opérativité des techniques initiatiques et d'intervenir sur la scène ésotérique". Dans les faits, le **Groupe de Thèbes**, peu sélectif, rend possible "l'entrée dans sa fédération de groupes sectaires à philosophie totalitaire" et "rassemble, sous le sceau du secret, les grands maîtres de plusieurs organisations".

Une structure accueillant les prétendants, le Cercle d'Alexandrie, constitue son antichambre.

La cheville ouvrière du **Groupe de Thèbes** est un enseignant, Rémi Boyer.

Groupe des jeunes de Sûkyô Mahikari

Mouvement de jeunesse structuré, dès la fin des années quatre-vingt, dans le cadre de la secte japonaise guérisseuse et d'esprit militariste **Mahikari**. La solidité de son implantation française est cependant douteuse.

Ce groupe est formé, nous dit une brochure alors diffusée en France, "par des jeunes membres qui ont pris conscience du vrai but de la vie et de leur mission en tant qu'êtres humains. Pour éviter qu'ils ne soient influencés par la décadence des valeurs morales de la société moderne, ces jeunes suivent un entraînement qui leur permet d'augmenter leur force spirituelle, mentale et physique et de se préparer ainsi à accomplir la mission de guider les autres au cours du vingt-et-unième siècle à venir. Le **Groupe des jeunes de Sûkyô Mahikari** est ouvert à tout jeune âgé de plus de dix ans. Il est divisé en trois groupes d'âge".

Jupes et pantalons sont blancs, les blazers verts et les cravates rouges. Les filles portent des bérets immaculés, alors que ceux des garçons sont verts. L'insigne de boutonnière circulaire semble représenter un symbole rayonnant inscrit dans une étoile de David.

Groupe druidique des Gaules (GDG)

Fondé le 24 février 1987 dans la Nièvre et animé par Pierre Petitjean, le fort radical **Groupe druidique des Gaules** veut être "incontestablement païen (druidique, non chrétien) et combattant (impérial, guerrier, vainqueur)". Son bulletin est le *Message du*

Groupe druidique des Gaules, lequel rejette l'athéisme et le monothéisme. Un de ses principaux animateurs est Robert Dun (druide Gwand), lequel se situe dans la mouvance des **Amis de la culture européenne**. On y accepte uniquement les "Celtes d'origine".

En fait, le *Message* fait dans l'éclectisme d'extrême droite : il est, en 1991, aussi proche de la revue *Militant* (du Parti nationaliste français)… que de son concurrent, le très provocateur, païen et racialiste, Parti nationaliste français et européen (PNFE).

Le **Groupe druidique des Gaules** est donc fort logiquement soutenu, au moins depuis 1990, par le bulletin de liaison du groupe lyonnais Catuvulcus (PNFE) intitulé *L'If de Ross*… et dans lequel l'orientation générale est "nationale-socialiste et païenne".

En 2000, le **GDG** reçoit enfin le soutien de la très nouvelle revue identitaire *Utlagi*.

Groupe Jacques de Molay

Ce groupe terroriste, portant le nom du dernier des grands maîtres du véritable ordre du Temple, est connu pour avoir posé, en 1994 et 1995, "cinq engins explosifs devant des églises de Seine-Saint-Denis en moins d'un an. Leur dernière bombe, à l'église Saint-Pierre, à Bondy, a mis le feu à la chapelle".

Un jardin d'enfants et un hôpital semblent avoir également été visés.

Aucun suspect n'est appréhendé même si la piste des enquêteurs se dirige alors vers la mouvance politique extrémiste ou, même, luciférienne.

Groupe nation nouvelle (GNN)

Fondé vers 1970 dans les Hauts-de-Seine, ce mouvement catholique intégriste édite (entre 1976 et 1978) un journal intitulé *Offensive de la Nation*. Le judaïsme y est présenté comme étant l'agent essentiel "de la subversion philosophique et de la politique de Satan" et on y insiste "sur le rôle de la Kabbale dans la formation de la franc-maçonnerie".

Soutenant Monseigneur Lefebvre, le **GNN** se dit ensuite être convaincu "qu'une conspiration maçonnique menée par plusieurs cardinaux aurait miné le pontificat de Paul VI".

Vers 1991, ce mouvement intégriste se transforme en Cercle nation nouvelle, dont l'objectif est de lutter pour la "réalité spirituelle, ethnique, historique, biologique" de l'Occident et de contrer le "pouvoir cosmopolite technocratique". On assiste donc, ici, à un curieux mélange entre spiritualisme catholique traditionnel et ethnicisme indo-européen. Un de ses idéologues les plus en vue est alors Rémy de Laon, candidat du Front national aux cantonales de 1985, à Bourg-la-Reine.

Groupe Viking
Il s'agirait d'un "groupuscule celtique ancré à l'extrême droite".

Groupement d'étude des phénomènes aériens (GEPA)
Le **GEPA** — fondé en octobre 1962 — est présidé, dès 1964, par le général d'aviation Lionel-Max Chassin, un passionné de soucoupes volantes issu de la fort intégriste Cité catholique (proche de l'**Opus Dei**). On doit également à ce dernier la création, en mai 1958, d'une organisation fortement marquée à droite, le Mouvement populaire du 13 mai (MP 13).

Le **GEPA** cesse pour sa part d'exister en mars 1977, avec la création du Groupe d'étude des phénomènes aérospatiaux non-identifiés (GEPAN). Sa revue trimestrielle s'intitule alors *Phénomènes spatiaux* et est basée dans le quatorzième arrondissement parisien.

Groupement de recherche et d'études pour la civilisation européenne (GRECE)
Lancée au mois de novembre 1967 (et fortement influencée par le mouvement Europe-Action né en 1963), cette association très connue — et très étudiée — est à la tête de toute la mouvance dite (depuis 1979) de la Nouvelle Droite ou, initialement, de la Nouvelle culture. Sa création intervient après l'échec de Jean-Louis Tixier-Vignancourt, candidat à l'élection présidentielle de 1965, et ses penseurs y pourfendent — parfois au nom du mythe aryen — les "utopies judéo-chrétiennes". On la confond ensuite quelquefois avec l'Association française pour la défense de la culture.

En janvier 1968, le secrétariat provisoire du **GRECE** s'installe à Nice. Son principal organe écrit s'intitule, à partir de 1970, *Eléments (pour la culture européenne)* et ses éditoriaux sont l'œuvre de Alain de Benoist. Se voulant proche de l'actualité, trimestriel "grand public" et organe officiel du mouvement en septembre 1973, *Eléments* donne ainsi au **GRECE** une image de relative nouveauté. On s'y intéresse par exemple au paganisme (y compris par le biais d'une Commission Traditions), au vampirisme et à la science-fiction, sans négliger pour autant le "danger américain" ou l'Europe, ce "nouveau monde"... Il existe ainsi, très précocement, un bulletin *GRECE-Tradition*.

Au cours de l'été 1976, les **Editions Copernic** voient le jour. Pourtant, dès 1979, il devient évident que certains "grécistes" bâtissent sur du sable.

Le mouvement se déploie pourtant en unités régionales et en délégations départementales (ou, encore, régionales). Il y a aussi des "cercles correspondants", à l'image "du Cercle Pareto à Science-Po, du **Cercle Galilée** à Lyon, du Cercle Jean Médecin à Nice et du Cercle Henry de Montherlant à Bordeaux". Sans oublier les Cercles Jacob Wimpfeling et Erwin de Steinbach à Strasbourg, le Cercle Pythéas à Marseille, le Cercle Erasme à Bruxelles, le Cercle Bertrand Russel à Toulouse, le centre parisien Héraclite ou le Cercle Villebois-Mareuil à... Johannesburg.

Mais il existe également un bulletin strictement intérieur, à l'exemple de la circulaire proposée sous forme de lettre et intitulée *GRECE Communauté*... ou d'un trimestriel confidentiel baptisé *Le Lien*, pour lequel "le paganisme est une raison d'être".

Dans cette optique, la revue théorique bimestrielle intitulée *Nouvelle Ecole* publie, depuis les mois de février-mars 1968, des numéros thématiques très denses et très fouillés, centrés pour l'essentiel sur un thème très précis (la famille, les races humaines, l'anthropologie, etc.). On y défend une conception du monde très empreinte des conceptions de Dumézil et "de ses études indo-européennes"... même si les diverses prises de positions y sont parfois fort contradictoires. Le but est de lutter contre "l'ahurissement des esprits". On y fait également la promotion d'une revue belge amie consacrée à "l'archéologie parallèle", *Kadath* (un titre hérité de l'œuvre de Lovecraft), et de *Nouvelle Education*.

Les Editions du Labyrinthe se chargent actuellement de la production d'*Eléments* et de *Nouvelle Ecole*.

Signalons également l'existence, depuis 1983, d'une nouvelle formule de la revue "de travail idéologique" épisodique, théorique, et intitulée *Etudes et recherches pour la culture européenne*. La version initiale, dédiée à la "civilisation européenne", date cependant du mois de novembre 1974.

Apparaît de plus, durant l'été 1988, une revue nommée *Krisis*... au cheminement intellectuel fort complexe et animée par le "forçat de la fiche de lecture", Alain de Benoist. Sans oublier un trimestriel, *Etudes Indo-Européennes*, lancé, depuis l'université Lyon III, au mois de janvier 1982 et très proche de l'équipe belge animant alors la revue *Conscience européenne*.

En 1983, *Magazine Hebdo* est également l'objet d'une forte implantation du **GRECE**.

Un mouvement de jeunesse inspiré du scoutisme et fortement empreint de paganisme, **Europe Jeunesse**, naît officiellement en 1975. En marge agissent certains groupes étudiants férus de provocations et de pastiches, tel le Groupement artistique VDK (vodka ?), basé à Toulouse. De plus, le Front national de la jeunesse subit également d'importantes influences grécistes.

Il existe aussi — depuis 1975 — une structure officielle de financement du **GRECE**, le Club des cent, puis des mille, proche du Groupe d'étude pour une nouvelle éducation (fondé en janvier 1976) et doté d'un insigne de boutonnière spécifique.

Une librairie parisienne, Excalibur, assure un temps, depuis le cinquième arrondissement, la diffusion de tous les écrits afférents.

Enfin, il faut noter que la Nouvelle Droite est "le seul courant des droites radicales à connaître une implantation européenne, voire supra-européenne, que permettent la pluralité de ses références, le caractère métapolitique de son projet et son rejet complet des nationalismes chauvins". Par contre, le poids doctrinal du Belge Robert Steuckers et d'une dissidence droitière du **GRECE** apparue en 1993-1994, **Synergies européennes** (**SE**), reste alors négligeable au sein de l'Hexagone.

En mars 1999, la famille de pensée gréciste se serre autour du Collectif contre la guerre, afin de "condamner la guerre déclarée par les pays appartenant à l'OTAN à la Serbie". On lui doit également, par exemple, l'animation d'un Comité de liaison des officiers et sous-officiers de réserve...

Enfin, "l'emblème du **GRECE** est un très vieux motif d'entrelacs, que l'on retrouve sur des gravures, des monuments, des manuscrits ou des tableau de plusieurs pays européens (…). Une version stylisée produite par un atelier professionnel de graphisme a été définitivement adoptée en septembre 1973. L'insigne de l'association orné de cet emblème est remis à tout nouvel adhérent".

Groupes d'écologie active (GEA)

Emanations de l'**Association nouvelle acropole-France** (**ANAF**), sans doute fondées à la fin des années quatre-vingt et proposant des conférences, des ateliers, des randonnées, des week-ends champêtres, etc. On cherche particulièrement à y capter l'attention des étudiants et, même, des lycéens mineurs.

En 1989, un **GEA** organise ainsi en Italie "deux camps de travail réservés aux jeunes dans le parc national des Abruzzes « afin d'expliquer aux touristes comment vivre avec la nature »". Une autre randonnée prend place en Suisse, dans la région de Genève.

Il semble que l'un des buts des **GEA** soit alors d'enseigner aux enfants le respect des plantes car, "habitées à profusion par des petits génies, elles montrent dans les structures de leurs branches et de leurs feuilles la meilleure architecture et les écrans solaires les plus sophistiqués". En effet, "les mouvements brusques affolent les créatures invisibles qui les accompagnent et qui leur sont bénéfiques", précise le *Manuel de courtoisie* rédigé par J.A. Livraga.

H

Hamsa
Revue trimestrielle à caractère ésotérique, lancée en 1972 et basée dans l'Yonne et à Paris. Proposant des articles "de niveau avancé" sur des thèmes très précis (L'énigm des Templiers, Comète & Mort, Les Héros, Albert Dürer, Astrologie et Médecine, etc.), elle est surtout recensée ici pour ses références évoliennes.

La revue *Hamsa* se présente alors, avant tout, comme une émanation du Centre d'études et de recherche (CER), déclaré le 18 avril 1972. Mais elle n'est guère éloignée de l'association **Atlantis**. Le directeur de la publication est Arno Schônheit.

Rappelons que Hamsa est le "Vâhana" — être ou objet qui sert de monture ou de véhicule à une divinité — du dieu créateur de l'hindouisme, Brahmâ. Il est souvent assimilé à la gracieuse image du cygne.

Hansea Diffusion
Librairie adepte de la diffusion par correspondance, fondée en 1990 et proche, dès 1991, du **Groupement de recherche et d'études pour la civilisation européenne**. On y trouve alors des livres inspirés par la Nouvelle Droite (émanation des **Editions du Porte Glaive**), mais aussi divers bijoux et emblèmes païens : Irminsul ("Arbre de vie"), marteau de Thor et runes.

Hassidisme
Ce dérivé du judaïsme, prônant l'ascétisme, est une sorte de "mouvement piétiste destiné à raviver la foi en l'approfondissant". En France, ces Loubavitchs aux idées venues de Biélorussie et de Pologne ont commencé à faire sentir leur influence dans les années soixante-dix en tentant d'y édifier un vaste réseau éducatif et, même, socioculturel.

Selon *La France des sectes*, "de telles communautés admettent, outre les règles édictées par la Torah, un certain nombre d'impératifs particuliers à leur groupe et qui leur font dire non sans fierté que si la race juive est l'élite du genre humain, eux-mêmes sont l'élite de la judaïcité".

Leur petite revue intérieure s'intitule *Rencontres*. Plusieurs centaines de cours existent en Ile-de-France, souvent à l'heure du repas et dans une atmosphère conviviale, car il s'agit avant tout "de rapprocher les juifs non pratiquants de la Torah".

Il y aurait trente-cinq mille Loubavitchs au sein de l'Hexagone (dont vingt-cinq mille en Ile-de-France).

Heimdal

Revue fondée "durant l'équinoxe d'Automne 1971", dans la lignée (revendiquée) de **Viking** et de l'éphémère revue *Terre Normande*, par un jeune homme alors âgé de vingt-deux ans, Georges Bernage. Il s'agit encore, ici, de "défendre et illustrer l'héritage norrois en Normandie", de promouvoir "un esprit de fidélité septentrionale"… et, surtout, de populariser le mythe Viking au sein du public normand. Ainsi paraît un modeste bulletin ronéotypé, tiré à cinq cents exemplaires. Mais, "le succès est rapide et, en un trimestre, le stock est épuisé".

L'évocation de la création du monde selon la mythologie nordique est fréquemment mise en avant dans le bulletin **Heimdal**.

A partir du numéro cinq, la revue est ensuite imprimée en offset, à plusieurs milliers d'exemplaires. Parallèlement, se met en place un éventail de publications annexes permettant de "décorer les maisons avec des créations noroises et normandes". Elle devient donc "revue d'héritage norois".

Les liens unissant **Heimdal** avec *Nouvelle Ecole*, et le **GRECE**, ne sont alors nullement masqués.

Plus tard naît une maison d'édition de livres et de disques, ainsi que la revue *Vikland*, laquelle s'adresse plus particulièrement aux Normands du Cotentin, et dont le sigle représente un Viking sortant des flots.

Sans oublier *Hellequin*, une revue littéraire vouée (dès 1974) à la défense des Lettres normandes… Elle s'inscrit d'ailleurs sous l'image de "Odhin et Sleipnir, d'après une stèle de l'Ile de Gotland".

Dans cette mouvance s'activent depuis le mois de janvier 1975 le trio "folk" normand Asgard (anciennement Andon Tregern, et proche des Normands de Paris), la Guilde Saint Olaf (laquelle travaille à développer des liens entre les Normands et les Norvégiens), un Office de documentation et d'information normande (ODIN), la Fédération culturelle noroise (FCN, née en 1973) et l'éphémère revue *Drakkar Magazine*, lancée vers 1978.

En 1975, la maison Odin (basée à Cherbourg) confectionne et diffuse pour sa part de nombreux marteaux de Thor miniatures.

Selon **Heimdal**, au printemps 1976, le trio musical Asgard est d'ailleurs placé "dans le Vikland, sous le signe du marteau de Thor". Ces musiciens portent, il est vrai, le fameux marteau en pendentif (à la place des triskels celtiques), et l'insigne "au drakkar" cousu sur la manche. Ils sont alors très liés à la Nesnie Guillaume, émanation musicale, et falaisienne, de la Fédération culturelle noroise.

En 1975, une somptueuse plaquette consacrée à la Tapisserie de Bayeux est produite avec l'accord de la ville concernée. En 1978 paraît encore, sous l'égide des **Editions Copernic** et la ferme propagande de *Heimdal*, un ouvrage de Jean Mabire intitulé *Les dieux maudits*.

L'expérience de la revue *Heimdal* cesse pourtant, à proprement parler, durant l'automne 1987. Cependant, une grande place sera faite à la Seconde guerre mondiale, et singulièrement aux forces de l'Axe, par le biais d'un magazine extrêmement documenté (sur le plan uniformologique) et fort illustré, *39-45*. Le premier numéro remonte au mois de décembre 1983 et bénéficie de tout l'appui nécessaire fourni par *Heimdal*. Il est, alors, trilingue (c'est-à-dire de langue française, anglaise et allemande).

En effet, vers 1976, l'équipe animant *Heimdal* présente déjà une nouvelle collection, promise a un bel avenir : *Bataille de Normandie*... La présence télévisée, lors des célèbres *Dossiers de l'Ecran*, de Georges Bernage, favorise grandement l'adoption de cette nouvelle orientation tactique et purement militaire.

Hors limites

L'association **Hors limites** (Outward Bound France) fut fondée, en mai 1986, sous la forme d'un organisme à but non lucratif. Sa devise est "plus est en nous" et cette structure est basée à Versailles. Il s'agit alors, pour l'association **Hors limites**, de "renforcer les compétences humaines par l'évaluation des comportements dans des situations métaphoriques et des résolutions de problèmes réels en pleine nature".

Par delà les références à Lawrence d'Arabie et Ernst Von Salomon, les membres de l'association **Hors limites** se réclament surtout du pédagogue allemand Kurt Hahn, lequel avait notamment tenté ″d'orienter un groupe des Jeunesses hitlériennes formé dans son école vers les valeurs d'une élite platonicienne″… sans succès. Il passera ensuite en Grande-Bretagne.

Horus
Le Centre international de parapsychologie et de recherche scientifique **Horus** est fondé entre 1986 et 1989 par Maïté (Marie-Thérèse) Castano.

Horus désigne le dieu solaire de l'ancienne Egypte…

Il existe bien, à la fin des années soixante-dix, un centre lyonnais intitulé Horus-Animation (spécialisé dans la tenue de cours relatifs à la parapsychologie, l'herboristerie, l'astrologie, la médecine chinoise, la graphologie, l'ésotérisme, etc.) et sa revue trimestrielle *Sources*, mais leur parenté avec la future structure ″éducative″ mise en place par madame Castano n'est pas du tout établie.

Le Centre international **Horus** de Maïté Castano se présente donc, pour sa part, comme une ″école cachée de la vie″, essentiellement basée dans la Drôme (lieu des universités d'été passées de Horus-Animation…) et évoluant en autarcie. Elle regroupe, vers 1993, quelques centaines de personnes, dont certaines sont des enseignants ou des scientifiques. Une école est effectivement ouverte dès 1990 car ″ce sont des êtres de l'espace qui viennent sur la terre pour transmettre leurs connaissances″ qui l'ont suggéré à Madame Castano…

La revue afférente s'intitule, en 1992, *Al Thaïsis*. Cette dernière publication assure que ″toute méthode est sclérosante, seule l'énergie du « ici et maintenant » peut entraîner le juste mouvement″.

Répertorié dans le rapport parlementaire de décembre 1995, le mouvement **Horus** se dit ensuite victime d'un ″complot mondial contre les groupes qui remettent en cause la société de consommation″. En 1996, il reçoit l'appui d'un révisionniste, Dommergue de Menasce, lequel estime depuis Châteauroux que Maïté Castano ″subit les mêmes attaques que Faurisson, « un héros qui risque sans cesse sa vie contre le plus gros mensonge de l'Histoire »″.

Le Centre international **Horus** annonce finalement sa dissolution en 1997.

Pourtant, en 1999, paraît encore un ouvrage intitulé *Les radis de la colère : Le complot démasqué, pourquoi la France a-t-elle peur d'Horus...*

I

Illis
Organe semestriel de l'Ordre de Waldos-Koldran au début des années quatre-vingt-dix.

Assez proche du **U-Xul-Klub** dans son admiration sans faille de la race aryenne, l'Ordre de Waldos-Koldran estime cependant que "les soucoupes volantes ne viennent pas du cosmos, mais de l'intérieur de la terre". On le crédite parfois d'un effectif de cent chevaliers "intraterrestro-nazis", ce qui est fort douteux...

Institut d'études indo-européennes (IEIE)

Institut fondé en 1980 ou 1981, dans le cadre de l'université Lyon III, par un spécialiste du sanskrit (membre du **GRECE**), Jean Haudry. Ce dernier est notamment l'auteur de deux ouvrages de la collection *que sais-je ?* consacrés aux Indo-européens.

Sur place, tout le monde surnomme cet institut "yéyé", une forme de dérision "qui colle d'ailleurs assez mal avec la réputation diabolique qui lui est faite".

En juin 1981, l'**IEIE** se présente comme "un organe pluridisciplinaire original et sans doute unique en Europe". En effet, "les acquis les plus récents de plusieurs disciplines, et en particulier ceux de la « nouvelle mythologie comparée » de Georges Dumézil, ont définitivement établi les notions de « civilisation indo-européenne » et de « peuple indo-européen »". La publication afférente, *Etudes Indo-Européennes*, se décline, pour sa part, sous la forme d'un périodique très spécialisé. Elle absorbe, en fait, une grande part de l'énergie de l'Institut.

Ainsi, ce qui est une hypothèse fort controversée à cette époque, est alors "officiellement présentée comme un acquis scientifique que l'**IEIE** se propose de développer, y compris par la délivrance de diplômes universitaires".

En 1987, Jean Haudry, qui prend la tête du Centre d'études linguistiques (qui devient ainsi, lui aussi, la cible d'une certaine suspicion) est remplacé par un enseignant linguiste engagé dans l'extrême droite lyonnaise, Jean-Paul Allard. Ce dernier accueille même, dans le cadre des débats de l'Institut, Bernard Schwarz et la **Nouvelle Acropole-France**.

En 1991, l'**IEIE** disparaît pratiquement de la scène intellectuelle hexagonale, plusieurs de ses membres rejoignant en effet le Front national. Il est finalement dissout en 1998 du fait de l'opposition du président de Lyon III.

Il existe pourtant, dès 1992 et dans la même mouvance universitaire lyonnaise, un Institut de recherches sur les identités culturelles en Europe (IRICE), regroupant des germanistes, des italianisants et des anglicistes. Mais il sombre en quelques années.

En mars 1999, Jean-Paul Allard dirige pour sa part une Société internationale des études indo-européennes, dont l'organe écrit s'intitule *Revue des Etudes Indo-Européennes*. L'ensemble serait alors lié à une revue belge, *Antaïos*, "fer de lance de la reconquête païenne".

Institut d'humanisme biologique

A la fin des années soixante-dix cet institut organise, en liaison avec la Fédération française de Naturopathie — FFN, fondée en 1946 par Pierre Valentin Marchesseau, pour lequel Jésus était le premier naturopathe — des conférences-débats dans une salle du seizième arrondissement parisien. L'une d'elles y affirme alors sans détour que "les lois sociales ne font pas plus le bonheur que les médicaments ne font la santé"... Il s'agit en fait de développer "les quatre cultures utiles à l'homme (culture organique, culture mentale, culture morale et culture universelle)".

Cet **Institut d'humanisme biologique** semble être également lié avec le Mouvement naturiste social, lequel est un groupement conservateur — fondé au Québec en 1968 — en filiation étroite avec l'héritage de certains intellectuels français classés habituellement à droite dans l'éventail politique (dont Charles Maurras et Alexis Carrel).

Ces structures droitières ne doivent pourtant pas être confondues avec l'Institut Alexis Carrel de Paris, dont le directeur est, dans les années quatre-vingt, monsieur Dommergue de Menasce, auteur d'une thèse de "morpho-psycho-endocrinologie", grand pourfendeur "des Marx-merdia", laudateur du Front National ("ultime thérapie pour une France comateuse") et négationniste.

Institut de documentation et d'études européennes (IDEE)
Petit groupe indépendant, mais néodroitiste, fondé en Essonne durant l'année 1988 par un étudiant, Charles Champetier.
Selon cet institut, l'identité européenne se définit comme païenne. En effet, "le paganisme est la religion authentique de l'Europe".
Ainsi, si l'on en croit l'ouvrage de Charles Champetier intitulé *Europe troisième Rome*, le paganisme proposerait "une vision du monde issue de notre patrimoine indo-européen, fondée sur le réenchantement du monde, l'affrontement de notre volonté de puissance et du devenir, la modernité, l'arraisonnement faustien du monde, une conception de l'homme comme démiurge, maître et créateur de son destin".
L'**IDEE** subit une forte influence évolienne. Cependant, en juin 1989 il semble s'effacer devant la **Nouvelle Droite jeunesse**.

Institut de Locarn (ou **Cultures et stratégies internationales**)
Club privé fondé en 1991 par Joseph Le Bihan, lequel serait lié à l'**Opus Dei** et se montre partisan "d'une nouvelle évangélisation de l'Occident". Financé par certains grands patrons bretons, l'**Institut de Locarn** semble être pourtant, avant tout, "un regroupement d'acteurs économiques « qui se disent que les facteurs identitaires sont importants »".

Institut de recherche sur la mythologie et l'identité nordique (IRMIN)
L'**IRMIN** se réfère au nom du dieu de la guerre du peuple saxon.
Basé à Reims, sans doute dès 1991, cet institut se présente comme une "structure de recherche sur l'anthropologie religieuse traditionnelle de l'Europe du nord". En fait, l'IRMIN se donne pour objectif "d'étudier tous les aspects de la tradition nordique anti-chrétienne (germanique et scandinave) en les comparant aux autres traditions religieuses ou spirituelles européennes (celtiques, slaves, gréco-romaines), chrétiennes et orientales (zoroastrisme, bouddhisme, hindouisme, shintoïsme)". De plus, "l'association est structurée en deux unités de travail : « mythologie » et « identité », correspondant aux deux aspects de l'intitulé de l'association. Elles portent les noms des deux corbeaux d'Odin : Munin et Hugin".

Le président d'honneur est l'universitaire Paul-Georges Sansonetti.

Une organisation de création plus tardive, Vodin — la "Voie des dieux du Nord" — se donne pour sa part comme objectif "de mettre en pratique la spiritualité nordique à travers les fêtes et l'art".

Cet ensemble serait ainsi lié avec l'Odinic Rite, une structure à vocation internationale née en Grande-Bretagne en 1980. Un des principaux animateurs odinistes hexagonaux est alors Arnaud d'Apremont, mais ses activités entrent peu à peu en sommeil.

Une organisation odaliste internationale, indépendante et extrémiste de droite, va pour sa part tenter de prendre forme autour d'un musicien norvégien de Black Metal, Varg Vikernes. La modeste section française y connaît une existence tourmentée.

Institut gnostique d'Anthropologie (IGA)

Cette formation ésotérique hexagonale, d'orientation syncrétique et occultiste, trouve sa source, sans doute dès le début des années soixante-dix, dans un courant de pensée venu de Colombie et du Mexique relevant, depuis l'année 1954, du Vénérable maître Samaël Aun Weor.

En 1965, Samaël Aun Weor adresse, par exemple, une lettre ouverte au président des USA, et au premier ministre de l'URSS, "afin de mettre un terme aux explosions nucléaires", puis "de suspendre la diffusion publique et privée de la dialectique matérialiste et d'intensifier la propagande en faveur de la religion". Ses sources d'inspiration se teintent "d'éléments hellénistiques orientaux en incluant la Perse, la Mésopotamie, la Syrie, l'Inde, la Palestine et l'Egypte" et de principes gnostiques perceptibles dans "les cultes religieux des Nahuas, Toltèques, Aztèques, Zapotèques, Mayas, Chicas, Quechuas, etc., d'Amérique précolombienne".

Le Vénérable maître ne cache pas, de plus, un certain respect pour le "génial" Hitler et ses idées… mais fait montre de quelques regrets sur les méthodes que ce dernier a déployées. Il tient également à former "un noyau de personnes choisies qui serve de base pour la future sixième « Race Racine »".

Samaël Aun Weor décède en décembre 1977, à Mexico. Mais, en 1978, il existe déjà en France un Mouvement gnostique chrétien universel. On y croit, entre autres choses, à la véracité de certains contacts entretenus avec les extraterrestres. En effet, "plusieurs étudiants gnostiques sont en contact avec ces êtres ; ils sont allés sur d'autres planètes et en sont revenus (…). Ces habitants d'autres planètes viennent nous aider. Maintenant, ils se dédient plus particulièrement à la sélection d'un « peuple élu » pour le sauver au moment de la destruction de la Terre". Il existe également des *Editions Gnostiques*, puis le serveur minitel afférent. Leur emblème est Ouroboros, "le serpent qui se mord la queue".

Un congrès a lieu à Paris, en 1993. En Bretagne, l'**Institut gnostique d'anthropologie** occupe ensuite fort prestement, en 1995, les anciens locaux de l'association soucoupiste **Spirale**… Son président mondial serait, depuis 1998, un mexicain nommé Osiris Gomez de Garró.

Institut international Hermès (IIH)

Fondé en 1988 par Jorge Angel Livraga (JAL), cet institut dépendant de l'Organisation internationale nouvelle acropole (ou **Nouvelle Acropole**) a alors pour directeur international Fernand Schwarz. Ce dernier déclare ainsi "servir le Dieu Hermès, Maître du paradoxe et de la circulation de la vie intelligente entre les réalités visibles et invisibles", avant de conclure : "Au nom du Dieu Hermès et de l'avenir de la science du Verseau, je vous salue le bras levé, AVE !".

Le 24 avril 1990, le greffe du tribunal de commerce de Paris enregistre de même la création de la société Hermès Consultant International Associés (HCIA), un organisme "spécialisé dans le conseil aux entreprises". Si le gérant est toujours Fernand Schwarz, la vie de cette HCIA est de courte durée. En effet, sa liquidation intervient au mois de juin 1994.

Internationale luciférienne

Regroupement européen né, en 1975, d'une initiative de René Lixon, le fondateur de l'**Ordre vert druidique de la Fraternité du soleil celtique** (ou **Ordre vert celtique**). En 1980, cette "Internationale" fédère différents mouvements et sectes lucifériens afin de créer "un ordre de chevalerie aryen, une élite de supérieurs détenant des secrets". On y trouve, outre l'**Ordre vert celtique**, la secte allemande Lucifer-G (adepte d'une sorte de Yoga, de la fameuse "messe rouge" et basée à Cologne), la

Grande loge du Dragon, la Fraternité celtique, l'Ordre aryen et les **Fils du feu**.

L'**Internationale luciférienne** a tressé, dès sa création, des liens avec José Lopez Rega, dit le "Raspoutine de la pampa" ou le "sorcier", un des fondateurs des Escadrons de la mort argentins (alors réfugié à Madrid).

Irmin

Revue lancée en 1991 et basée, en 2000, dans la Nièvre. Elle est également connue sous le nom de *Hêtre*.
Tournée vers le paganisme, elle est alors soutenue par la revue identitaire *Utlagi*.
Sa diffusion semble cesser en 2002.

Irminsul Editions

Formation culturelle fondée, en 1998, sur les bases de la Librairie Lyonnaise. Cette structure a mis en place, lors de l'année deux mille, la collection *Relectures*, dont les ouvrages sont tous, initialement, préfacés par Jean Mabire.

La librairie afférente diffuse également un ouvrage de Nicholas Goodrick-Clarke relatif à Savitri Devi (surnommée "la prêtresse d'Hitler").

Le gérant se nomme Lionel Bosserelle.

J

Jeunesses nationalistes révolutionnaires (JNR)
Mouvement nationaliste révolutionnaire français, composé — pour ses éléments les plus actifs — de quelques dizaines de "skinheads" d'extrême droite (plus tard qualifiés péjorativement de boneheads) issus, en général, de la mouvance du **Klan** parisien... lequel est un grand amateur de la rune Odal peinte en rouge.
Ce mouvement des **JNR**, violent, parfois influencé par l'ésotérisme nordique, est fondé durant le mois de novembre 1987 et dissous au début des années quatre-vingt-dix. Il veut notamment être "l'héritier direct du sans-culotte parisien, populaire, nationaliste", "se démarquer de la France bourgeoise" et semble ensuite être supplanté par le Comité de base jeunesse (CBJ), lequel est lancé en 1990 et vise surtout "à intégrer et politiser la centaine de « skins » (les plus jeunes) destinée à rejoindre ensuite les **JNR**".... ou le Parti nationaliste français et européen. Un des premiers textes doctrinaux de ce CBJ "définit le nationalisme comme la préférence pour « les forces du sol et du sang aux forces obscures et spéculatrices de l'or »". Le comité est très proche des animateurs de Kervreizh-Europa.
Le 5 décembre 1991, un débat télévisuel voit le principal leader, Batskin, atteindre une certaine surface médiatique. Le vendredi 5 mars 1993, la tenue d'un meeting intitulé "Les nouveaux barbares" sera même projetée. Sur le tract afférent, on voit "un guerrier, le bouclier dans une main, et dans l'autre le glaive porteur de mort, sur un fond illustré d'une immense rune Odal"...
En 1994, "le groupe de Batskin" édite, depuis Paris, un lexique intitulé *Skin Europa. Dictionnaire idéologique.*

K

Kalki
Revue "traditionaliste révolutionnaire" lancée durant l'automne 1985 sous les auspices des **Editions Pardès** et s'intéressant à "l'action traditionnelle, aux arts martiaux d'Orient et d'Occident, à l'aventure, à la chevalerie, aux exploits guerriers, à l'héroïsme, aux samouraï et aux sports".
Ici souffle, bien sûr, l'esprit de Yukio Mishima.
La référence à Julius Evola et à ses *Méditations du haut des cimes* est également constante.
On y lit aussi des publicités pour *Eléments* (la revue du **Groupement de recherche et d'études pour la civilisation européenne**), *Rebis*, et on y découvre l'influence feutrée du Parti nationaliste français. Les principaux animateurs de ***Kalki*** sont Georges Gondinet, Christophe Levalois et le traditionnaliste évolien Bernard Marillier. Un partenariat existe avec le Groupe culturel d'études et de recherches sur la coordination du corps et de l'esprit (GCERCCE).
L'emblème de ***Kalki*** évoque une "hache solaire", ou parfois le fameux Gladio observé sur les cols des soldats de l'éphémère République sociale italienne. Un médailliste, Jean-Claude Bessette, y propose un nombre important de ses productions : svastika japonais, rune de combat et autres roues solaires. Précisons ici que "la double hache — aussi appelée bipenne et bicuspide — est l'une de ces armes symboliques brandies par les dieux hyperboréens ou issus de l'Hyperborée pour affirmer leur race, participer à cette guerre sans fin, qui est aussi une guerre cosmique, entre la lumière et les ténèbres, le feu et la glace, la chaleur et le froid". On unit, ainsi, "action et contemplation".
Le sous-titre de la revue ***Kalki*** est "Action et tradition". On s'y affirme — à l'image de la revue *Totalité* — contre la gauche, "parodie de révolution" et contre la droite, "parodie de Tradition". On y lutte également "contre le pseudo-spiritualisme" et "contre le capitalisme et le libéralisme, contrefaçon de l'Age d'Or et de la véritable liberté, règne de la quantité et de la matière".

Kalki est, dans la tradition hindoue, "une incarnation du Principe suprême (Vishnou). Kalki doit venir, à la fin de notre cycle, restaurer la Tradition et instaurer le nouvel Age d'Or".
Les activités de la revue cessent en 1988.

Kelt omp !

Trimestriel fondé en décembre 1996, dont le titre signifierait "Nous sommes Celtes !". Sa directrice de publication est Fanny Le Mat.

Ce modeste bulletin assure alors la relève du *Griffon* "qui jette l'éponge par suite des problèmes financiers que rencontre aujourd'hui sa société éditrice Stal Louarn. Mais le combat pour conserver notre identité celte continue, cest pourquoi *Kelt omp !* prend le relais et nous espérons que les six années de travail du *Griffon* n'auront pas été pour rien. Avec notre première couverture, nous avons décidé de rendre hommage à Glenmor qui nous a quitté le 18 juin dernier".

En fait, cette publication brestoise teintée de spiritualité celtique s'inscrit totalement dans le sillage de la **Fédération druidique des Gaules** (**FDG**). Ses démêlées avec l'Union démocratique bretonne (UDB, fondée en 1964) sont innombrables…

Les revues amies sont *Le Druidisme*, *Ialon*, *Message* (le bulletin du **Groupe druidique des Gaules**), *La Tribune Celtique*, *Terra insubre* (Italie), *An Amzer* (Canada) et *La Bretagne réelle*.

Keltia

"Organe de recherche d'un celtisme moderne", profondément écologiste et supplément philosophique trimestriel à *La Bretagne réelle*, *Keltia* veut être "la revue bretonne d'intérêt européen" axée sur le druidisme et la nature. Dans cette publication fondée en 1960, on découvre notamment les éléments d'un "dialogue celtique" conduit entre Pierre Lance et Olier Mordrel et des conceptions relatives au calendrier gaulois découvert, dans l'Ain, à Coligny. Mais on y cite également, abondamment, l'écrivain Jean Mabire et *Europe-Action*.

Pierre Lance et sa **Septième aurore** y obtiennent encore, en 1966, un espace de propagande fort complaisant. D'ailleurs, dès 1969, *Keltia* s'ouvre sur une citation de cet auteur "celtonietzschén" : "Notre civilisation n'a pas le choix : ce sera le celtisme ou ce sera la mort. Nous sommes acculés à la victoire".

En 1976, ***L'Hespéride*** y est à l'honneur. Tout comme une publication (fort dense) du **Groupement de recherche et d'études pour la civilisation européenne**, *Etudes et Recherches*.

Enfin, selon ***Keltia***, "la Bretagne se dissout, lentement mais sûrement. Avec elle, c'est la France, c'est l'Europe, l'Occident, le Monde blanc qui sont atteints de cette maladie de langueur, dont le microbe a été transmis machiavéliquement par ces forces occultes dont la mainmise sur le globe devient chaque jour plus rigoureuse (…). Tous les Celtes « de Lisbonne à Odessa » sont conviés au travail de résurrection. Ce n'est pas seulement le sort de la Bretagne qui est en jeu, c'est celui de la France, de l'Europe, de notre Monde blanc. ***Keltia*** s'est mise en route, sachant bien que la victoire inéluctable est au bout". En effet, "le celtisme doit vivre, et aucun sacrifice ne sera trop grand pour cela".

Keltia, adepte du "messianisme aryen", est alors soutenu par un bulletin intitulé *Au service des ethnies de l'Europe* !

Kemit
"Organisation satellite du **Groupement de recherche et d'études pour la civilisation européenne** " présidée, en 1988, par Thierry Roche.

Klan
Bande composée de "skinheads" parisiens d'extrême droite (plus tard qualifiés péjorativement de boneheads).

Elle très active — y compris médiatiquement — en 1985.

Le symbole du **Klan** est une rune Odal de couleur rouge… d'où le surnom de "poissons rouges" parfois attribué à ces militants conduit par un activiste "chéri des médias", Serge Ayoub.

Cependant, pour complaire aux journalistes, la rune Odal est parfois inscrite en noir, sur un cercle blanc et sur fond de drapeau rouge…

En novembre et décembre 1986, le **Klan** s'en prent violemment aux manifestations estudiantines.

Cependant, son lien éventuel avec des formations relevant des Klans des Etats-Unis n'est absolument pas prouvé et le **KKK France** le qualifie même, avec vigueur, de "Klan-Kasher"….

Le **Klan** animerait alors également le Cercle celtique de Jussieu.

La majorité des membres du **Klan** rejoignent pourtant, en 1987, les rangs des **Jeunesses nationalistes révolutionnaires**. Il semble que la Librairie française, rachetée par Jean-Gilles Malliarakis en 1976, serve alors de point de ralliement. L'insigne de boutonnière diffusé par cet établissement est une petite croix celtique noire, inscrite sur un fond circulaire rouge.

En 1989 sera finalement fondé le Pitbull Kop, très proche des prouesses footballistiques du PSG et qui possède son propre "skinzine", intitulé *Pour le prix d'une bière*.

Kredenn Geltiek (KG)

La **Kredenn Geltiek**, ou "Croyance celtique", fut "ranimée en 1936, mise en sommeil pendant la guerre de 1939-1945, réactivée en 1947"… et légalement déclarée en 1981. La condition d'admission principale est d'être celte, et son bulletin apériodique s'intitule (depuis 1936) *Kad-Nemeton*. Son premier président, chef druidique sacerdotal, est Morvan Marchal, créateur du drapeau breton moderne et ancien directeur de la revue *Breiz Atao* (Bretagne toujours). Les autres dénominations associées à cette organisation sont Antique fraternité des gens du chêne et Assemblée du Clan de Dana.

Voir également **Croyance celtique**.

Ku Klux Klan France (KKK France)

En 1987, alors que le **Klan** parisien se fond dans les **Jeunesses nationalistes révolutionnaires**, se met en place un Royaume français des chevaliers du Ku Klux Klan. Antisémite et fort violent, le bulletin afférent disparaît après une poignée de numéros.

A la fin de l'année 1988, Olivier Devalez (dit Tod) organise, de son côté, un Royaume de France des chevaliers du Ku Klux Klan (Empire invisible). Dans ce cas précis, les liens avec les Etats-Unis, et avec le Parti nationaliste français et européen, sont avérés. On y use de la symbolique du 33/5, car 33=3x11 (K étant la onzième lettre de l'alphabet)… et l'on se trouve, de plus, dans la cinquième ère du KKK. L'organisation de Devalez est cependant soumise à "une année de test".

La revue de Devalez, après s'être auparavant nommée *Bras tendu*, se mue pour sa part en *Rebelle blanc* ("Organe de la Rébellion blanche"), un bulletin très proche des idées développées dans *Mein Kampf*, et qui disparaît sans doute avant d'avoir atteint la dizaine de numéros. On y trouve des traces de "survivalisme", une pratique américaine "qui consiste à créer des sortes de planques pour stocker du ravitaillement et des armes en cas de conflit. Le survivalisme implique un entraînement militaire".

Cette branche hexagonale, dite parfois **KKK France**, se radicalise dès le mois de janvier 1991 depuis l'Indre-et-Loire et prône le retour aux sources d'un Klan secret et clandestin, animé par "une élite de combattants prêts à la violence et à la mort". Elle édite en fait depuis 1989 (à quelques trois cents exemplaires) une revue intitulée *L'Empire Invisible* dont un des buts est de soutenir, depuis la France et la Belgique, les membres des divers Klans incarcérés aux Etats-Unis et certains prisonniers "politiques" français. Cette publication semble justifier "la hiérarchie des races par la volonté divine" et transformer le christianisme "en une religion européenne expurgée de ses racines juives". En effet, elle se présente comme constituant "le bulletin d'information et de propagande à l'usage des sympathisants, chevaliers et officiers du Ku Klux Klan" afin "de préserver et enrichir l'héritage culturel et racial de la majorité blanche". La place dévolue aux boneheads — terme péjoratif attribué aux activistes d'extrême droite ayant adopté ou copié le look "skinhead" — y est notable.

L'influence américaine de la Church of Christian Aryan Nations, et d'une publication afférente intitulée *The Way*, est ici très forte. On y retrouve, également, la trace du Parti nationaliste français et européen. La France devient pour sa part un "royaume constitué de six provinces", chacune étant gérée par un "officier". Les cellules de bases ne doivent pas comporter plus de cinq personnes.

Unité blanche, "journal d'information et de diffusion de la musique blanche" basé, depuis 1989, dans le Maine-et-Loire, soutient alors, également, cette initiative. Il en est de même du "skinzine" *Wotan*, des groupes musicaux Ultime Assault et Chauves Pourris ou, même, d'une surprenante Association contre la mutilation des enfants (AME). Le bulletin afférent à cette dernière organisation s'intitule, en 1989, *Article 312*. Il s'agit, ici, de "lutter contre les actes médicaux injustifiés chez l'enfant mais aussi contre toutes les autres formes de mutilation rituelles ou religieuses"…comme le précise alors la revue *Révision*.

En 1995, le Royaume de France des chevaliers du Ku Klux Klan, harcelé par les poursuites judiciaires, plonge pour sa part dans une semi-clandestinité. *L'Empire Invisible* se transforme alors en *Frères silencieux, organe de combat de la rébellion blanche*. Un des objectifs fondamentaux semble être à ce moment la lutte contre le prétendu **Zog** (ou Zionist Occupation Government), lequel agirait alors en Europe comme aux Etats-Unis.

Olivier Devalez réapparaît, au seuil de l'an deux mille, comme étant "le représentant et le révérend français de l'Eglise mondiale du Créateur (World Church of Creator, fondée en 1973), une secte néonazie américaine".

L

L'Age d'or
Revue (sous-titrée "Pour la révolution spirituelle", puis "Spiritualité et tradition") lancée en janvier 1983, dont le numéro inaugural est consacré à la Fin des temps et relevant des **Editions Pardès**. On y diffuse en kiosque et en librairie le "traditionalisme révolutionnaire", hérité de Julius Evola, et René Guénon y fait figure de philosophe central. En effet, "l'humanité traverse actuellement une crise de civilisation dont la gravité postule le recours à un remède radical"... Les principaux animateurs sont, initialement, Georges Gondinet, l'espagnol Antonio Medrano et Daniel Cologne. Des revues traditionalistes "politiquement plus neutres", à l'image de *Vers la Tradition* (*VLT*), ne lui ménagent pas leur appui.

Cette revue est alors bien distribuée et parvient à s'extraire du ghetto "politico-occultiste" pour gagner les rayons consacrés à l'ésotérisme dans les librairies généralistes. A cette époque, on la considère même comme étant la plus viable des revues soutenues par les **Editions Pardès**. Il faut noter que, selon *Eléments*, ces publications sont alors "au service de l'alternative traditionnelle, pour constituer une élite de survie".

Outre son combat contre "l'aberration moderniste", ***L'Age d'or*** se fait alors, il est vrai, un devoir de sensibiliser les divers traditionalistes "à la priorité de la lutte contre le néo-spiritualisme et ses périlleuses déviations".

Finalement, ***L'Age d'or*** entend mener "une lutte globale contre un ennemi à faces multiples : pseudo-spiritualisme dépourvu de rigueur doctrinale, occultisme alimentaire, messianismes laïques de gauche ou de droite, culte prométhéen du paradis post-industriel, et autres parodies contre lesquelles il est urgent de rassembler une nouvelle « milice de Dieu »".

En 1985, ***L'Age d'or*** et ***Kalki*** diffusent des médailles réalisées par un illustrateur des **Editions Pardès**. On y retrouve, sous le titre "Artisanat traditionnel", la croix celtique, la roue nordique, le svastika japonais ainsi que d'autres "runes de combat"... Enfin, des liens avec la **Nouvelle Acropole** et **Atlantis** sont discernables.

1990 voit la fin de ce projet.

L'Antiquité Gauloise
Revue trimestrielle varoise fondée par Christian Pacaud, théoriquement dévolue "à une meilleure connaissance de l'archéologie celtique" mais qui assure de plus, en 1976, que "les origines de la nation française remontent à ses origines celtiques" et que, au-delà, "est un passé amorphe, sans histoire et même sans nom". Les liens unissant **L'Antiquité Gauloise** avec **Keltia** mais aussi avec Pierre Lance, le rédacteur en chef de **L'Hespéride**, *Engadine* et *(R)évolution-Jeunesse* sont évidents.

L'âtre
Revue provençale éditée, à la fin des années quatre-vingt-dix, par une modeste équipe soudée autour de Maurice Rollet et liée au **Groupement de recherche et d'études pour la civilisation européenne** (**GRECE**), au sein duquel ses positions sont du reste minoritaires.
Le terme "Atre" signifie, dans la perspective gréciste, "Activités de tradition et de renaissance européenne".
Il existe également, dans cette même mouvance, la revue *Roquefavour* (Centre de spiritualité et de tradition européenne).

l'Autre histoire
Revue à caractère révisionniste, et à parution irrégulière, dont le premier numéro voit le jour en juin 1995 sous les auspices de l'association ABRH puis (vers 2000) d'une librairie parisienne, la Licorne bleue. Le directeur de la publication est Trystan Mordrel, de la mouvance **Ogmios**. Il est auparavant, avec Jean Mabire, une des "incarnations de l'aile régionaliste de la Nouvelle Droite dans les années quatre-vingt".
La publication **l'Autre histoire** est donc initialement basée en l'Ille-et-Vilaine.
De trimestre en trimestre, ou de semestre en semestre, cette revue semble glisser dans l'orbite de la Nouvelle Droite, en présentant de nombreuses références aux publications *Eléments* et *Nouvelle Ecole*. Elle s'intéresse donc progressivement à la "magie du nord" (c'est-à-dire à la tradition spirituelle nordique), au **GRECE**, à **Art, culture et traditions d'Europe** (**ACTE**), aux **Editions Pardès**, au "néo-druidisme", aux revues druidisantes "difficiles à trouver en librairie"… et aux ouvrages approchants du très prolifique écrivain Jean-Paul Bourre.

L'ère nouvelle

Magazine mensuel de prospective et de "spriritualisme athée" fondé, en décembre 1980, par un disciple celtisant de Nietzsche, Pierre Lance.

Basée dans le neuvième arrondissement parisien, cette publication se présente parfois sous une forme livresque... consacrée aux œuvres écrites de Pierre Lance. Des liens existent avec une association dédiée à l'étude des "civilisations d'occident", **Atlantis** mais aussi avec *Keltia*, la "tribune libre du celtisme". Le **Front de libération des Gaules (FLG)** y fait également publier ses analyses. Dès 1981, de très modestes publications "new age", telle *CoEvolution*, lui apportent également leur soutien.

On y trouve de même la signature de Pierre de la Crau (ou Jean-Pierre Della Crau), un des principaux animateurs de la mouvance celto-druidiste de droite et une interview des animateurs de la sulfureuse revue stéphanoise "pronant l'unité dans la diversité des ethnies", intitulée *L'Homme libre*. Cette stupéfiante revue — sans doute liée avec le groupe culturel local Tertulia — réclame en effet la création d'une Confédération planétaire inter-raciale, comprenant une Fédération européenne des ethnies…

Par contre, si Pierre Lance participe parfois aux activités du **Groupement de recherche et d'études pour la civilisation européenne**, il clame également dans les colonnes de *L'ère nouvelle* que "son opinion est qu'il n'y a dans cet appareil guère plus de deux ou trois fascistes réels peu ou prou maquillés et que tous les autres (mis à part quelques beaux esprits égarés ou distraits) sont des boy-scouts teutomanes qui ne savent pas trop où ils vont ni ce qu'ils sont". A la devise fasciste "Croire, obéir, combattre", Pierre Lance oppose ainsi un slogan "celtique" : "Connaître, libérer, vouloir"…

Dans la même mouvance on relève, au début des années quatre-vingt, l'existence d'une Librairie de la Société Nietzsche, basée dans le cinquième arrondissement de Paris ainsi que la librairie La Guilde, localisée dans le deuxième arrondissement et spécialisée dans "l'histoire, la philosophie et l'anarchisme".

Il convient cependant de ne pas confondre le magazine animé par Pierre Lance avec la *Nouvelle ère*, "bulletin trimestriel pour soutenir la nature dans son œuvre réelle et instituer une écologie véritable d'où les robots seront absents" alors édité dans le Lot.

On s'y propose notamment de nous initier, "à raison d'un cours par semaine, aux normes et structures de la nouvelle civilisation, celle de l'après-Apocalypse".

L'Hespéride

Cette revue trimestrielle se réclamant du "personnalisme celtique", et fondée au mois d'octobre 1966 comme supplément au numéro 15 de **Keltia**, est consacrée à "l'étude historique, philosophique, sociale, politique et psychologique des Gaules, au réveil des peuples celtes pour la construction d'une société en accord avec l'âme occidentale et la constitution d'une Europe ethnologique confédérée, favorisant le personnalisme ethnique et individuel". Le rédacteur en chef est Pierre Lance, lequel y propose une "régénération de l'Occident" pour "la renaissance de la civilisation celtique". En effet, dans les années à venir, des secousses "vont ébranler l'Occident". Alors, "la civilisation européenne devra changer de route… ou périr. Les éclaireurs, les pionniers, les mutants lisent *L'Hespéride*". On le comprend donc ici parfaitement, le but ultime du bulletin de Pierre Lance est très vaste, car il s'agit de "travailler à reconstruire une âme européenne". Un des buts est également de savoir, avec précision, "où est l'ennemi". Le christianisme est, ici, directement visé. On y jette cependant un regard sur le néonazisme, et sur les rapports entre celtisme et germanisme. Sans surprise, ce bulletin est âprement soutenu par **La Bretagne réelle**, laquelle se charge même de la diffusion de son premier numéro.

De toute les manières, "si nous avions été lecteurs de *L'Hespéride*, les évènements de mai 68 ne nous auraient point tant surpris !". Il est vrai que ce bulletin a publié, au mois de mars 1967, les lignes suivantes : "Tandis que les politiciens classiques poursuivent leurs stériles efforts de replâtrage idéologique, imitant le « réformisme » religieux d'une Eglise qui tente de faire prendre pour des poussées de sève ses sursauts d'agonie, un gigantesque feu se prépare à surgir des consciences européennes (…). Chaque jour, des hommes de vingt ans entrent avec une douloureuse stupéfaction dans une vie sociale dont l'horizon est… un guichet. Le plus grand nombre essaie de se résigner (en trichant le mieux possible). Quant aux irréductibles, si rien ne change, ils feront tout sauter, cela ne fait pas le moindre doute".

Il existe également *Les documents de L'Hespéride*, suppléments (de 24 à 32 pages) du trimestriel *L'Hespéride* proposés "sous une belle couverture imprimée". Une grande partie des études présentées émanent des travaux de Pierre Lance : "Ce que fut l'Europe celtique", "Vers un spiritualisme athéé", "A la découverte du Celtisme", "Pour une re-conception du monde"... En série B, on nous propose des "classiques", c'est-à-dire des extraits essentiels des œuvres les plus marquantes du celtisme "dont les originaux épuisés sont introuvables en librairie". Bien entendu, la lecture de ces "documents" est indispensable aux lecteurs "soucieux d'approfondir, de comprendre pleinement dans quel sens constructif, concret et futuriste, nous voulons dégager des brumes du passé les bases de la psychologie celtique, pour édifier demain, en France et en Europe, la civilisation libertaire, personnaliste et spiritualiste qui permettra enfin que l'Homme ne soit plus, selon le mot d'Alexis Carrel, « un étranger dans le monde qu'il a créé »".

Un "calendrier païen traditionnel" est encore publié pour 1977. Sans oublier des numéros spéciaux de la revue, tel le "Bestiaire sacré des Gaulois" ou "Le dieu gaulois tricéphale".

Une collection, intitulée "Classiques", présente également des extraits "d'œuvres marquantes d'historiens celtisants".

Ce vaste ensemble est strictement lié à l'association nietzschéenne **Septième aurore**, mais également — nous l'avons dit — à une "revue bretonne d'intérêt européen", **Keltia**. On s'y dit être assuré que "la maladie constitue l'état naturel du chrétien". Ainsi, le chrétien est-il simplement "un mauvais païen converti par un mauvais juif"...

Les "revues sœurs" sont *L'Homme Libre*, **La Bretagne réelle** et **Argad**.

L'Ile Verte

Organe écrit du **Cercle de recherches et d'études traditionnelles**, il est fondé vers 1985 et est notamment animé par Jean-Luc Spinosi. Il s'agit, ici, de "remettre à l'honneur la Tradition comme seule alternative définitive aux systèmes et aux idéologies". Cependant, cette "démarche hyperboréenne, quête solaire du Graal, restera aristocratique, elle ne saurait s'appuyer sur une quelconque aspiration tiers-mondiste de mauvais goût qui ne peut être qu'un naufrage de plus d'un monde coupé des racines de l'idéal". De surcroît, "les cultures et les ethnies doivent garantir leur droit à la différence afin de ne pas sombrer dans un univers indifférencié"...

Un des animateurs de cette revue, Alain Jamet, est un ancien militant solidariste issu du Mouvement nationaliste révolutionnaire.

On y trouve de même — sans grande surprise — des références à un bulletin écrit "éthniste socialiste", *le Devenir Européen*, mais également à **Thélèma**, au **Cercle Sol Invictus** (d'inspiration "traditionaliste révolutionnaire"), aux écrits de Robert Dun, à *La Bretagne réelle* et à une multitude de publications européennes relevant de la Nouvelle Droite (dont *Nouvelle Ecole*, *Elemente* et *Vouloir*).

Cette revue — par ailleurs favorable à un "bouddhisme hyperboréen" — encourage également, en 1987 et 1988, les activités ésotériques des *Editions Axis Mundi*, de la **Croyance celtique** et de la fort modeste **Communauté pour le renouveau de la Tradition**. Elle diffuse aussi, avec l'aide de l'organisation *Homo Europeus*, "des séries de cartes postales et des autocollants d'inspiration traditionnelle".

L'Oie Messagère

Lancée en 1990, *L'Oie Messagère* (sous-titrée *Coincidence des oppositions*) est une revue "d'écologie radicale" publiée par l'association philosophique Amaryllis, basée dans les Bouches-du-Rhône. Elle est dirigée par Pierre-Olivier Gaden et "entend manifester, à côté des expressions de la Gnose enracinées ou contenues en des formes traditionnelles d'autres part dogmatiques ou exotériques, la voie qui est celle de chacun (…). Elle ne se refusera pas à évoquer non plus la véritable voie directe ou abrupte, si proche de la Tradition primordiale et incarnée par certains maîtres excellents. Notre initiative est placée sous le signe de l'oie sauvage, ou encore du cygne son proche parent. Ce symbole primordial est présent dans les textes sacrés de l'Inde, dans les mythes et les légendes des peuples les plus divers".

En pratique, la revue se montre adepte de la théorie du complot, très anticommuniste et… proche du mouvement d'extrême droite et antisémite russe Pamiat. On s'y sent également voisin de la publication intitulée **Les Deux Etendards**, du **Centre de**

recherches et d'études traditionnelles, de *Révolution Intérieure* et de *Lectures Françaises*.

L'Oracle

Revue basée, en 1999, dans l'Essonne et intéressée par la spiritualité, le paganisme, le satanisme, les traditions occultes et les mythes. Animée par Bernard Fontaine, cette publication peut être qualifiée "d'inspiration évolienne", le philosophe Julius Evola ayant selon les rédacteurs "parfaitement su mettre en évidence les dangers des fausses spiritualités nées, ou remises en avant, dans un monde moderne en pleine décomposition, fondamentalement nocives, et en totale opposition avec les principes de la tradition véritable".

La revue **Réfléchir & Agir** lui est grandement favorable et y relève même "un remarquable article sur le satanisme".

L'Originel

Revue et maison d'édition, fondée vers 1994, voulant incarner "une aventure éditoriale phare de la Tradition" et offrir "des dossiers très denses sur les différentes filières littéraires, philosophiques ou spirituelles d'Occident et d'Orient". Selon ses détracteurs, cette publication sert surtout "de tribune à des mouvements initiatiques ou à des personnages évoluant dans des milieux de l'extrême droite".

On y aborde des sujets relatifs aux sociétés secrètes d'Occident, aux ordres magiques et initiatiques, au paganisme occidental ou, même, à "l'âme secrète du Portugal"... En 1995, *L'Originel* publie un dossier signé par le musicologue Pierre Duval et intitulé "Occultisme, magie et nouvelles musiques". Immédiatement il apparaît que ce travail de synthèse, qui connaît un véritable succès "underground", présente en fait un intérêt double : "celui de faire découvrir une scène marginale aux occultistes classiques et l'ésotérisme aux amateurs de cette musique".

Si l'on en croit une publication à caractère révisionniste et proche de la Nouvelle droite, *l'Autre histoire*, *L'Originel* est cependant — en 1996 — une revue confuse qui "se paye le luxe de consacrer un numéro entier au paganisme sans citer une seule fois le nom d'Alain de Benoist ou signaler le travail accompli par le **GRECE** dans ce domaine de la recherche spirituelle et historique depuis plus de vingt ans".

L'influence néo-païenne est notable au sein de **L'Originel**. Le Mithraïsme y est, par exemple, à l'honneur. Son principal animateur, de tradition corse, est Charles Antoni.

L'Unisme
Cette revue est dirigée, sans doute vers la fin de l'année 1988, par Pierre de la Crau, un des principaux animateurs de la mouvance celto-druidiste de droite. Elle tend à se lier "à des groupuscules ultra-gauche tentés par le fond de commerce du négationnisme". En fait, **L'Unisme** se présente officiellement comme un petit bulletin "sans exclusive, ouvert à tous les courants de pensée". Cependant un de ses principaux soutiens est alors une librairie parisienne fortement marquée par l'extrême droite païenne, **Ogmios**.

Certaines sources précisent que **L'Unisme** : *la Nouvelle Gauche* dérive en fait d'une revue d'ultra-gauche révisionniste influencée par Jean-Luc Fauteret et intitulée *Le Frondeur*. Cette évolution est alors datée de 1991…

La Bretagne réelle (BR)
Bimensuel relevant du mouvement national breton, fondé en 1954 dans les Côtes-d'Armor… et dont certains collaborateurs ne cachent pas leur sympathie pour le national-socialisme. Cependant, les opinions les plus contradictoires semblent pourtant s'y exprimer librement (même si en pratique l'extrême droite y est dominante) et ses apports à l'Emsav — Redressement — sont incalculables. Editée en pays gallo, cette publication approuve l'usage du parler afférent (contre l'avis de certains nationalistes souhaitant maintenir l'emploi du breton seul). Elle cherche en fait à "dégager une élite, renouer les liens étouffés avec le génie de la race".

Les suppléments de la **BR** s'intitulent **Keltia** (lancé en 1960), *Tir Nevez* (créé en 1967) et *An nerzh* (ce dernier trimestriel, très éclectique et datant de 1968, est publié en langue bretonne mais prône surtout "le retour aux traditions celtiques originelles").

On propage au sein de **La Bretagne réelle** "une idéologie confuse où se mêlent « anarchisme de droite », celtisme, druidisme, paganisme et volonté de construire une Europe des ethnies sur un modèle fédéraliste". Avec le temps, on y chronique en fait certaines publications issues de la Fédération anarchiste... aux côtés de feuilles proches de la Nouvelle Droite.

Les *Cahiers de la Bretagne réelle*, fondés également en 1954 sous une forme (au moins) trimestrielle, diffusent pour leur part la parole "des meilleurs auteurs de Bretagne". L'influence du Parti national breton des années quarante y est palpable.

Il faut alors, nous l'avons dit auparavant, "dégager une élite". Un des cahiers s'intitule même, en 1967, "Waffen-SS d'Occident"...

On tente donc de se regrouper, au sein des *Cahiers de La Bretagne réelle*, sous une devise lapidaire au lourd passif : "Honneur-Fidélité"...

Un semestriel fondé en 1967, *Tir Nevez*, se présente également, nous l'avons vu, comme un supplément à **La Bretagne réelle**. Notamment spécialisé dans les études linguistiques celtiques, son directeur est l'activiste Olier Mordrel.

D'années en années, la **BR** diffuse ainsi un "socialisme celtique", teinté de "racialisme nordique néo-paganiste et proche de certains groupes de druides" (dont le **Collège des druides, bardes et ovates des Gaules**). Malgré ses quelques centaines de lecteurs, l'influence de **La Bretagne réelle** déborde en fait de la sphère strictement régionaliste ou indépendantiste et touche alors les milieux nietzschéens proches de la **Septième aurore** animée par Pierre Lance (parfois qualifié de "celtiste-germaniste", mais opposé au néonazisme) et même, plus tard, divers surgeons de la Nouvelle Droite.

En 1966 naissent les *Cahiers Keltia*, lesquels présentent, sous la signature d'un seul auteur, des études relatives "au celtisme et à la philosophie celtique".

En 1970, **La Bretagne réelle** se décrit comme étant "une tribune bretonne d'esprit libéral, un organe ouvert à un nationalisme breton favorable à l'expression d'une France fédérale dans le cadre d'une Europe des Ethnies"... Pourtant, le 15 février 1973, un article de Georges Pinault, relevé par *Le Progrés*, provoque un vaste scandale. On y lit notamment que "le christianisme et les autres juiverie devraient être détruits, l'honneur et les vertus guerrières cultivés, les filles baisées, la racaille éliminée et, finalement, « SS vaincra » !".

L'emblème de **La Bretagne réelle** est l'Hevoud celtique "de la corniche de la cathédrale de Dol".

La Citadelle
En 1973 arrive en France un couple de Roumains, lesquels sont respectivement connus sous les prénoms de Georges et Délia.

A partir de 1983, Georges donne de nombreuses conférences dans le cadre de rencontres évangéliques. Il y assure notamment que "la vraie foi n'est authentiquement vécue que dans les églises « cachées », les églises du « silence » des pays de l'Est".

Dans les Hauts-de-Seine, le couple investi progressivement l'Eglise chrétienne biblique (ECB) dont le vaste but est de "convertir les inconvertis", puis il fonde — en 1986 — une nouvelle association cultuelle : **La Citadelle**. On y enseigne qu'il faut être "prêt à gouverner chacun dans son domaine", car le monde "va s'effondrer"...

On sein du groupe, "dissident des Eglises protestantes", les traitements réservés aux enfants (qui "portent le mal en eux") sont, d'autre part, particulièrement rigoureux.

La Hache solaire
Basée, en 1992, dans le huitième arrondissement parisien, **La Hache solaire** est, selon ses détracteurs, une librairie qui s'intéresse particulièrement "à tous les aspects des traditions indo-européennes, du druidisme au culte Viking en passant par diverses formes de « gauloiseries »".

Il est évident que l'on s'y procure alors, notamment, "pléthore de magazines « païens »" au contenu "quelque peu ambigus". On y propose également de nombreuses conférences relatives aux "techniques mentales" ou à "la mythologie grecque pour devenir le héros de soi-même".

Son emblème évoque irrésistiblement le dessin d'une francisque surmontée d'un symbole rayonnant.

La Morsure
Revue tirée, au milieu des années quatre-vingt-dix, à deux cents exemplaires. Dès la première page, on peut y lire les mots suivants : "Christianisme et judaïsme sont combattus car ils sont nuisibles au genre humain, favorisant la pitié, le parasitisme et l'égalité". Une des couvertures de *La Morsure* est, par ailleurs, "illustrée d'un dessin d'enfant pendu et saigné à blanc".

La Place Royale

"Revue de combat pour la France" fondée en 1982 par l'écrivain Henry Montaigu, à parution très irrégulière, et elle-même discrètement complétée par *La Lettre de La Place Royale* et (dès 1984) par un supplément pamphlétaire, *Le Pal*. On recense de même l'édition de quelques plaquettes isolées, à l'image de *Culture d'apocalyse*.

L'ensemble de ce "club" — "monarchiste et traditionaliste" — est couvert par l'association Permanences et métamorphoses. On y étudie, tous les deux mois, les aspects métaphysiques et symboliques de la royauté selon une optique résolument guénonienne, parfois proche de celle de la Nouvelle Droite (et de la revue *Eléments*) ou, plus tard, de celle du **Cercle de recherches et d'études traditionnelles**. De chaleureuses rencontres entre initiés, des débats philosophiques de haut niveau et des projections de films sont également proposés.

Une des publications amies de ce "club" s'intitule *Vers la Tradition*. En effet, "en France, le Roi ne meurt pas. Cet ancien adage fait partie des lois fondamentales de notre pays, c'est-à-dire de ces principes intangibles et permanents régissant le gouvernement du royaume, la dévolution de la couronne, et fixant l'étendue et les limites du pouvoir royal".

Les liens entretenus avec Jean Phaure et son cercle intitulé **Pèlerin de Paris** sont, de surcroît, évidents. Il en est de même avec une revue "néo-traditionnaliste", *L'Age d'or*.

On note, cependant, que *La Place Royale* "défend un royalisme esthétique insistant surtout sur la fonction sacrale de la royauté, assez imprégné de spiritualité et de mysticisme (voire d'ésotérisme), mais qui n'appartient pas à la famille des droites extrêmes". Son implantation est alors également attestée dans le Lot-et-Garonne et en Meurthe-et-Moselle. On s'y intéresse à la "connaissance", mais aussi à la littérature, à l'histoire, à la société, aux arts, aux lettres et aux spectacles.

La revue délivre alors un prix à certaines œuvres philosophiques, récompenses dites "prix de la Place Royale".

En 1992, Henry Montaigu — dont le cheminement reste parfois fort complexe dans sa quête de la "connaissance" — institue enfin une confrérie "d'esprit apostolique et chevaleresque", nommée **Ordre du Paraclet**.

L'emblème de *La Place Royale* est un drapeau de forme carrée, frangé et comportant une croix blanche ainsi que l'insigne du Sacré-Cœur de Jésus.

Admirateur de l'écrivain Georges Bernanos, Henry Montaigu, né en 1936, décède soudainement le 2 octobre 1992...

La Tribune Celtique (*LTC*)

Publication fondée en 1990 par Fabien Régnier, éditée trois fois par an et localisée dans le Val-de-Marne. A partir de 1997, les Editions du Nemeton en assurent la parution. On s'y plaint notamment "de la haine anti-celte et de ses outrances". Le trimestriel *Kelt omp* ! ne lui ménage pas son soutien.

La Tribune Celtique, empreint de druidisme, dépend cependant de l'Association France Celtique. La revue *Réfléchir & Agir* la compte également dans son "Rézo" en 1997...

En 1998, la publication de Fabien Régnier rend encore hommage "à ceux qui se lèvent" car "il y eut longtemps, en ce pays, oubli des racines". Elle possède également un service Minitel : 3614 Chez*Celtique.

Cet ensemble est alors à rapprocher de la démarche de la librairie parisienne Terres celtes, spécialisée dans la tradition et la spiritualité. Il existe également, vers 2000, une *Tribune gauloise*, (conférences, promenades, cuisine, etc.) soutenue par la revue à caractère révisionniste *l'Autre histoire*.

La Voie internationale

Fondée à Reims, sans doute vers 1982, **La Voie internationale** dérive d'une organisation américaine, The Way International, alors conduite par un ancien pasteur de la United Church of Christ, V.P Wierville. Au Kansas, où se trouve le Way Corps accueillant les futurs dirigeants du mouvement, le dérapage politico-sectaire est évident : "activités de 5 heures à 24 heures, nourriture frugale, initiation aux techniques de survie, entraînement au tir (depuis 1978) afin de pouvoir défendre, l'arme au poing, la liberté religieuse qui serait menacée". Ces positions extrêmes sont propagées par *The Way*, qui existe depuis 1976 et irrigue les divers "branches" (ensemble des groupes d'un pays donné), "rameaux" et "brindilles"... lesquels affirment alors avoir déjà contacté plus de quarante mille membres potentiels.

La Vouivre
Librairie parisienne fondée au milieu des années soixante-dix, tenue par un ancien militant du mouvement activiste Ordre nouveau. On y trouve avant tout de la littérature politiquement "orientée" (Drieu la Rochelle), et parfois proche de l'Action française. En fait, "depuis des temps immémoriaux, **La Vouivre** se distingue de ses consœurs par une vigoureuse passion pour tous les anticonformistes de la littérature, céliniens, hussards, anarcho-droitistes, païens, gnostiques, chrétiens ou vrais inclassables".

Pourtant, la librairie est également spécialisée dans l'ésotérisme et la Tradition (elle tient en effet son nom d'une créature mythique de Franche-Comté). **La Vouivre** propose donc divers titres de Julius Evola et de René Guénon, et de nombreuses études relatives à la franc-maçonnerie.

Enfin, "la vouivre, guivre ou woëvre, désigne un serpent tantôt aquatique, tantôt aérien, caractérisé par l'escarboucle qui brille à son front et que l'on peut lui dérober lorsqu'il la pose pour ses ablutions. La vouivre symbolise les courant telluriques, tout en étant la gardienne des trésors"...

Jean-Marc Mathieu, ancien activiste de droite, est le principal animateur de cette librairie. *Hamadryade* lui doit beaucoup...

le Devenir Européen **(*DE*)**
Cet organe bimestriel "ethniste régionaliste de doctrine et d'information" est animé, au début des années soixante-dix, par le nantais Yves Jeanne. Son contenu, souvent qualifié de "néonazi" et résolument païen, est également empreint de régionalisme et d'un certain socialisme. Les textes y sont parfois très crus : "que nos enfants baisent, au nom des dieux ! Et qu'ils n'en aient pas honte et sachent jouir du plaisir de leurs corps de bonne race sans soucis des tabous syriaques (...). Mais que ce soit joyeuse volonté de jouir pleinement de leurs corps, en païens qui savent se montrer nus devant le soleil et, si le temps est venu , de procréer et d'assurer le devenir de la race, non le triste devoir du calvinisme puritain".

En mai 1973, *le Devenir Européen* (très lié avec le Centre d'études évolien italien) livre un dossier relatif au philosophe "traditionaliste révolutionnaire" Julius Evola.

Cette publication annonce donc en partie les travaux du **Centre d'études doctrinales Julius Evola** animé, un peu plus tard, par Léon Colas.

Le Glaive
Fanzine vosgien néonazi, ayant repris la suite de *Militant blanc* (dont quatre numéros furent diffusés, à moins de cent exemplaires chacun).

Le Glaive fait également, à la fin des années quatre-vingt-dix, de la "promo" pour le fanzine *Ragnarock* (la fin du monde dans un immense incendie, ou le jour du Jugement, selon la mythologie germano-scandinave), ou la modeste pubication intitulée *Fer de Lance*.

Il existe alors, également, d'autres publications purement vosgiennes du même type, intitulées *Swastika* ou *Skin De France*...

Le Mouvement (MVT)

Le Mouvement est fondé en 1969, en Argentine, par Mario Rodriguez Cobos (né en 1938 et dit Silo à cause de sa grande taille). Silo, qui fut président du Mouvement de la Jeunesse de l'Action catholique argentine, développe une idéologie non-violente portant le nom de... Siloïsme. Celle-ci est immédiatement exposée dans des écrits intitulés *La Guérison de la Souffrance*, *Le Regard Intérieur*, *Le Paysage Intérieur* et *Humaniser la Terre*. Cette propagande touchera l'Hexagone dès l'année 1978.

Un ouvrage pratique de Luis Ammann, *Autolibération*, complète cet ensemble didactique.

En France, **Le Mouvement** reste pourtant un groupement de fait dont les "bras armés" sont progressivement constitués par la Communauté (formation chargée dès 1978 de la culture sociale), le très ludique Cercle d'amis, le Parti vert (chargé en 1988 de l'écologie sociale), le Parti écologique (datant de 1989) et surtout le **Parti humaniste**, déclaré le 11 avril 1984 et plus particulièrement en charge de la politique sociale. Les principes de base sont simples : "La violence (physique, économique, raciale, religieuse, etc.) est générée par la souffrance morale ou physique. On peut exorciser la violence en transcendant la souffrance par la Paix intérieure et l'Amour".

Dès 1981, la Communauté va diffuser un dépliant fort luxueux précisant les divers matériels proposés par les disciples de Cobos (livres, cassettes multilingues, brochures, etc.) et intitulé : *Il y a encore un futur*. Un descriptif des travaux internes y est également annexé. Enfin, tous les 4 mai, instructeurs et membres actifs fêtent l'anniversaire de la création de leur organisation.

Et, tous les trois mois, de nouveaux instructeurs sont promus…

Le Mouvement s'impose pour sa part véritablement en 1989 en s'appuyant sur de nombreux (mais modestes) relais français, dont l'Institut d'écologie psychique (1978), la Communauté pour l'équilibre et le développement de l'être humain (1980), Harmonie et développement (1981), Homme et évolution (1981), l'Association pour les rapprochements culturels (ARC, 1987), l'Association pour le développement de la communauté (ADC, sorte de groupe de thérapie visant "à guérir la souffrance et à harmoniser la terre") ou l'Action valable (1990)…

Les quelques centaines d'équipiers hexagonaux du **Mouvement**, "submergés de tâches multiples, y consacrent tout leur temps libre et peuvent en venir, par excès de faiblesse, à négliger études ou occupations professionnelles, à les abandonner parfois". Un rassemblement international tenu à Paris les 6 et 7 juillet 1990 leur donne ainsi l'occasion d'effectuer un intense démarchage auprès des jeunes âgés de vingt à trente ans, dans la rue (à partir d'un questionnaire). Cependant, dans ses rites et sa liturgie, **Le Mouvement** s'apparente plutôt "à une société secrète dans laquelle on ne pénètre que par une succession de paliers initiatiques". En effet, cette organisation "fait appel à la relaxation, à la méditation et à la recherche d'énergie dans une ambiance assez religieuse". Enfin, "tout se fait à partir de Silo". Cependant, les groupes de Marseille et Toulouse s'étant partiellement fragmentés pour des raisons de transparence financière, le régime interne du **Mouvement** se voit être progressivement assoupli. Vers 1997, une tentative "humaniste" de développement de Systèmes d'échanges locaux (SEL) se heurte pour sa part à la méfiance, puis à l'hostilité, de militants libertaires…

Le Partisan Européen

Revue mensuelle nationaliste révolutionnaire éditée dans l'Hérault, voisine des milieux belges approchants et dont une douzaine de numéros a été en fait été publiée entre 1986 et 1989.

Sa rédaction, qui comprend notamment Thierry Mudry, Ange Sampieru et Robert Dun, est fortement empreinte d'un paganisme militant que l'on pourrait même qualifier de "sectaire". En effet, il s'agit ici, ni plus ni moins, que de "déchristianiser l'Europe"... Les appels afférents, "radicaux et brutaux", s'y inscrivent sans détour aucun : "Allons camarades, il faut bien se décider un jour à franchir le pas décisif et à quitter sans retour cet Occident nauséabond qui, de puantes nostalgies bibliques en déséquilibres démographiques et écologiques, veut nous mener aux abîmes du néant égalitaire, matérialiste et marchand (…). Partisans européens, retroussons nos manches, brandissons nos marteaux et déchristianisons l'Europe !".

Les références à Julius Evola ou à la religiosité indo-européenne sont également constantes et les liens avec la revue traditionnaliste révolutionnaire ***Totalité*** sont clairement discernables. Il en est de même avec la publication bordelaise ***Sol Invictus***.

Le Partisan Européen diffuse alors également, depuis 1987, un supplément intitulé *Combat païen* et sous-titré "Pour la vraie religion de l'Europe". Il est en partie rédigé — sans doute depuis la Belgique — par un certain Louis "Hevoud", ce dernier terme désignant un symbole celte figurant sur de nombreux mégalithes… et qui n'est autre que la croix gammée. Cette structure glisse ensuite dans l'orbite belge sous forme de feuillets cartonnés multicolores. Selon *Combat païen*, "paganisme et européanité sont une seule et même chose : qui dit Européen dit Païen, qui dit Païen dit Européen. Le christianisme n'est donc pas européen (…). Européens conscients nous devons le rejeter et même le détruire". En effet, "la tâche prioritaire du radicalisme païen est de balayer jusqu'à la dernière parcelle de l'esprit chrétien et de revenir à la destinée antique de notre race. Seule la vision de la vie et l'éthique païennes, en accord avec les sciences de la vie (non dogmatiques) sont en mesure d'arracher les Européens au désespoir, de leur donner une claire conscience de leur spécificité culturelle et la volonté de survivre".

Le Retour ou Université nouvelle itinérante du Retour (UNI-R)
Le Retour est fondé en France, sans doute vers 1983, par Norman William (surnommé Man), un canadien d'origine

indienne qui se prétend, faussement, responsable politique québécois (cependant il est proche du Front de libération du Québec) et docteur en médecine.

L'**UNI-R** se rattache alors à une fantomatique Fédération transnationale des universités nouvelles et elle se lance, le 20 mars 1984 (jour de l'équinoxe), dans une éprouvante marche autour du monde conduite "jusqu'à l'an deux mille". Cette "tribu indienne des Micmacs en marche" traverse la France et parvient finalement au Maroc espagnol, dans un grand état de délabrement physique, au mois de décembre 1986. En échange du nettoyage des plages, la municipalité de Ceuta lui prête cependant un terrain pour y planter ses tipis.

L'**UNI-R** se camoufle ainsi sous les dénominations d'Expédition scientifique internationale, Seeds, Vert monde et, en mars 1988, de SOS-Déserts (ou Front du Sahel). La plupart des cent soixante-dix marcheurs sont des anciens membres de la mouvance **Ecovie** "excluant en bloc les acquis contemporains de la vie sociale et économique" et "favorisant les croyances fondamentales aux phénomènes occultes : énergies psychiques et parapsychologie". Mais, bientôt, ils ne sont guère plus d'une trentaine…

Le Scatopode

Ce sombre trimestriel lillois, essentiellement voué à la promotion des styles musicaux "gothic et dark folk", est ici référencé à cause de son ralliement, en 1997, à la mouvance nationaliste révolutionnaire gravitant autour de Nouvelle résistance, ou à la revue ***Réfléchir & Agir***.

On y chasse, par ailleurs, sur les terres de la revue ***Oméga***, jadis active en Alsace et également proche du tercérisme radical.

Le Triscèle

Revue trimestrielle de Seine-Saint-Denis liée au **Front de libération des Gaules** et aux Publications gauloises, née en 1979 et comportant deux parties distinctes. La première, intitulée "Serros, la Faucille" se consacre "à la recherche d'un celtisme européen moderne et vivant" mais on y offre aussi, par exemple, une tribune au mouvement indépendantiste Wallonie Libre. La seconde partie du ***Triscèle*** s'intitule "Tribanos" et se présente comme "une tribune libre interdruidique et spiritualiste celtique".

Dès le mois de janvier 1980 elle est soutenue par l'organe écrit de la Fédération d'action nationale et européenne (FANE), lequel y voit un moyen de "remettre en honneur notre héritage celtique, culturel et linguistique". Elle se garde bien, cependant, d'adopter des positions politiques trop tranchées.

Le 20 juin 1987, *Le Triscèle* organise en Saône-et-Loire un "banquet des druides", afin de précéder dignement les "cérémonies du feu solsticial". C'est, nous dit *Le Triscèle*, "l'occasion pour le peuple des Gaules de vivre un instant de profonde communion d'âme et d'esprit et d'honorer ses dieux dans la parole des druides". Le tout s'inscrit enfin "dans le feu purificateur du grand Lug".

Très ironiquement, l'emblème de la revue *Triscèle* représente alors une faucille et un rameau de gui croisés. Ses lecteurs assidus peuvent être qualifiés de "nationalistes gaulois". Ils pourraient être liés à la Ligue panceltique européenne et à sa branche française, la Fédération de renaissance gauloise. Un des objectifs du directeur de la publication, Pierre de la Crau, est d'entreprendre une vaste étude "sur le droit gaulois et celtique" et de permettre une "évocation longue et minutieuse de la cosmogonie des Celtes et de leur sens de la relativité".

Légions de Mithra

"Groupes de choc" proches, vers 1970, de l'**Ordre vert** et très axés sur un principe de lutte musclé assurant "que les chromosomes d'un Aryen diffèrent de ceux d'un Bantou".

Cet ensemble est lié à l'**Internationale luciférienne**. Il a, en 1975, lancé depuis Bruxelles un retentissant appel à l'union.

Les Cahiers Bretons

Tenue, dès 1958, par le druide Yan Sukellos (Jean Thos), cette revue au format assez inusité est en fait fortement éloignée d'un quelconque "mouvement chrétien de rénovation bretonne". En effet, proclame le bulletin, "Restons chez nous ! Et restons nous-même chez nous ! Etre vrai celte et vrai Breton ! Que c'est beau !".

On y apprend en effet notamment que "la race blanche peut, malgré les apparences, au train où vont les choses, non seulement devoir renoncer, soit à ses conquêtes, ce qui serait dans l'ordre des évènements, soit à sa mission intellectuelle et morale, ce qui

serait affligeant pour tout le monde ; mais elle peut encore, même sur ses territoires originels, voir les hommes des autres races la menacer avec les armes qu'elle leur aura fournies elle-même, avec les méthodes qu'elle aura pris la peine de leur enseigner".
L'ensemble est placé sous l'ombre le la croix celtique (sans implication politique directe).

Les Cahiers du Réalisme Fantastique

Revue interne des Ateliers du Réalisme Fantastique, basée dans les Alpes-Maritimes et fondée en 1971. Il s'agit, de proposer "l'étude en commun, dans le plus large esprit de tolérance, de tous les problèmes posés par la mutation de notre société". Le rédacteur en chef est Wilfrid Chéttéoui (qui s'investit ensuite dans le bulletin traditionnel niçois ***Bélisane***).

En pratique, ***Les Cahiers du Réalisme Fantastique*** sont — dans ces années soixante-dix — teintés d'antimarxisme et d'anti-freudisme. Le "tandem Freud-Marx" y est ainsi qualifié de "haute puissance polluante de toutes transmissions".

De toutes les manières, "quand l'anarchie et la guerre s'instaurent dans un monde, sans profit éducatif pour l'évolution de la civilisation d'un cycle, l'intervention des puissances cosmiques devient indispensable"…

Les Deux Etendards

Bulletin trimestriel "spécialisé et assez hermétique" animé, dès le mois de septembre 1988, par Philippe Baillet (qui traduisit des textes de Julius Evola) et "des acteurs de l'antimodernité". Très lié au **Groupement de recherche et d'études pour la civilisation européenne**, il porte le nom d'un ouvrage de Lucien Rebatet paru en 1951… lequel auteur aurait lui-même emprunté ce titre "à un passage des *Exercices spirituels* de Saint Ignace".

Ce bulletin contre-révolutionnaire est alors parfois perçu comme étant une publication "sans équivoque ni ambiguïté : ce n'est pas une revue de combat et d'actualité, mais l'archive d'un mouvement de pensée que personne ne cerne avec précision et qui n'a encore jamais été maîtrisé dans tous ses courants, dans toutes ses ramifications, dans toutes ses influences et ses entrecroisements (…). L'antimodernité, un champ mêlé, où l'on retrouve, s'ignorant souvent et même se combattant, tous ceux qui en appellent à une tradition, à la Tradition, aux traditions, sans pour autant s'accorder sur le sens à lui donner. S'ajoute à eux la « turba magna » de tous ceux qui s'éprouvent allergiques à la modernité, chacun pour les raisons qui lui sont propres. Il en existe à droite — on le sait — comme à gauche et même à l'extrême gauche, sans oublier le centre et ce qu'on nommera ici l'extrême centre, seule manière de prévenir des amalgames déplorables".

Selon Philippe Baillet, on peut pourtant distinguer, "grosso modo", trois courants antimodernes : "le courant « traditionnel » (Guénon, Evola, etc.), le courant catholique traditionaliste et le courant « païen », du moins sous certains de ses aspects". Un des buts des **Deux Etendards** est, dès sa création, "que les gens qui se réclament de ces courants puissent enfin débattre sereinement, en dehors de tout « œcuménisme » caricatural"...

En novembre 1988, la revue s'offre un stand lors d'une manifestation "nationale et anticonformiste" organisée par le Cercle Cadoudal.

Les liens alors entretenus avec la publication bordelaise — "traditionaliste évolienne" — émanant du **Cercle Sol Invictus** sont également évidents.

Les Oies Sauvages

Librairie localisée, en 1992, en Seine-et-Marne et spécialisée dans l'ésotérisme et la Seconde Guerre Mondiale. Elle est également alors très proche du **GRECE** et de sa revue trimestrielle *Eléments*.

Le nom de cette librairie est une référence à un chant de parachutistes, dérivé du répertoire germanique. Elle est dirigée par Marc Vidal.

Les Templiers

Ce groupe terroriste est à l'origine d'une explosion qui fit, en 1983, un blessé devant un hôtel de la ville de Marseille.

Une autre bombe explose peu après dans une cité populaire de la cité phocéenne. Il s'agit, font alors savoir **Les Templiers**, d'effectuer des actes de "dératisation".

Ce groupe "ésotérico-terroriste" disparaît ensuite dans la nature…

Libération païenne
Groupement marseillais issu, en 1991, de la Nouvelle Droite (qu'il critique durement ensuite) et éditant, depuis 1993, une revue éponyme.

Cette curieuse structure néo-païenne, très anti-chrétienne, se veut "anarchiste"... mais ses liens avec la sphère libertaire traditionnelle restent à prouver. D'autant qu'elle bénéficie, en 1997-1998, du soutien de revues au contenu fortement identitaire, telles *Réfléchir & Agir* en France ou *Vouloir* en Belgique. Selon la revue *Libération Païenne*, "nous vivons une époque très trouble, où tout s'écroule autour de l'homme, la famille est remplacée par une cohabitation d'ego sans liens, la culture et les traditions par une sous culture marchande, le système économique local par un mondialisme, la société se lézarde du sommet à la base. Ses « racines » ancestrales et, ultime désespoir, même Dieu, ont déserté ses églises".

On organise alors également, au sein de **Libération païenne**, des "banquets rituels dionysiaques". Le néo-paganisme de **Libération païenne** serait anarchiste "en ce qu'il dénie toute légitimité aux institutions mortifères (l'Etat et l'Argent en particulier) qui se sont substituées, la plupart du temps par la violence, aux communautés primitives, clans, villages, tribus et peuples, dans lesquelles régnait, sous une forme plus ou moins euphémisée, une effervescente confusion des corps et dont il aspire, en quelque sorte, à restaurer l'organicité au sein de communautés dionysiaques comparables aux thiases de l'Antiquité gréco-romaine. Quoique « néo », notre paganisme renoue avec ce qu'il y avait de plus archaïque et de plus subversif dans le paganisme antique qu'incarnait la figure de Dionysos en Grèce et à Rome ou qu'incarne encore aujourd'hui celle de Shiva en Inde". En effet, "c'est autour d'eux que s'organisa en Europe méditerranéenne la résistance à la christianisation et en Inde la résistance à l'islamisation"...

De toutes les manières, "la religion n'est pas affaire de scientifiques, mais de foi et de Tradition authentique. A l'exemple des monothéistes qui n'ont rien inventé mais ont simplement adapté les rituels et les fêtes préexistant à leur venue. En matière religieuse rien ne se crée, tout découle de la Tradition primordiale avec des adaptations aux différents cycles".

Un des collaborateurs les plus connus de la revue *Libération Païenne* est Pierre-Olivier Martin.

Ligue de Contre-réforme catholique (CRC)
Ligue fondée en 1970 par un prêtre frappé de suspense "a divinis" par son évêque le 25 août 1966, puis "disqualifié" par Rome en août 1969, Georges de Nantes. L'homme est un redoutable orateur, et un polémiste plus mordant encore, car ce bretteur semble être avant tout un passionné "de la polémique pour la polémique". Mais il est officiellement privé "de son office et/ou de son bénéfice".

Les ennemis, désignés à cor et à cri, sont alors les bolcheviques, les juifs, les francs-maçons, la démocratie… et l'Eglise catholique. L'action de la **CRC** vise également, en 1973, "à déposer le Pape pour hérésie, schisme et scandale"…

La **CRC** dispose, en 1971, d'une communauté féminine, la Maison Sainte-Marie et s'exprime par le biais de *La Contre Réforme Catholique au vingtième siècle* tirée à 35 000 exemplaires (en trois langues et, sans doute, depuis 1967).

L'abbé Georges de Nantes porte généralement une soutane noire ornée d'un cœur rouge surmonté d'une croix (emblème dit "du père de Foucauld") et il est alors encouragé par des milliers de catholiques heurtés par les conclusions du concile Vatican II. En 1979, l'ensemble de sa doctrine est exposé dans un "petit livre rouge" très épais et intitulé *Les 150 points de la Phalange*. On y parle de catholicisme, de royalisme, de communautarisme, mais également du concept de phalange et de la personnalité de l'abbé Georges de Nantes… et l'on y apprend notamment que "capitalisme, communisme, c'est la même révolution, de l'homme contre Dieu, contre le Roi et finalement contre soi : la « mort de Dieu », la « mort du Roi » annoncent et préfigurent « la mort de l'homme »". En fait, il s'agit de promouvoir une révolution nationale et catholique, conduisant à l'instauration d'un "ordre nouveau et fraternel". Les influences de Charles Maurras, du Comte de Chambord et du maréchal Pétain sont, ici, décisives.

En 1981-1982, la **Ligue de Contre-réforme catholique** prédit "l'invasion de la France par les troupes soviétiques, avec l'aide d'une partie de la gauche". Les titres des revues afférentes se font alors volontiers alarmistes : *L'occident vaincu*, *L'Europe occupée*,

L'empire moscovite éclaté, *L'armée rouge en révolte*, *L'occupation soviétique*, etc.

Le culte pratiqué par les disciples de Georges de Nantes est alors, à la base, "catholique et traditionnel". Mais l'influence de l'abbé reste fortement présente à tous les niveaux, surtout en ce qui concerne la direction des moines et des moniales, vêtus de blanc et porteurs de "sacrés cœurs" rouges.

Enfin, en 1984, la **CRC** se mue en **Communion phalangiste** (ou **la Phalange**). Mais le projet afférent en est cependant conçu dès l'année 1976.

Ligue des templiers modernes de Jérusalem (LTM)

Fondée à Paris "le 22 juin 1970", elle est tenue par un individu surprenant, Jacques de Guisel.

La **LTM** est difficilement contrôlée par les Renseignements généraux et infiltrée par des anciens activistes relevant du Service d'action civique. Un des buts de cette formation pseudo-cultuelle semble être finalement de concurrencer l'**Ordre souverain et militaire du temple de Jérusalem**.

La Ligue fait imprimer deux types de cartes particulièrement appréciés par les détenteurs : les unes (dites cartes de membres) sont en effet barrées de tricolore et les autres (dites cartes de fonction) sont illustrées aux couleurs de la ville de Paris…

L'ensemble se fond ensuite dans le très groupusculaire Centre des républicains libres, fondé en avril 1972 afin de porter au pouvoir le contre-amiral Philippe de Gaulle, fils du Général.

La frange la plus radicale glisse par la suite au sein de Fédération d'action nationaliste européenne (FANE).

Ligue française antimaçonnique

Officiellement fondée en 1906 par le commandant Driant, ce mouvement très discret semble compter encore une dizaine de membres dans la France des années soixante. Son but est "de combattre en secret les francs-maçons, qui sont les émissaires du diable". Très prudents et circonspects, les membres de la **Ligue française antimaçonnique** doivent donc "prêter un serment contre la Maçonnerie, et ne pas divulguer leur statut ni leurs lieux de réunion". Leur doctrine veut être "la négation et l'opposé de la doctrine des francs-maçons".

La dernière adresse connue se situe, pour la France, dans le septième arrondissement parisien.

Llys Dana
Basée, en 1979, dans le Loiret et l'Ille-et-Vilaine, cette société est étroitement liée au très politique et très élitiste **Mouvement nouvelle civilisation**. Elle s'intéresse à l'ésotérisme, au symbolisme, aux traditions templières et à l'alchimie.

Llys Dana (un terme qui signifie Cour de Dana en gaélique) édite alors une revue intitulée *Le Dragon Rouge* et se voit parfois qualifiée de "sataniste". Ceci est une accusation très grave, qui revient à accuser la Cour de Dana de vouer un culte conscient au diable…

Dernière adresse connue : *Dragon Rouge*, 7 rue de l'Evêché, 45190 Beaugency.

Loge Wotan
Loge luciférienne (c'est-à-dire considérant l'Ange révolté comme une puissance bienfaisante), dont le leader, Gilles S., s'engage en 1992 dans une milice serbe.

Gilles S. affirme ensuite avoir participé au "vidage" d'un cimetière catholique croate et y avoir dit "la Grande Invocation sur un cadavre coupé en deux par une explosion".

Longo Maï
Voir **Coopérative européenne Longo Maï**.

Lumière
Bulletin mensuel se réclamant du lefebvrisme et créé en 1964 dans le Pas-de-Calais. On y trouve une vision conspirationniste et négationniste de l'histoire. En effet, en 1990, "outre le communisme, la franc-maçonnerie et le « lobby juif », y sont vilipendés « les yankees occupés depuis un siècle à détruire la civilisation d'essence européenne »". Ce bulletin est également très anti-musulman. Son opposition au marxisme et au sionisme peut finalement être qualifiée de rabique.

Lyre d'Orphée
Siège social de l'**Association nouvelle acropole-France (ANAF)**, basé au mois de février 1987 dans le quatorzième

arrondissement parisien. C'est également, alors, un centre de formation, de management et de commerce d'objets d'art, de bijoux et de livres.

Son autre nom est Espace Orphée. En 1990, on y donne une série de conférences agrémentée de films et d'une exposition, toutes activités relatives à "Giordano Bruno, homme universel".

Une organisation théâtrale, la Troupe d'Orphée, propose pour sa part des manifestations relatives au celtisme et au druidisme.

Etablissements afférents : Tradition et formation (Paris), Métavision (Paris), Nouvelle acropole diffusion-promotion (commerce d'art ancien basé à Feucherolles) et Vacances-Découvertes-Traditions (Paris).

M

Mahikari
Organisation lancée à Paris en 1972 sous forme de dojo ou "d'école proposant des stages de trois jours"… mais initialement fondée le 18 août 1960 par un ancien officier japonais très religieux, Kôtama Okada.

Ce mouvement, strictement afférent à sa personne, s'inscrit comme "le mouvement Sekaï Mahikari Bunmei Kyodan, une organisation ayant pour but de réaliser une nouvelle civilisation par la Lumière de la Vérité". **Mahikari** signifie, en effet, "Lumière de vérité"… C'est également (puis surtout) un mouvement "guérisseur".

En 1969, Kôtama Okada publie *Goseigen*, une sorte de "livre des paroles sacrées où il a consigné le contenu de ses vingt-deux révélations du Dieu Créateur". Il est considéré, par ses disciples, "comme un Messie pour le monde des années 1960/2000".

Kôtama Okada décède le 23 juin 1974…

Ses héritiers spirituels se déchirent mais, en 1996, "les filiales françaises annoncent entre quinze et vingt mille initiés sur l'hexagone, et cinq mille dans les DOM-TOM". Il y aurait environ, alors, une trentaine de centres (dojos) implantés en France de manière fort discrète (et non déclarés au titre de la loi de 1901).

Le dojo de Paris, "filiale française de l'Organisation pour réaliser une civilisation nouvelle par la Lumière de Dieu", se trouve longtemps localisé dans le dix-huitième arrondissement parisien. On y serait nostalgique de la puissance passée, politique et militaire, du Japon. Et, on y évoque, bien sûr, "la mise en œuvre des qualités spécifiques du génie nippon"…

Pour faire bref nous dirons encore que "c'est à Paris que se trouve, en 1997, le siège européen et africain contrôlé par la fille d'Okada, Keishu Okada". Les dons des adeptes affluent, alors qu'un véritable noyau européen s'installe au sein du château d'Anselbourg, situé au Luxembourg.

Il existe enfin, dès 1990, le **Groupe des jeunes de Sûkyô Mahikari** où l'on arbore drapeaux, emblèmes, uniformes et bérets.

Mater Boni Consilii
Association transalpine "lauriériste" (c'est-à-dire fidèle à la mémoire de l'abbé Guérard des Lauriers, consacré par Monseigneur Ngo-Dinh-Thuc en mai 1981) éditant, au moins depuis le mois de décembre 1985, la revue *Sodalitium*. Selon cette publication, fortement antijudaïque et dont l'influence déborde alors sur la France, le Pape "n'est plus pontife que formellement, et non matériellement". En effet, "ne poursuivant pas le bien de l'Eglise et enseignant l'erreur et l'hérésie, s'il ne se rétracte pas d'abord de ses propres erreurs, il ne peut en aucune façon recevoir de Jésus-Christ l'autorité pour gouverner l'Eglise".

Paul VI est donc une sorte de "coquille vide" à laquelle il faut obéir "comme à un cadavre" (*sicut cadaveri*) !

Monseigneur Guérard des Lauriers, inspirateur de ce courant, est né à Suresnes en 1898 et décède le 27 février 1988, à l'âge de quatre-vingt-dix ans. Une revue française à caractère révisionniste, *l'Autre histoire*, marque par la suite un réel intérêt pour ses partisans... dont beaucoup proviennent, il est vrai, de l'Hexagone.

Mazdaznan
La revue *Mazdaznan*, qui veut être une publication internationale dévolue à la "propagation de l'esprit aryen", est lancée en France en 1922. Elle est en fait l'émanation de l'Œuvre universelle **Mazdaznan**, laquelle assure alors que "l'étude des lois anthropologiques contribuera à rappeler à tout individu de race blanche qu'il doit remplir un rôle conducteur et directeur dans la marche de l'évolution". L'emblème afférent est une croix cerclée et rayonnante et les adeptes "adorent un dieu unique, Ahura-Mazda, vieille divinité solaire dont le culte remonterait à plus de neuf mille ans". Son "rénovateur" est le docteur Oz Hanish lequel entame, en 1925, une tournée de conférences européennes "en grande tenue". Fervent promoteur du mythe de l'Atlantide, ou "terre des Bruns", il décède en 1936.

En 1937, les Editions Mazdéennes diffusent encore de nombreux tracts, opuscules et papillons.

Une revue trimestrielle située dans la mouvance rosicrucienne, *La santé spirituelle*, offre cependant à la fin des années cinquante une confortable tribune au courant philosophique jadis incarné par le docteur Hanish. Pourtant, dans un ouvrage diffusé en 1952 et intitulé *Evolution raciale*, le (défunt) docteur fait preuve d'un racisme intransigeant : "La race noire a conservé sa mentalité rudimentaire et continue à végéter. Cependant, dans la mesure où les autres races avancent, elle aussi a des chances de s'élever selon ses possibilités (…). C'est la race blanche qui doit mener l'homme à l'état de progrès parfait, lui faire atteindre, par développement conscient de tous les acquis faits par les races antérieures, le point de perfectionnement prévu pour lui dans le plan évolutif (…). Rappelons le principe fondamental : le mélange du sang d'une race avec celui d'une race antérieure dans l'ordre évolutif amène la formation, au sein d'une même race, de groupements distincts, accusant chacun des formations cérébrales et des orientations mentales particulières. Si les développements physique et intellectuel y trouvent leur compte, sens moral et conscience, par contre, en sont diminués (…). De toutes les races de la terre, la race blanche doit passer, en sa qualité de race dirigeante, par les états transitoires les plus critiques. Les autres races la suivent, par simple esprit d'imitation, sans qu'intervienne la réflexion consciente, car chez elles, l'intelligence créatrice n'est plus à l'œuvre : les races antérieures à l'avènement de la race blanche se maintiennent dans les limites qu'elles ont atteint autrefois".

Bref, "ce sont les blancs qui sont maintenant ouvriers responsables du progrès". Mais, de plus, "du chaos qui existe dans les Balkans, on peut retirer la leçon que le métissage entraîne toujours une dégradation du sang, partant, une baisse du niveau moral".

En 1978, **Mazdaznan** (qui "véhicule la pensée parsie, néozoroastrienne, du docteur Hanish") se trouve finalement implantée dans le dix-septième arrondissement parisien sous le nom d'association Panharmonie. Les appréciations raciales s'y font infiniment plus discrètes et, après chaque service spirituel, "un traditionnel plat de lentilles est offert à ceux qui le désirent"… c'est-à-dire, principalement, aux végétariens.

En 1979, l'organe des très inoffensifs mazdaznans de Paris s'intitule *Mazdaznan maîtresse pensée* et entend promouvoir, toujours depuis le dix-septième arrondissement, des "enseignements de vie saine selon les préceptes du docteur O'Hanish".

Mediolanon
Cette revue druidique, dont le titre signifie peu ou prou "fortification", émane, dès le milieu des années soixante, de l'Association pour une spiritualité occidentale et une civilisation autochtone. Celtisme et nationalisme y sont donc intimement mêlés.

Mediolanon est alors basée à Carnac, avenue des Druides...

Il s'agit en fait d'une sorte de "cartel" regroupant les revues *Arevidia* (laquelle est animée par le druide — soucoupiste et très imaginatif — Edmond Coarer-Kalondan), *Kad* (**Kredenn Geltiek**), *Esus* (ou "Etudes supérieures d'union spirituelle") et *Tir Na N'Og*.

Les liens entretenus avec *Keltia* sont évidents.

Edmond Coarer-Kalondan est pour sa part l'auteur d'un ouvrage intitulé *Les Celtes et les extraterrestres*...

Méditation transcendantale (MT)

L'année 1965 marque, en Europe, les débuts du Maharishi Mahesh Yogi, de son fort pouvoir d'attraction (il séduit les Beatles en 1967), de son sens de la stratégie publicitaire, de sa "modestie" surjouée et de sa "Transcendantal Meditation", laquelle mêle curieusement mysticisme et rationalisme scientifique. Il s'agit, en fait, de promouvoir "une technique de méditation et une pratique de relaxation empruntées à l'Hindouisme et adaptées au monde moderne". On devine ici, en fait, un certain "expansionnisme spirituel" datant, sans doute, de 1953.

Une première déclaration officielle a lieu à Bordeaux, en août 1969. En 1972, la galaxie transcendantale s'incrit peu à peu au cœur de la France post-soixanthuitarde.

En 1976, un Gouvernement mondial de l'Age de l'Illumination s'installe enfin officiellement au sein de l'Hexagone, selon la loi 1901. Placé sous la direction du gourou Maharishi, ce Gouvernement mondial comporte toutes les apparences d'un Etat doté de capitales nationales dirigées par des Gouverneurs, et de solides hiérarchies enseignantes et administratives. Il y a alors, en France, sans doute près de quatre-vingt-dix "professeurs". Ce "vernis scientifique" revêt, pour la **MT**, une importance fondamentale.

Puis, en 1978, s'implante l'Institut MERU (Maharishi European Research University) de France. D'après cette curieuse université, certains sujets, grâce à un niveau de conscience élevé, maîtrisent alors en partie le phénomène de lévitation... D'ailleurs la revue *Gouvernement Mondial Actualités* publie leurs photographies. On tente également d'y substituer "à la pensée occidentale malade, un nouvel et sain hindouisme". Car "la connaissance que Maharishi nous transmet est la seule chose aujourd'hui qui puisse préserver la paix et sortir le monde de l'ignorance". 1979 voit encore la création de la Civilisation basée sur le Champ unifié, alors que le mouvement hexagonal se scinde finalement en deux branches irréconciliables.

Vers la fin des années soixante-dix, toutes ces structures se heurtent frontalement aux syndicats français dans un vain essai d'imposer la pratique de la **MT** aux salariés bretons d'une fabrique de vêtements de pluie, la Sapitex. La tentative "de faire connaître à l'Occident malade les forces salvatrices de l'autoréalisation de soi par la méditation" connaît, ici, un singulier coup d'arrêt.

Pour leur part, les traditionalistes catholiques s'insurgent également peu après : "Il faut savoir que, contrairement à ce qu'enseignent les initiateurs de la **Méditation transcendantale**, les mantras que les initiés doivent réciter deux fois par jour pendant vingt minutes ne sont pas des sons sans signification mais des noms de divinités hindoues. Par suite, comment un chrétien peut-il prétendre prier Dieu tout en invoquant des idoles ?".

Pourtant, dans la Capitale, s'inscrit durablement l'Association de Méditation transcendantale de Paris (AMT Paris)... Bordeaux constitue également un fort lieu d'implantation. Un des buts est d'améliorer les réalisations des divers gouvernements "en matière d'éducation, d'environnement, d'économie, de lutte contre la drogue et la criminalité". 16 000 adeptes sont alors recensés au sein de l'Hexagone.

On y appate "les chefs d'entreprises, les directeurs de sociétés, toutes les personnes susceptibles d'amener une clientèle « intéressante »", en leur distribuant sans parcimonie de luxueuses brochures sur papier glacé clamant les bienfaits de la méditation, si bien adaptée aux exigences de l'homme moderne : rapidité, efficacité, facilité". Dans cet ordre d'idées, "des facilités de paiement sont même accordées aux groupes".

Puis, en juin 1992, et contre toute attente, le mouvement du gourou Maharishi se lance finalement dans la vie politique française en assurant, depuis Nemours, la naissance du **Parti de la loi naturelle (PLN)** dont le président, Benoît Frappé, est appuyée par l'Association française pour la science de l'Intelligence créatrice. En effet, "il suffit que un pour cent d'une population pratique la **MT** pour que, par rayonnement, l'ensemble des comportements en soient transformé". De plus, aujourd'hui, "c'est la politique qui semble gouverner le destin de l'homme. La **MT** sera donc enseignée auprès des politiciens". De toutes les manières, affirme dès 1975 le gourou Maharishi, "il n'y a pas de place pour les faibles et il ne peut y en avoir. Ce sont les forts qui doivent conduire, et si les faibles ne suivent pas, il ne saurait y avoir de place pour eux. A l'ère de l'Illumination, il n'y aura plus de place pour les ignorants. Les ignorants doivent se laisser illuminer par l'élite des sages. Dans la nature elle-même, les faibles disparaissent. La non-existence des faibles est une loi de nature".

Maharishi décède au mois de février 2008. Plusieurs dizaines de milliers de ses adeptes s'activent encore en France.

Métapan
Association basée, en 1978, dans le deuxième arrondissement parisien et militant "contre la guerre, le fric et la famine dans un titanesque combat « Paniste » pour l'avènement d'un « Métamonde bionome et panhumain »".

Mission chrétienne européenne
Fondée en 1904, la mission s'intéresse, avant même les années soixante, aux églises réprimées dans les pays de l'Est. Depuis Courbevoie et Bourges, elle diffuse alors un bulletin intitulé *Action évangélique pour l'Eglise du silence*. On y trouve "des témoignages de prêtres et de fidèles protestants venus de l'autre côté du rideau de fer" et persécutés par les régimes communistes.

La **Mission chrétienne européenne** est aussi à l'origine de camps de jeunesse et autres actions d'évangélisation "sous la tente".

Dans cette étroite mouvance s'inscrivent également (vers 1978) la revue *Catacombes* et *Le Chrétien biblique*, émanation… de l'Union chrétienne biblique.

Monarchie et régionalisme gaulois

Ce mouvement parisien est sans doute fondé, vers 1994, par le "druide-guérisseur" Jean-Pierre Tillenon, lequel entend alors bien appeler à "la commémoration de l'appel du général de Gaulle à la résistance contre l'invasion". Fait remarquable, au printemps 1995, le même mouvement cherche à présenter la candidature de Jean-Pierre Tillenon à la présidence de la République… Ce dernier, pressenti en raison de son appartenance au **Collège des druides, bardes et ovates des Gaules**, est en effet favorable à "une République fédérale française pour une Europe des peuples".

Jean-Pierre Tillenon préside également alors, et sans doute depuis 1988, l'association groupusculaire Kervreizh-Europa, marquée à l'extrême droite. Dans un tract daté de cette même année et émanant de cet "atelier de recherche théorique", il est en effet précisé que "les fonctionnaires de l'occupation du « Système à tuer les peuples » dénient aux hommes leurs droits à une spécificité culturelle communautaire. Les collabos de la maffia cosmopolite veulent la prostitution salariée des métissés, la barbarie des crimes actuels pour tous, sur tous, vieillards et enfants compris, et la toxicomanie, les maladies mentales, etc., pour nous mater et éviter toute libération. Ce sont eux, aussi et surtout, qui méritent la peine de mort". *Europa Diaspad*, une modeste revue photocopiée proche de cette mouvance, inspirée par une fraction de la Nouvelle Droite et placée sous le signe du triban druidique (trois traits convergents et dirigés vers un point élevé), ne craint pas alors d'affirmer que "l'hystérie cosmopolite conduit les nouveaux prophètes à un désir obsessionnel de métissage issu d'on ne sait quel trouble fanatisme biblique"… *La Lettre Européenne*, mensuel publié dès 1987 dans cette proximité, refuse pourtant toute implication politique afférente.

Montségur

Revue bimestrielle fondée en 2000, axée sur l'aventure, le nationalisme identitaire, et défendant "la culture et les valeurs de l'Occitanie". Le rédacteur en chef est François d'Usclat.

Mouvement chouan

Organisation légitimiste fondée en février 1987 dans l'Essonne et membre du Mouvement travail patrie (MTP), lancé en octobre 1987 en Provence) depuis 1989.

Son chef, Yvon, est "biker et tatoueur de son état" et sa boutique est tapissée "de dessins de monstres mythologiques et de sirènes aux plantureuses poitrines". Sa stupéfiante structure politique (catholique et royaliste) regroupe, outre des bikers, "des « skins », des hardos, des adeptes du rock sudiste (...) et tous les marginaux prêts à faire le coup de poing pour s'exprimer". On y écoute de vieux groupes de rock sudiste, tels Lynyrd Skynyrd ou Molly Hatchet.

Le **Mouvement chouan** s'affirme, en 1988, "français ethniste d'abord" et prétend, dans les pages de son "organe de combat" tiré à 300 exemplaires et intitulé, depuis le mois de septembre 1987, *Rembarre !*, que les Juifs "et non des moindres, règlent leur existence sur les prescriptions racistes du talmud, réminiscence du culte de Baal et autres divinités démoniaques". En fait, on y jure surtout "par le duc d'Anjou, le rock et la violence". Cette modeste publication a alors pour directeur un certain Eric Alhinc.

On note, par ailleurs, que "Rembarre !" fut le cri de guerre des insurgés vendéens, et qu'il peut se traduire par "Encercle !". Un des objectifs est de "foutre la merde" dans les églises, car l'Eglise "est bouffée par les marxistes et les francs-maçons".

Mouvement gaulois

Au début des années quatre-vingt-dix, ce mouvement fustige, dans les pages de son organe écrit intitulé *Le Gaulois*, "l'obscurantisme socialo-maçonnique en général et les Roses-Croix en particulier". Les militants néo-gaulois se montrent d'ailleurs très pugnaces : "Nous écrirons notre *Gaulois* ! Et si vous le censurez, nous ferons comme les juifs en 1939, nous l'écrirons à la main. Et si vous nous coupez les mains, nous prendrons le stylo avec les pieds".

Mais, avant tout, il s'agit plus pacifiquement "d'affirmer son identité gauloise en apposant l'autocollant « La Gaule aux Gaulois ! » à côté de son club de tir ou de sa société de pêche"...

Mouvement nouvelle civilisation (MNC)

L'objectif de ce mouvement parisien, fondé par Roland Peschard (dit Ram) dans les années soixante-dix et basé dans les neuvième et dix-huitième arrondissements parisiens, est ″de former une élite d'hommes supérieurs. Pour cela, il faut d'abord créer un groupe qui servira ultérieurement à encadrer les futurs élus. Les membres de ce groupe sont les « Croisés du Verseau » ou encore les « Arkonautes »″. En effet, ″possesseur d'une forte personnalité, l'homme supérieur doit suivre, en toute circonstance″, un style de vie extrêmement rigide… Rappelons qu'Arkona est connu pour avoir été le plus grand sanctuaire des Slaves de la Baltique. Ce lieu reste donc le symbole de la résistance du paganisme slave face à l'Eglise germanique.

Un tract ″fracassant″ est ensuite diffusé à Paris, au début du mois de novembre 1976, par une cinquantaine de sympathisants. Un slogan s'y détache sans détour : ″Adhérez ! Bientôt l'apocalypse″… On y décrit le **MNC** comme un mouvement ″scientifique, écologique et spirituel″. Une des propositions consiste en une limitation des naissances afin ″d'offrir un maximum d'espace vital″… Il s'agit de rendre à l'homme sa dignité et sa véritable place, ″celle d'un être supérieur, d'un dieu qui s'ignorait″.

Le programme politique afférent est en fait fort élitiste et alambiqué à l'extrême. Tant et si bien que ces curieux Arkonautes (aux cheveux tondus court) en viennent même à revêtir ″un uniforme composé d'une chemise verte et d'un brassard noir (très marqué) qui illustrent curieusement et de façon nostalgique une certaine idéologie″… L'emblème du mouvement comprend ainsi quatre poings serrés inscrits dans une croix entée et cerclée. L'organisation, qui cultive également un aspect ″soucoupiste″, semble donc se considérer à l'égal ″d'un ordre du Temple pour empêcher la catastrophe finale″. Une partie de ses travaux est résumée dans un ouvrage intitulé *Initiation sorcière et féerique* et dans le bulletin interne intitulé *MNC*. Angoisses écologiques et initiation templière y fusionnent ″pour le renouveau écologique de l'ordre du Temple″.

En Province, Roland Peschard est alors également un des principaux animateurs de l'association ″luciférienne et surréaliste″ **Llys Dana** (La Cour de Dana, proche du journal *Dragon rouge*) et, sans doute, de l'**Ordre d'Ashtar Sheran**.

Mouvement pour la paix intégrale

Organisation fondée, puis dirigée, par Emile Dauphin, lequel se présente, en 1957, "comme le Christ revenu sur la terre". Le mouvement afférent cherche notamment à "anéantir l'Islam" et "à écrire *Ma paix* en réponse au *Mein Kampf* de Hitler".

Enfin, sous l'égide du Conseil de l'Europe, le **Mouvement pour la paix intégrale** vise aussi à créer "une Commission de ralliement de la Croix radiante".

En 1960, une quinzaine de jeunes adeptes s'efforce de tenir des réunions dans les restaurants et d'y diffuser des tracts. Mais leur implantation reste très marginale et n'affecte que Paris et l'est de la France. Impulsif, Emile Dauphin tente pour sa part de troubler diverses conférences politiques...

Mouvement raëlien français (MRF)

En décembre 1973, Claude Vorilhon (surnommé Raël "par les Elohim") dit avoir rencontré un extraterrestre et fonde le Mouvement pour l'accueil des Elohim, créateurs de l'humanité (MADECH). Il est vrai qu'il a ensuite été transporté (en octobre 1975) en vaisseau spatial sur la planète Géniocratie des Elohim sur ordre du Président du Conseil des Eternels... puis chargé "de révéler la vérité sur terre". Une émission télévisée de Jacques Chancel, *Le grand échiquier*, donne alors à Raël une stature publique. Les adhésions affluent.

En fait, nous précise un tract, "depuis 1974, Raël a abandonné son métier de chroniqueur sportif et se consacre totalement à sa mission en donnant des conférences à travers le monde afin, d'une part, de préparer les hommes à la venue des extraterrestres qui ont créé scientifiquement l'humanité, et, d'autre part, d'enseigner la méditation sensuelle révélée par eux".

Le 6 juillet 1976 le MADECH devient, sous l'impulsion de Raël, le **Mouvement raëlien français** (**MRF**) alors que se constitue à Genève, le 9 septembre 1977, un Mouvement pour la géniocratie mondiale animé par Jean-Claude Reuille.

La géniocratie est un système de gouvernement mondial dirigé par les génies, c'est-à-dire "par les individus ayant un exceptionnel niveau d'intelligence". En effet "seule la géniocratie est valable, qui est une démocratie sélective (...). Seuls les gens dont le niveau d'intelligence à l'état brut est supérieur de 50% à la moyenne doivent être éligibles, et seuls ceux dont le niveau d'intelligence est supérieur de 10% à la moyenne peuvent être électeurs". De toute les manières, "l'homme opérera une auto-sélection génétique ou dégénèrera (…). Le seul moyen de stopper cette dégénérescence, c'est de remplacer la sélection naturelle par une sélection artificielle, s'exerçant génétiquement avant la conception des enfants". Dans *Les extraterrestres m'ont emmené sur leur planète*, paru en 1975, Raël est encore plus clair envers ses adeptes : "Votre rôle consistera à faire publier les livres que je vous dicterai et qui vous permettront de structurer différents mouvements spirituels et politiques prônant la destruction des races arabes, jaunes et noires qui accaparent les richesses et les matières premières dont la race blanche a besoin et qu'elle mérite"…

Au mois d'août 1977, Raël précise qu'il "regrette les erreurs de l'Eglise qui ne respecte même pas les textes qui sont dans ses évangiles". Il s'agit en outre de fêter la nouvelle année laquelle, pour les raëliens, débute le 6 août (en souvenir de l'explosion de la première bombe atomique).

En 1979 paraît, sous l'impulsion de la Fondation Raëlienne, un ouvrage intitulé *Accueillir les extraterrestres. Ils ont créé l'humanité en laboratoire*. Trois mille membres diffusent ce texte. Puis, au début des années quatre-vingt, un luxueux dépliant (toujours intitulé *Accueillir les extraterrestres*) vente les mérites des ouvrages du messager Raël et propose le visionnage d'un diaporama ad hoc.

Raël impose donc, peu à peu, sa stature de "Guide des guides" et de "Noé des temps futurs". Bousculant ses concurrents, tout en conservant un fond certain de jovialité, il devient ainsi "Claude Raël, ambassadeur des Elohim créateurs de l'Humanité, Guide des guides du MADECH"…

La revue du mouvement, *Apocalypse*, fait œuvre de bulletin de liaison du Mouvement raëlien international. On y procède notamment à une relecture de la Bible à partir du postulat d'existence des Elohim. Il y aurait, en 1995, entre trente et quarante mille membres obéissant à 54 prêtres, 14 évêques et à un certain nombre de guides. En France les raëliens sont alors quelques milliers. Beaucoup s'entichent du stupéfiant phénomène des Crop Circles. D'autres sectateurs, adeptes de la "réincarnation scientifique" animent depuis 1985 l'Association médicale des implants frontaux (AMIF). Elle devient, en 1988, l'Association pour la manipulation des implants frontaux.

Le premier emblème du mouvement est un svastika inscrit dans une étoile de David. Il s'agit ainsi, en s'inspirant de la tradition bouddhiste, de prendre conscience de l'absence des limites de l'univers. Ce svastika inclus dans une étoile de David, pourtant symbole de "paix et d'harmonie", fut ensuite (vers 1991) fort judicieusement remplacé par un symbole en forme de rosace à six branches "rappelant la forme de notre galaxie". De plus, nous l'avons dit, le mouvement est hiérarchisé en plusieurs niveaux, comme un clergé, et des rassemblements ont lieu quatre fois par an (les adeptes y sont vêtus de blanc dans un style très new age). Mais c'est une religion "athée" niant l'immortalité de l'âme, Dieu et les apports du catholicisme en général...

Des mouvements se détacheront du tronc originel, dont l'organisation Omega-Acreo qui, lancée dans le Var vers 1985 et animée par Nicole Calot, "se fonde sur l'attente de l'arrivée des « frères de Lumière »". On y prédit la fin du monde pour 1988, puis 1995. Finalement, l'association Acreo est virtuellement dissoute en 1988, alors que son animatrice monte en Haute-Savoie, "suivie d'une dizaine d'adeptes". Perdure, ensuite, l'organisation Maev, basée dans l'Ain.

Mouvement universel de France

Fondé le 14 juillet 1938, ce modeste mouvement cultuel parisien (mais d'inspiration américaine) compte encore, en 1960, quelques dizaines d'adeptes hexagonaux. Ses livres de doctrine s'intitulent notamment *La vraie république* et *L'organisation mondiale*. En effet, "tous les hommes seront bientôt unis par l'Age universel" car "Dieu est démocrate !".

Son emblème est un soleil, et sa devise s'inscrit ainsi : "Calculer a perdu le monde, aimer va le sauver". Un des buts du **Mouvement universel de France** est, enfin, "de créer des forum, cinéma, théâtre, gouvernement, journal, radio, monnaie, jeunesse, lycée, restaurant, paix et religion universels"...

Muninn

Cette publication datant de la fin des années quatre-vingt-dix, et qui porte le nom d'un des corbeaux messagers d'Odin diffuse, bien entendu, une idéologie fortement néo-païenne. Basée dans les Bouches-du-Rhône et animée par l'association Yggdrasill, ***Muninn*** se donne alors pour objectif "la redécouverte de la mémoire identitaire des peuples européens"... Elle veut être "ouverte sur le monde et sur toutes les disciplines des sciences humaines". En janvier 1997, elle organise ainsi au Palais des Congrès d'Aix-en-Provence une conférence de Robert Steuckers intitulée : *De l'humanisme italien au paganisme germanique...*

La revue est très liée au mouvement franco-belge **Synergies européennes**, apparu vers 1993-1994.

N

Narthex
Bulletin parisien trimestriel de l'Association pour l'étude et la défense de la culture traditionnelle (AEDCT), dont le secrétaire général est, en 1975, Jean-Bernard Cahours d'Aspry. La revue se décline finalement en une dizaine de numéros. Elle reste indissociable de la figure de Jean-Claude Cuin, décédé en juin 1978.

L'objet de ***Narthex*** est "de présenter au public les légendes, mythes, documents archéologiques, littéraires, artistiques et en général tous les témoignages subsistant de la culture traditionnelle". L'ensemble s'inscrit en fait dans la mouvance catholique ésotérique, voire traditionaliste, mais la revue croise souvent le fer avec les lefebvristes.

A la fin des années soixante-dix, ***Narthex*** entretient des rapports constants avec la revue traditionaliste révolutionnaire ***Totalité*** et participe aux activités du Cercle culture et liberté.

Nationalistes sociaux européens (NSE)

Ce groupe nationaliste nantais est très proche — depuis 1991 — d'*Axe*, le "bulletin d'unité nationaliste". *Axe* veut en effet, alors, "être un axe de solidarité entre nationalistes, une arme de plus pour combattre les adversaires du nationalisme, des vertus et des valeurs de notre Europe blanche".

L'ensemble évolue en fait dans la mouvance du Parti nationaliste français, des Faisceaux nationalistes européens, du **Groupe druidique des Gaules** et d'un diffuseur de curieux bijoux, spécialiste de la "reproduction d'objets traditionnels de l'Europe du Nord" dans les Côtes d'Armor, Art nordique.

Nouvelle Acropole-France (ANAF)

Branche hexagonale d'une organisation internationale dévouée (entre autres objets d'étude) à l'analyse de la philosophie grecque et de l'ésotérisme occidental, et qui fut fondée en juillet 1957 par l'argentin Jorge Angel Livraga (surnommé Jal).

D'autres sources situent sa création au Pérou en 1971.

L'Organisation internationale nouvelle acropole (ou **Nouvelle Acropole**) s'implante ainsi à Lyon, en 1973, sous l'impulsion de l'écrivain Fernand Schwarz et de son épouse, Laura Winckler. La forme y est celle d'une "école platonicienne". Le 17 janvier 1974, elle émerge enfin officiellement et rayonne sur huit centres régionaux. Le siège central est fixé à Paris.

Régulièrement dénoncée — dans l'Hexagone — comme étant une organisation militariste, sectaire, voire d'extrême droite, la **Nouvelle Acropole** y a notamment prôné l'adoption en décembre 1977, pour son Corps de sécurité, d'une tenue et d'un salut à peine démarqués de ceux du Service d'ordre légionnaire jadis levé par Vichy (comme le montre le *Bulletin N°1 du Corps de Sécurité*). Uniformes, symboles et insignes ont alors une importance primordiale au sein de la **Nouvelle Acropole**. Mais la discrétion reste de mise à l'extérieur et l'organisation avance à visage partiellement couvert, ce qui lui permet toujours, en 1981, de bénéficier d'échos favorables au sein des magazines spécialisés dans le paranormal (tel *L'autre monde*) et d'une bonne diffusion de la *Géographie sacrée de l'Egypte ancienne* de Fernand Schwarz.

En fait, "cette structure se nourrit d'hommes et transmute les plus aptes dans son grand Corps et dans sa grande Ame, les transformant en des surhommes. Les inaptes sont laissés en arrière. Telle est la douloureuse Loi".

Corrélativement, en politique, l'organisation acropolitaine marque un refus de la démocratie au profit d'une "unification finale représentée au plan politique, à l'intérieur de l'Etat, par le gouvernement aristocratique et totalitaire". En effet, il y a trop longtemps, qu'en Occident, "la société dite traditionnelle est devenue bourgeoise et conservatrice"…

Quelques liens se tressent alors avec le **Groupement de recherche et d'études pour la civilisation européenne**, dont les théoriciens dispensent des conférences très "pointues" aux Acropolitains. La revue *Question de* offre également un solide "point de chute" permettant d'atteindre un public nouveau et avide de merveilleux.

En 1979, la **Nouvelle Acropole** regroupe deux mille membres français "dont l'âge varie de dix-huit à quatre-vingt-deux ans". Un de ses principaux vecteurs est ainsi l'IPSAS (Interprétation politique et sociale par l'approche symbolique). Il ne faut alors guère trop insister "sur Nouvelle Acropole, ni sur ses symboles, en la présentant simplement comme un institut culturel privé". Ses prestations, payantes, comprennent quatre cycles de quatre mois. Certains adhérents se disent alors noyés, submergés et, plus prosaïquement, "financièrement pompés".

En 1981, l'organisation française devient l'ONAF, ou **ANAF**. L'ensemble est, en interne, "hiérarchisé strictement, militariste et à structures déguisées". Il existe ainsi, pour l'Hexagone, un Commandant central (rôle tenu par Fernand Schwarz), un Corps de sécurité (déjà cité), des Brigades féminines (seules visibles du public et portant béret bleu, chemisier bleu ciel et jupe noire), des Brigades de travail masculines (chemise et pantalon bruns, béret "para"), un Corps des professeurs et instructeurs, etc. Il existe également un insigne, "une hache ornée de baguettes en argent et de chaînes d'or dont le nombre varie en fonction de la hiérarchie". Les cadres sont ainsi nommés, de manière très informelle, les "hachés".

Voici, par ailleurs, un extrait du *Chansonnier acropolitain* :
"Prends le chemin que nous avons pris
Soldat de l'ombre, enfant de la nuit
Tous tes amis sauront ce nom :
Acropole ! Acropole !"

Mais les membres de l'**ANAF** sont toujours tenus de présenter — nous l'avons déjà souligné — une image accueillante de leur organisation, sans jamais évoquer sa très forte hiérarchisation et ses velléités militaristes.

La propagande, "thème d'importance primordiale", doit présenter simplement l'**ANAF** comme un institut culturel anodin. Ce type de propagande doit donc être suffisamment hybride "pour ne pas créer de rejets ou de suspicion prématurée". De plus, "le yoga, source de régénération de l'organisme, y est pratiqué pour permettre aux membres d'atteindre la conscience suprême nécessaire à l'épanouissement de l'être"…

La revue *Acropolis* est éditée, au sein de l'Hexagone, depuis le mois de mai 1973. Au cours des années quatre-vingt, l'**ANAF** se fait fort de regrouper plus de six cents adhérents et des milliers d'élèves, tous serrés autour d'une autre revue ancienne — trimestrielle puis bimestrielle — intitulée *Nouvelle Acropole*. Ses affiches, aux couleurs criardes, deviennent ensuite une des cibles privilégiées des Sections carrément anti-Le Pen

(SCALP). Son bastion est, incontestablement, la ville de Toulouse. Un de ses ouvrages-phares s'intitule alors *La tradition et les voies de la connaissance*. Il est rédigé par… Fernand Schwarz.

Pour finir, "une demi-douzaine de membres de la **Nouvelle Acropole** Strasbourg, dont deux responsables de l'antenne, ont été condamnés par le tribunal correctionnel de Colmar pour la destruction du gisant de Rathsamhausen. La précieuse statue avait en effet été volée à la bibliothèque humaniste de Sélestat. Elle avait servi une unique fois lors de l'adoubement initiatique de nouveaux membres".

Jorge Angel Livraga, le fondateur de ce mouvement international, est mort en 1991. Dans l'organisation acropolitaine française, et au sein des quelques centaines de membres hexagonaux, on se souvient de lui comme étant "l'Empereur".

En 2000, une manifestation parisienne de parents d'élèves entend enfin préserver les adolescents de l'influence du mouvement…

Nouvelle culture
Cette association édite, dès 1991 et depuis le Poitou, des "Samizdat des dissidents européens". Son organe écrit s'intitule *Tour de guet* et reste très proche des orientations, païennes, de la Nouvelle Droite.

Nouvelle Droite jeunesse (NDJ)
Association déclarée le 20 juin 1989 et prenant le relais de l'**Institut de documentation et d'études européennes (IDEE)**. Son organe écrit, ou "bulletin de la **NDJ** de Paris", naît cependant dès le mois d'avril 1989 et s'intitule *Métapo*. Il est placé sous la direction de Charles Champetier, aidé par Hugues Rondeau et Xavier Marchand.

Un second numéro paraît au mois de juillet. En 1990, ce bulletin fusionne avec *Vouloir*, une revue de la Nouvelle Droite belge francophone lancée en novembre 1983 depuis Bruxelles. On y est adepte de la "libération païenne"… dans la stricte mouvance du **Groupement de recherche et d'études pour la civilisation européenne (GRECE)**. On s'y montre également, parfois, "partisan d'un fédéralisme européen, en fait un nationalisme européen régionaliste influencé par les thèses de Jean Thiriart".

Les membres de la **NDJ** sont, par ailleurs, "souvent cooptés à des hauts niveaux de l'organisation gréciste".

A cette **Nouvelle Droite jeunesse** vient rapidement s'ajouter un groupement d'étudiants, le réseau Mafarka, (nommé d'après une œuvre écrite du futuriste Marinetti), lequel souhaite "faire connaître les réalisations et les créateurs des grands mouvements d'avant-garde artistique de notre siècle".

Il est probable que le bulletin marseillais *Combat* et la revue provençale *Imperium* dérivent, plus tardivement, de la même mouvance.

Nouvelle Europe musiques (NEM)

Maison d'édition de disques fondée — sans doute en 1991 — à Nancy. Située initialement dans la mouvance politique de l'organisation Troisième Voie, elle diffuse en 1993 une compilation intitulée *Nouvelles Musiques Européennes* et dédiée au philosophe traditionaliste révolutionnaire Julius Evola. On y entend les paroles suivantes :

"Façonné par les millénaires
Nos ancêtres et la Terre
Leur sang coule dans mes veines
Leur souvenir enivrant
Me conduit incandescent
Vers la force et la pureté
D'un âge d'or retrouvé"

Le principal diffuseur des disques compacts de la **NEM** est alors l'association L'Art s'affiche, fondée au mois d'avril 1993. Des expositions artistiques annuelles sont également organisées. Le but avoué y est "de refuser la vulgarité et la laideur".

Un syndicaliste étudiant (frontiste), Laurent Steiner, s'emploie à donner à l'ensemble un certain relief.

O

Odin
Réseau de boutiques "vikings du bout de la Manche", fort bien implanté, en 1972, à Cherbourg et à Valognes. Proche de la mouvance *Heimdal*, on y trouve alors notamment des bijoux scandinaves et autres "marteaux de Thor en étain avec chaîne".
Selon le réseau **Odin**, "le bon dieu des Vikings marie les Normands".

Ogmios
Ce pôle parisien (librairie et éditions), fondé en 1986, et numériquement faible, constitue cependant alors une des manifestions des plus dynamiques de l'extrême droite païenne. On y distribue ainsi — en 1990 — des ouvrages intitulés *Nazisme et ésotérisme*, ou *La poésie scaldique*, ce dernier étant consacré "aux secrets de l'art poétique viking". Cependant, on s'en doute, "les familles royalistes et catholiques répugnent à y déposer leur presse".
Le fondateur de la librairie est Jean-Dominique Larrieu.
Deux maisons d'édition, Avalon et Polémiques, font aussi partie de ce groupe agissant sur des plans tant juridiques que politiques, révisionnistes et ésotériques. En 1991, on pouvait de plus considérer que les liens unissant **Ogmios** et la Nouvelle Droite ne furent jamais rompus.
Aux Editions Avalon, on "travaille à la parution d'ouvrages comme, par exemple, le livre « l'Ordre SS » d'Edwige Thibaut, préfacé par le « généralissime » Léon Degrelle, le dernier des grands chefs fascistes de l'après-guerre. Livre d'ailleurs frappé d'une interdiction à la vente, mais qu'on peut néanmoins se procurer très facilement chez les intéressés".

Oméga
Publication confidentielle française, de type "fanzine" musical, mais surtout dédiée à la culture nordique.
Apparue durant l'automne 1993, elle se présente en fait comme une revue pionnière, amatrice, mais dont "les thèmes s'affinent au fur et à mesure des numéros". Cependant, ses attaches avec

l'**Institut de recherche sur la mythologie et l'identité nordique** (**IRMIN**) se traduisent, par exemple, par une tribune offerte à Arnaud d'Apremont, lequel précise alors "qu'il est évident que les sujets que nous investiguons peuvent aisément déboucher sur une pratique religieuse, et plus précisément sur une pratique religieuse traditionnelle européenne, c'est-à-dire païenne".

Les liens communautaires tressés avec l'Odinic Rite France, basés sur la devise "Faith, Folk, Family" (Foi, Peuple, Famille), sont par ailleurs évidents.

Il faut signaler qu'*Oméga* est, pour la période 1993-1994, le fanzine émanant de cette mouvance odiniste et musicale ayant la meilleure diffusion en France.

Ondes vives (ou Club OV)

Communauté spirituelle de loi 1901, fondée vers 1968 et basée, en 1973, dans le Val-d'Oise, cette association se propose alors de grouper "les chercheurs d'idéal qui pressentent les hautes destinées de l'âme, afin d'effectuer un travail collectif dans le sens du vrai progrès" et de donner des conférences relatives à la "bible ésotérique". Elle est notamment soutenue par l'organe officiel de l'Ordre martiniste, la revue intitulée *L'Initiation*.

Le capitalisme y est fermement repoussé, car "il a fait son temps"… et le marxisme également, en dépit du fait qu'il "serait un bon système, s'il ne rejetait pas Dieu, cet idéal parfait". En fait, il faut créer une grande famille mondiale dont "la seule préoccupation serait de servir par amour du prochain". Il faut cependant, alors, se contenter de regrouper péniblement quelques centaines d'adeptes, lesquels haïssent le "laxisme moral" et le matérialisme.

Le principal animateur d'**Ondes vives**, le très anticommuniste Jean-Claude Salémi, tente finalement sans succès d'isoler sa communauté dans un château du Maine-et-Loire. Le but est surtout de l'inscrire dans une sorte de troisième voie (sans rapport avec un quelconque futur "solidarisme musclé") qui constituerait une grande famille mondiale pour laquelle "la seule préoccupation serait de servir par amour du prochain selon les moyens, et les responsabilités, de chacun".

En 1973, le bulletin mensuel afférent se nomme *Ondes vives*. Au fil des mois, on y insiste sur l'initiation, le spiritualisme, la chevalerie chrétienne, les apports de la Fraternité blanche universelle (FBU, déclarée en 1947) ou du Cercle du Temple et du Saint-Graal, les soucoupes volantes, l'affaire Ummo et les enseignements d'une fort mystérieuse entité extraterrestre liée à l'**Ordre d'Ashtar Sheran**. L'anticommunisme est également très présent, car "les Russes auront la maîtrise du pétrole du Moyen Orient et seront en mesure de paralyser la défense européenne et son économie. Ce sera ensuite l'invasion et la domination. Et la France sera la première visée (…). Le « communisme rouge » des Russes qui est contre Dieu, contre la spiritualité et qui déclenche la bataille Harmaguédon de la fin des temps décrite par Ezéchiel et l'Apocalypse, n'est pas autre chose que l'Antéchrist".

Pour finir, la couleur rouge doit donc être anéantie, ainsi que tout ce qui s'y rapporte, "parce qu'elle est le symbole de la mer qui engloutit les Egyptiens, de la Bête 666 de l'Apocalypse, de l'Ane rouge et du communisme".

Opus Dei
Voir **Société sacerdotale de la Sainte-Croix et de l'Œuvre de Dieu**.

Ordo Militiæ Crucis Templi (OMCT)
Durant les années quatre-vingt, l'**OMCT**, d'observance germanique, se montre active en France afin d'y lutter contre "le paganisme moderne" et de s'y opposer à "la décadence de notre temps". L'ordre est ouvert "à tout chrétien de nature chevaleresque et de sentiments nobles sans distinction de nationalité, de réputation irréprochable et âgé d'au moins vingt ans". Toute demande d'adhésion doit être accompagnée d'une photographie.

Il convient de ne pas confondre ce mouvement avec une autre organisation OMCT (Ontologie, Mysticisme, Ciel, Terre) lancée en décembre 1968, déclarée en 1976 à la Préfecture de Nancy et qui attache beaucoup d'importance aux extraterrestres. Cette dernière, très "paperassière", se nomme également Ontologie Méthodique, Culture et Tradition. On en trouve aussi la trace dans le *Journal officiel* du 26 janvier 1974. Un de ses insignes serait constitué par "une soucoupe volante miniature moulée en plastique phosphorescent et montée sur une broche".

Ordo Templi Orientis (OTO)
Organisation fondée, en 1895, par Karl Kellner. Initialement empreint de soufisme et de tantrisme (religion de type hindouiste qui fait une grande place au principe féminin de la divinité), l'**OTO** admet le sulfureux mage Aleister Crowley comme membre en 1911, comme chef de sa branche anglaise en 1912, puis comme grand maître en 1922.
Un secteur isolé du mouvement semble alors être séduit par "l'amour porté aux jeunes garçons".
Cet ordre possède neuf degrés, répartis en trois triades et précédés d'un degré préparatoire nommé Minerval. Sa structure comporte des loges, oasis et camps dans neuf pays, dont la France. L'ensemble est extrêmement complexe, mais les étreintes intimes des croyants y sont parfois analysées comme "des pratiques sexuelles menant au salut".
Durant les années quatre-vingt, l'**OTO** fait paraître au sein de l'Hexagone une revue issue d'une branche autonome et intitulée *L'Oriflamme* (reprise d'un titre de 1902). Un de ses principaux responsables est alors un Nantais, le militant nationaliste révolutionnaire Christian Bouchet. On y reprend sans doute les affirmations de *L'Oriflamme* original, où l'on explique notamment que "c'est à Wagner qu'il était réservé, dans la *Tétralogie* et *Parsifal*, d'exprimer les derniers secrets de l'humanité et leur solution, c'est-à-dire « l'apothéose de l'instinct dans l'accomplissement d'un mystère sacré ». Ce mystère, affranchi de la science des prêtres et du scepticisme, formule les secrets du Christianisme dans un énoncé clair et devient ainsi la base de l'Eglise future"...
A cette époque est fondé le Camp des étoiles, le *Livre de la Loi* est traduit et il est envisagé la publication de la revue *Tahuti*.
L'**OTO** relance de plus, vers 1986, la publication d'une célèbre revue jadis animée par Aleister Crowley et intitulée *The Equinox* ou *L'Equinoxe* (titre datant de 1909). Elle est un temps inquiétée par la Police après l'affaire de Carpentras, au mois de mai 1990. On la décrit, en 1991, comme étant également favorable à un très jeune mouvement nationaliste révolutionnaire, Nouvelle Résistance... Dans la même mouvance se situe également la revue **Thélèma**.
Le siège de l'**OTO** est alors, pour sa part, situé rue de Chartres, dans le dix-huitième arrondissement parisien.

Vers 1998, cette bruyante agitation des disciples hexagonaux du mage Aleister Crowley semble pourtant se tarir peu à peu…

Ordos (ou ***Ordos 1,618***)

Publication "de tradition celtique" basée, en 1995, dans la Loire Atlantique puis dans le Morbihan. Très liée aux Editions Celtica, elle est ensuite soutenue par la revue identitaire ***Utlagi***. Elle dépend également du Cercle d'études et de recherches interceltiques et symboliques.

Ordos semble, par le biais de Bernard Rio, prendre le relais d'*Artus*, "revue culturelle de Bretagne" basée, dès le mois d'octobre 1979, en Loire-Atlantique et très proche de la Nouvelle Droite (pour laquelle elle constitue "un enchantement, une source de multiples et passionnantes découvertes"). Un numéro zéro est cependant présenté à la presse française à la fin du mois d'août de cette même année…

Fortement empreinte de druidisme et des légendes entourant les mégalithes armoricains, *Artus* assure à cette époque que la culture "est une façon d'être, un style pour vivre. La nôtre signe l'aspiration à une vie moins enfermée dans le socio-personnel, une éthique plus vigoureuse, une vision esthétique du monde". Son combat culturel trimestriel est parfois qualifié de "métapolitique" et ses objectifs s'élargissent, car elle est ensuite présentée comme une "revue des pays celtiques et du monde nordique".

Rapidement, l'aire d'investigation d'*Artus* s'étend donc très largement "aux pays celtiques et au monde nordique".

Il existe alors, également, les Editions Artus. Il faut, en effet, "non pas se battre pour n'importe quelle Bretagne de carte postale, mais bien se battre, par la filière celte, pour une idée de l'homme et une vue du monde".

Ordre d'Ashtar Sheran (ou **Collectif Ashtar**)

De nombreux groupes cultuels ufologiques se réfèrent à l'**Ordre d'Ashtar Sheran**, à la Division Ashtar ou au **Collectif Ashtar**. Mais la première mention pourrait être due au "contacté" américain George Van Tassel — le futur fondateur du Collège de la sagesse universelle — vers 1952.

Une formation de médiums berlinois, le Groupe Herbert Victor Speer, prétend pour sa part recevoir les enseignements d'un "grand maître mondial" peu après, en 1956. Selon lui, le **Collectif Ashtar** regrouperait ainsi "des êtres appartenant à une humanité plus évoluée que la nôtre". Les instructions afférentes sont reçues par le biais de l'écriture automatique.

On note que Vrillon, "représentant du **Collectif Ashtar**", fut un autre nom utilisé par une voix mystérieuse qui fut diffusée sur les transmetteurs de Southern Television au Royaume-Uni pendant environ cinq minutes, à 5h10 du matin, un samedi du mois de novembre 1977…

Ce **Collectif Ashtar** serait placé sous le commandement d'Ashtar Sheran. Tout cela est donc, on le voit, assez complexe.

En France, le **Collectif Ashtar** semble être lié au très élitiste **Mouvement nouvelle civilisation** et être basé, en 1979, en Haute-Savoie. Une brochure du **Collectif Ashtar** précise alors assez mystérieusement que "tout être qui est branché sur l'Etoile du matin, appelée par les Grecs anciens Aphrodite et Phôsphoros, et par les Latins, Vénus ou Lucifer, peut s'en réclamer". De plus, "ceux qui sont à l'écoute d'Ashtar Sheran ne se réunissent pas sur terre, mais sur l'Etoile, parmi les étoiles".

Enfin, "le communisme rouge a fait des progrès inimaginables, et amorce par ce fait une nouvelle époque qui a provoqué les plus grandes tensions entre les nations (…). Nos vaisseaux spatiaux qui existaient déjà depuis des millénaires, mais qui entre-temps ont été perfectionnés, ont influencés la Bible".

Ashtar Sheran serait, de plus, "le nom cosmique de l'Archange Saint Michel"…

Des liens se tressent alors pareillement avec la communauté — également opposée au communisme comme au capitalisme — **Ondes vives**. Dans cette même mouvance communautaire, mais depuis la Belgique, la Comtesse d'Oultremont diffuse de même, en direction de la France, des brochures pacifistes "inspirées" par Ashtar Sheran. On y fustige la guerre du Vietnam, le Mur de Berlin, l'entêtement des politiciens, etc.

Enfin, un ouvrage publié en France en 1989, *Des évènements pour nous faire réfléchir. Education divine*, précise que "ceci est un message conjoint qui émane de la hiérarchie spirituelle et du quartier général commandé par le seigneur Ashtar Sheran". Cette publication dénonce le système financier et politique mondial, "manipulé par les entités déchues" et annonce "des bouleversements à venir et le nettoyage de la Terre, lequel sera terminé en l'an deux mille grâce aux changements que nous devons opérer en nous-mêmes et à l'aide de la flotte d'Ashtar Sheran"…

Ordre de Melchisédec
Organisation sans but lucratif basée, au début des années soixante-dix, dans le onzième arrondissement parisien et dont l'objectif est alors de "pacifier la Terre grâce à l'enseignement des « extra-célestes »".
Une de ses inscriptions figurant dans le métro parisien précise ainsi que "Jésus est un extraterrestre, venu maintenant en soucoupe volante". Melchisédec est, pour sa part, un personnage biblique, "roi de Salem, prêtre du Dieu Très-Haut". De plus, "les Nations Unies vont être obligées de dire que la terre n'appartient plus à personne, mais à chacun de nous qui sommes de bonne volonté".
Trois ordres existent : l'Ordre de l'Empereur, l'Ordre de l'Univers et l'**Ordre de Melchisédec**. Ils admettent pour emblème "trois soucoupes volantes et un éléphant blanc". Parfois ce dernier se réduit initialement à une seule soucoupe timbrée de sept étoiles. Il faut noter que certains membres de l'Ordre en viennent d'autre part à détruire des crucifix, car "le Pape a interdit aux évêques de donner la vérité au public"…
Selon Cyna Lokiec, prêtresse pour la France de "l'Empire de l'univers" et chevalier du Royaume royal de France, l'**Ordre de Melchisédec** serait donc une "organisation diplomatique internationale et interplanétaire qui fonctionne directement avec les chefs d'Etats". Au cours d'un message daté de 1973, des "extra-célestes" vont également révéler à Cyna Lokiec que "Michel Rocard fait alors partie du gouvernement divin, car il est pur".
En effet, "les extraterrestres sont déjà parmi nous. Ils occupent des emplois boudés par les Français — éboueurs par exemple — quand ils ne sont pas sur le point d'accéder à la magistrature suprême. C'est le cas de Michel Rocard, injustement considéré comme le simple leader de la « gauche américaine », alors qu'il doit être le premier extraterrestre de l'histoire appelé à diriger la nation française". D'autres extraterrestres sont "gros, joufflus, comme Pierre Mauroy".

Sur les cartes d'adhérents de l'**Ordre de Melchisédec,** il est expliqué le principe de la Méditation du prince de Melchisédec. Il y est même rappelé que celle-ci peut aussi être apprise "à n'importe qui le voudra pour une meilleure santé, y compris à nos animaux favoris, car les animaux viennent d'une planète spéciale où ils ont les mêmes dons que nous".

Au mois de juillet 1975, un tract présentant l'acteur Steve McQueen comme "le chef de tous les Extraterrestres ou Anges" est diffusé dans la Capitale.

Mais, en 1980, le véritable "Grand maître de l'**Ordre de Melchisédec**" se trouve pour sa part "à l'asile psychiatrique de Saint-Maurice, à Charenton"...

Enfin si l'on en croit, toujours vers 1980, les écrits émanant de l'**Ordre de Melchisédec,** "le général de Gaulle n'est pas mort à Colombey-les-deux-Eglises. Sa tombe est vide. Il n'est pas mort. Il était en catalepsie et les Elohim l'ont ranimé. Le général de Gaulle reviendra, réapparaîtra donc au monde, l'année prochaine. Le général de Gaulle se placera sous l'autorité de Michel Rocard quand ce dernier sera chargé de diriger le monde. Le général de Gaulle n'est jamais mort, en fait. Il diffusera, expliquera, enseignera la Vérité spirituelle des Elohim au monde entier, tandis que Michel Rocard, chargé du gouvernement mondial, guérira les plaies. Le général de Gaulle sera donc le disciple de Michel Rocard". Un bulletin ronéotypé explicatif est d'ailleurs adressé à chaque adhérent.

Enfin il convient de ne pas confondre cette modeste structure avec l'Ordre universel de Melchissedech (OUM), discret "organisme-pivot" situé dans la mouvance "rosicrucienne" de l'Ordre souverain du temple initiatique (OSTI).

Ordre de Saint-Louis
Ce mouvement, fondé en 1939, accueille encore en 1979 "des jeunes gens à la recherche d'un nationalisme ardent".

Ordre des chevaliers de France
Ordre chrétien, parfois qualifié d'intégriste, marqué, vers 1975, par un profond anticommunisme (doublé d'une hostilité marquée au pape Paul VI) et une solide volonté de créer une académie de Chevalerie.

Son bulletin, édité depuis la Meurthe-et-Moselle, s'intitule alors *Les Cahiers du Manteau d'Azur*.

Ordre des chevaliers de la paix de Dieu

Groupe fondé dans les années soixante-dix autour de Marie Bencquey, surnommée la ″Jeanne d'Arc des pieds noirs″.

Il faut dire que cette dernière se fixe alors pour mission ″la délivrance du pape Paul VI dont elle affirme qu'il est prisonnier dans les caves du Vatican″. En effet, ″un sosie usurpateur aurait pris sa place″…

Ordre des chevaliers de la table ronde

Ce groupe juvénile serait proche de la **Nouvelle acropole-France** et viserait à faire redécouvrir aux adolescents ″les anciennes traditions françaises à travers une formation artistique et gymnique à caractère récréatif″.

On y étudie notamment l'héraldique, et la broderie afférente (pour les jeunes filles).

Ordre druidique d'Arvernia

Réapparu en 1978 dans le Puy-de-Dôme, et déclaré légalement à Riom en 1996, l'**Ordre druidique d'Arvernia** met l'accent sur ″la foi druidique et primordiale, le culturel régional, les sciences et techniques appliquées″.

L'attachement ″à une doctrine politique ou religieuse centralisatrice et réductrice, nivelante et mondialiste″, est interdit. Le christianisme est, bien sûr, directement visé ici…

Ordre du Grand Occident

Mystérieuse et hypothétique société secrète occidentale, l'**Ordre du Grand Occident** semble se réclamer, vers 1976, d'une filiation templière. Son siège serait alors basé à New York et l'on y serait proche de l'**Opus Dei**.

Des documents émanant de sa direction suprême, et interceptés à Nice, prouveraient que l'**Ordre du Grand Occident** entretient, d'une part, des relations avec ″une des filiations qui, en Europe, se réclame d'une transmission remontant aux chevaliers du Temple″ et, d'autre part, ″en Extrême-Orient, avec le cercle le plus intérieur de la Triade″.

Une filiation idéologique avec le Grand Occident de France (GOF), une ligue antisémite et antimaçonnique française fondée par le journaliste antidreyfusard Jules Guérin en 1899, est également envisageable.

Ordre du Paraclet
Confrérie "d'esprit apostolique et chevaleresque" née, en 1992, des travaux de l'écrivain chrétien Henry Montaigu et visant, dans la lignée de *La Place Royale*, à "resserrer les liens entre ceux qui soutiennent activement le combat de défense et d'illustration du patrimoine spirituel de la France chrétienne". On y lutte (selon une approche résolument guénonienne) contre certains mouvements "pseudo-spiritualistes de caractère parodique", principalement de type "New Age", et pour que se fassent jour "des possibilités de constitution d'une « élite » consciente et située au-delà des clivages du modernisme et des formes usées ou caduques qui altèrent l'ordinaire résistance du traditionalisme". Bien entendu, l'**Ordre du Paraclet** déplore "les réformes liturgiques et doctrinales malheureuses qui ont suivi le concile Vatican II et la très notable « diminution d'autorité » qu'a subie le Saint-Siège".

Henry Montaigu, né en 1936, décède soudainement le 2 octobre 1992. On qualifie parfois son œuvre "d'ésotéro-occultiste".

Ordre du temple solaire (OTS)
Voir **Organisation chevaleresque internationale Tradition solaire (OCITS)**.

Ordre fraternel européen des druides et chevaliers du Tribann (ou **Grande clairière de l'Asgard**)
Basée en Charente-Maritime et fondée en 1989 par Serge Bourrez-Blaudelz, cette "clairière" (autonome depuis 1992) met l'accent sur la religion, la philosophie et la culture. Ses symboles principaux sont la croix druidique et le triskel. On y organise périodiquement "un rassemblement annuel des amis du druidisme". La cérémonie s'y articule en deux temps : celui du premier ordre (religieux) et celui du second (chevaleresque).

Par contre l'adhésion au marxisme ou au christianisme est totalement prohibée au sein de la **Grande clairière de l'Asgard**.

Ordre impérial souverain de Constantin le grand
Don Eugénio Lascorz, initiateur de l'Ordre, a soutenu sans cesse que son grand-père était un prince forcé de trouver le salut dans l'exil "en raison de l'appui qu'il avait donné aux Grecs pendant leur guerre d'indépendance (1822-1830)". Les dupes sont nombreuses en France et en Grande-Bretagne, et les insignes afférents s'y diffusent si bien que "les choses se gâtent après la mort d'Eugénio Lascorz, en 1962, lorsque le Saint-Siège effectue de discrètes mais fort efficaces pressions sur le généralissime Franco pour que soit mis un terme aux activités frauduleuses de la tribu". Cependant, la Guardia Civil, "mise en émoi par une pluie de plaintes émanant de Rome", et soumises aux demandes incessantes d'Interpol, en est pour ses frais… Les instigateurs de ce canular juteux sont désormais à rechercher au Vénézuela, ou en Colombie.

Ordre rénové du temple (ORT)
Organisation néo-templière — nouvelle milice du Christ — fondée à Chartres au mois de septembre 1968 et admettant ensuite comme grand-maître un homme marqué par l'extrême droite (d'où son méchant surnom d'Eurogaz) et par la Collaboration, Julien Origas (dit également Hugues de Payens et Humbert de Frankenbourg, 1920-1983).

La phase exotérique, ou officielle, de l'**Ordre rénové du temple** commence cependant en 1970.

L'**ORT** voit dans le Christ "le point de sublimation de la Tradition venant de l'Atlantide, l'Egypte, la Grèce, la Palestine, du druidisme et du christianisme". Cette structure "templière" veut être, en fait, "le gardien de l'ésotérisme chrétien, c'est-à-dire de l'ésotérisme universel"… La "pieuvre marxiste" est ainsi un des grands sujets d'inquiétude de l'Ordre. La réputation du groupuscule (de plusieurs centaines de membres, cependant) est, en fait, d'être "plus préoccupé de combattre le communisme par tous les moyens que de servir pauvrement le Christ".

"Vous devez rechercher", dit Julien Origas à ses adeptes, "des refuges, des caches, des abris (grottes, souterrains, ruines anciennes sous lesquelles des abris pourront être construits) dans lesquels vous pourriez vous réfugier durant quelques jours". Il faut alors également assurer un "contrôle total obligatoire de la démographie, l'internationalisation du pétrole, des ressources des sous-sols, la création d'une unité monétaire internationale placée sous l'autorité de la chevalerie"... En décembre 1974, une partie des "cadres templiers", inquiète de cette dérive extrémiste et brouillonne, rompt avec l'**ORT** et fonde l'Ordre du temple ressuscité. En 1975 éclate encore l'affaire des tracts furieusement anticommunistes, dirigés contre les "barbares slavo-mongols, zélateurs armés du matérialisme athée", stockés par centaines chez Julien Origas et signés Mi-Ka-El.

Lorsque le grand-maître Origas décède, le 20 août 1983, le docteur Luc Jouret (coopté par Joseph Di Mambro) lui succède mais, entré en conflit avec l'**ORT**, ce dernier le quitte au début de l'année 1984 afin de structurer l'**Organisation chevaleresque internationale Tradition solaire**, puis l'**Ordre du temple solaire**. Il entraîne avec lui sans doute plus d'une cinquantaine d'ex-membres (parmi les plus influents) de l'**ORT**. La représentation martiniquaise est ainsi, par exemple, rendue totalement exsangue.

Au seuil de l'an deux mille, l'**ORT** ne compte finalement plus, en France, que deux ou trois cents membres. Sa devise s'écrit ainsi : "Consacrer sa vie à la Vérité". On le dit parfois lié à une mystérieuse organisation internationale baptisée La Déesse blanche Angela.

Ordre sacré de l'Emeraude

Groupuscule "sataniste", mais sans doute essentiellement luciférien (c'est-à-dire considérant l'Ange révolté comme une puissance bienfaisante), auquel semblent être liées trois personnes condamnées, en octobre 1997, pour avoir profané une tombe — chrétienne — toulonnaise, au mois de juin 1996. Selon le procureur d'Aix-en-Provence, ces derniers pourraient être simplement "de petits jeunes du coin, fêlés dans leur tête, qui formaient une confrérie d'adeptes de hard rock, tous attachés à des idées sataniques, démoniaques, moyenâgeuses". Ils seraient "sans appartenance à un parti politique, nazi ou antisémite" et nieraient "tout rattachement à une idéologie".

En effet, il est vrai que Toulon ne figure pas parmi les trois villes alors jugées être très accueillantes au Sabbat, c'est-à-dire Nice, Lyon et, bien sûr, Paris.

Mais l'on y trouve "certains milieux intellectuels aisés et, est-il besoin de le préciser, très fermés". L'**Ordre sacré de** l'**Emeraude** aurait ainsi été fondé ″par un dénommé Antithéos, demeurant rue Diégo-Suarez, à Toulon″. Ce mouvement serait issu de la tradition germanique du Graal car, ″dans cette tradition, l'émeraude verte est considérée comme la « pierre de Lucifer », qui était sertie sur la couronne de l'ange rebelle. Dans sa chute — selon les anciennes croyances — Lucifer perdit cette mystérieuse émeraude. Les fils de Lucifer se trouvèrent dès lors investis d'une mission sacrée : retrouver l'émeraude verte, au terme d'une quête semée d'épreuves violentes, de pactes avec les morts, par-delà le bien et le mal″.

Les membres ″choisissent librement leurs moyens de combattre, dès lors qu'ils agissent diaboliquement″. Pourtant, les classes populaires toulonnaises ″n'ont, semble-t-il, jamais été atteintes par ces pratiques″.

Des connections peuvent cependant exister, alors, avec le très lointain et très sulfureux groupe Black Order basé… en Nouvelle-Zélande.

L'emblème de ce vaste courant souterrain serait ″un svastika orné de flammes symbolisant l'aspect luciférien″.

Ordre Saint-Georges

Cette société secrète militaire a pour but, en 1958 et avant, de ″militariser le monde, qu'il soit occidental ou communiste″. L'Ordre n'admet, pour cela, que certains officiers supérieurs ou généraux…

Bien entendu, lorsqu'un officier appartenant à l'**Ordre Saint-Georges** est à la retraite, il cesse d'en être membre actif.

En France, ce mouvement compterait, en 1979, trois cents membres et il serait articulé en trois grades : les Blancs (chargés de la propagande), les Verts (chargés des affaires mondiales) et les Rouges (membres du centre de décision).

Ordre souverain du temple solaire (OSTS)

La ″résurgence″ de cet ordre templier, qui affirme remonter à Hugues de Paynes (le fondateur du Temple), fut discrètement consacrée au château d'Arginy, dans le Rhône, le 12 juin 1952, à vingt-trois heures... Mais la déclaration officielle date du mois de juin 1967. Des membres s'en détachent rapidement afin de fonder l'**Ordre rénové du temple**.

L'**OSTS** désire, pour sa part, "affirmer la primauté du spirituel sur le temporel, de l'esprit sur la matière, notamment par la foi en Jésus-Christ". L'Ordre est anticommuniste et il reproche notamment aux socialistes marxistes "d'avoir toujours commis l'erreur de jeter le bébé avec l'eau du bain, en d'autres termes de détruire la spiritualité en même temps que l'appareil clérical". Mais il peut se montrer, également, fort agressif envers les autres chrétiens, car "le Christ et son Evangile ont été trahis". Une première manifestation publique a lieu, le 30 septembre 1973, en Alsace, au Mont Sainte-Odile.

Pourtant, même si tout cela "tient de la caserne ou du couvent", on y est prié de laisser "ses armes au vestiaire". Cependant, "le membre doit prévoir, pour son passage au premier grade, une robe blanche dans un tissu de lin dont les frais d'achat sont à sa charge".

Le petit millier de membres de l'**OSTS** ne se considère cependant ni conservateur, ni fasciste, même "s'il affirme avec vigueur des vérités qui mettent en cause le libéralisme, le laisser-aller, la facilité et le nivellement par le bas". Tous s'inscrivent au sein de neuf provinces, comportant diverses commanderies. Mais les points forts sont situés dans le Bas-Rhin et à Monaco (où il fut reconnu par le prince Rainier III dès le mois de juin 1967).

L'héritage politique et spirituel de l'**OSTS** est repris, en partie, par le docteur Luc Jouret, afin de structurer, au début des années quatre-vingt, la tristement célèbre **Organisation chevaleresque internationale Tradition solaire**.

Ordre souverain et militaire du temple de Jérusalem (OSMTJ)

A la fin du mois de septembre 1970, sous l'Arc-de-Triomphe, une quarantaine d'hommes en manteau blanc (frappé de la croix pattée templière) vient se recueillir. Il s'agit de l'Etat-Major de l'**Ordre souverain et militaire du temple de Jérusalem**, une résurrection de l'Ordre du Temple datée de 1932 mais dont les racines sont sans doute à rechercher... en 1808.

Jusqu'en 1970, cet ordre ne dispose pourtant, au sein de l'Hexagone, que d'effectifs "squelettiques", lesquels sont finalement regroupés sous la férule du général Antoine Zdrojewski, "un Français d'origine polonaise qui exerce les fonctions de Grand Prieur". Il s'agit d'un authentique résistant.

Vers 1969, l'**Ordre souverain et militaire** attire en effet l'attention des services de renseignements dits ″parallèles″. Un certain Charly Lascorz, ancien dirigeant national du Service d'action civique (SAC) est alors chargé de noyauter ce mouvement ésotérique. Le SAC est, rappelons-le, une organisation parapolicière, à la fois service de renseignement et d'action, sensée servir les intérêts du parti gaulliste…

Zdrojewski poussé en avant est ensuite marginalisé et, rapidement, son ordre ne représente plus qu'une source de renseignements politico-économiques et de profits à l'échelle européenne. En fait, le fichier de l'Ordre ″constitue une réserve de clients pour une officine de chantage, l'ETEC (Société d'études techniques, économiques et commerciales)″. Les locaux parisiens de l'ETEC en deviennent même une des commanderies. La France elle-même est alors quadrillée par ces curieuses commanderies…

Les liens avec le Service fédéral (allemand) de renseignement sont établis, car le fichage des groupes polarisés à l'extrême (de droite comme de gauche) est un des préalables afin de lancer ″une nouvelle croisade, à l'échelon international, contre le marxisme et les forces révolutionnaires″. Une organisation-écran, sorte de parti politique tout entier dévolu à Charly Lascorz, l'Union pour la défense des libertés et du droit (UDLD), chapeaute alors l'ensemble. Des liens sont tissés avec la Grande loge nationale de France.

En France, en décembre 1971, la police met fin concrètement aux activités de l'**OSMTJ**. Le discrédit est jeté sur l'Ordre et, le 23 août 1973, un décret signé du général Zdrojewski et de l'ex-Secrétaire général à la jeunesse de Vichy, Georges Lamirand, décide la dissolution de son Grand prieuré français.

Une partie des adhérents rejoint la **Ligue des templiers modernes de Jérusalem**, ″fondée à Paris le 22 juin 1970″ et tenue par un individu surprenant, Jacques de Guisel. La présence du Service d'action civique y est patente. Il semble que sept mille adhérents choisirent cette option.

D'autres, tel Joseph Léonce Di Mambro sont promis à un avenir tragique.

Pourtant, depuis le mois de février 1975, une nouvelle Commanderie générale de l'Ordre a repris ses activités depuis le dix-septième arrondissement parisien.

Quant au Service d'action civique, il est promptement interdit en 1982 (après avoir cependant tenté d'implanter en France, à l'automne 1974, l'Ordre souverain des hospitaliers de Saint-Jean de Jérusalem, Chevaliers de Malte)…

L'**OSMTJ** renaissante est pour sa part décrite, en 1990, par les Renseignements généraux, comme constituant une "organisation de type néotemplariste, ésotérique, élitiste et d'extrême droite". On y trouve des militaires en retraite, quelques fonctionnaires de la police nationale, des professeurs de sports de combat, etc. Son organigramme se confond parfois avec celui du Mouvement initiative et liberté (MIL), lequel à pris le relais du SAC le 17 novembre 1981 et vise à "essayer d'empêcher que, après s'être emparés du pouvoir politique, les sociaux-communistes ne mettent définitivement la main sur les esprits et les structures de la France". En effet, il faut "gueuler la vérité aux Français".

Il s'agit bien, ici, de lutter contre "le matérialisme athée, les pseudo-cultures exotiques, la dégénérescence morale, le laxisme, la soumission de l'homme au machinisme, l'effondrement de la famille et de la foi". On peut rapprocher de cette structure **OSMTJ** le Grand prieuré national de France des Templiers de Jérusalem de l'OSMTH/**OSMTJ** tardivement déclaré, le 11 septembre 1995, à la sous-préfecture de Boulogne-Billancourt…

Ordre souverain, militaire et hospitalier de Saint-Thomas d'Acre

Relancé, à la fin des années soixante, par un Italien "plus connu des tribunaux que du Gotha international" cet ordre attire alors, comme un aimant, Armand Belvisi (un ancien membre de l'OAS) ou Jacques Médecin, "anticommuniste convaincu et farouche".

Ordre templier du saint sauveur du Mont'Réal

Ordre chevaleresque (ou ordre équestre) se voulant empreint de catharisme et localisé, durant les années soixante-dix, dans le troisième arrondissement parisien. Fondé en 1970 par le "comte" Girond-Flandres, il se targue rapidement de détenir l'adhésion de certains haut-fonctionnaires. Cette structure est cependant très proche d'une "commanderie" belge alors basée à Arlon, d'où cette dernière diffuse un organe écrit intitulé *L'Autre Chemin*.

Selon l'**Ordre templier du saint sauveur du Mont'Réal**, "aujourd'hui la main d'un nabot, d'un scrofuleux, d'un ivrogne ou d'un dément sur une gâchette, fauche, cachée derrière un roc, tous ceux que lui désigne l'incognito créateur de néant. Demain, un asexué évanescent, joint au bec, en une pulsion paroxistique, d'un doigt carminé appuiera sur le bouton apocalyptique ! Las ! Malgré les apparences, plus que jamais le monde a besoin de chevaliers. La violence politique a utilisé cette espérance et ce besoin de justice et de justicier, mais il est faux que le désordre crée l'Ordre, il ramène l'Ordre".

Le 22 avril 1972, l'**Ordre templier du saint sauveur du Mont'Réal** organise, au Palais du Luxembourg, "une séance d'adoubement et de promotion dans l'Ordre, suivie d'un grand banquet". L'un des proche du "comte" est alors Jean-Gilles Baudin, un ancien du Service d'action civique "précédemment radié de l'ordre de Malte à la suite de l'escroquerie des « emprunts Pompidou », prétenduement destinés à soutenir l'action du président Pompidou (en fait destinés à s'assurer de confortables revenus)".

Un diplôme de chevalier de l'**Ordre templier du saint sauveur du Mont'Réal** "coûte" alors environ deux mille francs.

Ordre vert

Cette véritable secte "celte" luciférienne, d'origine belge, aurait été fondée le 6 décembre (ou 6 septembre) 1970 et célèbre le culte du dieu solaire mazdéen Mithra. Sa symbolique comprend la couronne, le marteau et l'effigie du bouc. Lors de la pratique du rite, ses membres sont vêtus de blanc "avec une croix verte sur l'épaule". Généralement, "les participants arrivent vers minuit, l'heure du sabbat, moment où le soleil est à son point le plus bas".

Certaines sources qualifient cette secte de néonazie.

L'**Ordre vert** ne craint pas, en effet, de s'affirmer élitiste et, même, raciste, car "la pureté du sang et des coutumes est l'une des choses à défendre, la pureté du sang pouvant influencer le comportement d'un individu : il faut bien admettre que les chromosomes d'un Aryen diffèrent de ceux d'un Bantou"... De plus, l'**Ordre vert** doit lutter "contre les « fils du Dragon noir », communistes, matérialistes, tarés, etc., pour que revienne le temps de notre race et son culte solaire". Car, "il est indispensable d'unir toutes les forces polaires et solaires avant l'ère du Verseau, et il faut que l'homme nouveau — le surhomme — se tienne prêt à prendre le destin de l'humanité en main, car lorsque le moment le plus critique de l'Age noir sera venu, il n'y aura plus qu'un seul porteur de la flamme : Nous. Il nous faut donc créer un ordre de chevalerie aryen, et former une élite de Supérieurs détenant les secrets que possédaient nos ancêtres de l'Empire polaire".

Dans une interview, un membre de l'**Ordre vert** affirme également que le mouvement luciférien pratique, "en cas de faute, la flagellation ou des séances d'humiliation". L'Ordre comprend, en 1979, plus de cinquante adeptes et son Maître est Claude Déplace (ou Bugat, dit "la Chose"). L'ensemble se rapproche sans doute très fortement d'une communauté de dix-huit membres, bizarrement intitulée Les Fils de la Ténèbre, installée durant quatre années en Côte d'Or (à Poiseul-lès-Saulx)… et qui semble s'y faire subitement oublier en 1978.

Au sujet de cette communauté de Poiseul-lès-Saulx, le père de l'un des jeunes adeptes déclare alors que "plusieurs d'entre eux se sont infligés des brûlures de cigarettes sur les bras, mais c'était pour éprouver la douleur et tenter de la maîtriser. Bien sûr, c'est singulier, mais les moines ne s'infligeaient-ils pas autrefois la « discipline » ou le silice, et on ne parlait pas de sévices". Ainsi, il faut permettre à l'adepte luciférien "de s'affronter lui-même au terme d'une sorte de « parcours du combattant occulte »… Chaque épreuve étant une étape à dépasser, un degré à atteindre : longues marches (…) dans la neige pour vaincre le froid, épreuves physiques du feu, brûlures volontaires sur les avant-bras pour vaincre la douleur… Epreuve de l'eau, de l'air, sous forme « d'asphyxie contrôlée », épreuve de la terre au cours de laquelle les adeptes s'ensevelissent pendant plus de huit heures, seule la tête émergeant du sol".

Lors des solstices, Claude Déplace "égorge un coq (noir) sur le corps d'une impétrante allongée, nue, sur une dalle de pierre. L'officiant veille à ce que le sang du malheureux gallinacé couvre bien le ventre et les seins de la dame".

Les paysans bourguignons s'inquiètent lors de la vision de telles scènes. On parle même de mutilation et la presse française, puis ibère, s'empare immédiatement de l'affaire des Fils de la Ténèbre….

Il est évident que l'**Ordre vert** se confond enfin partiellement avec l'**Ordre vert druidique de la Fraternité du soleil celtique** de René Lixon. Il est théoriquement dissous à la fin des années soixante-dix après s'être inscrit dans une mouvance comprenant notamment la Grande loge du dragon d'acier, l'Organisation Myriam, les Amis de Lucifer, la **Grande loge du Vril**, les **Fils du feu** ou l'**Ordre vert celtique**.

Ordre vert druidique de la Fraternité du soleil celtique (ou **Ordre vert celtique**) Ordre fondé, en partie, en 1970 par René Lixon (Ronan ab Lug) en Belgique mais rayonnant également sur la France. Il recueille après 1970 l'héritage de la Fraternité du soleil celtique, initialement basée dans l'Oise et créée par l'archidruide Maen Marc'h.

En effet, Maen Marc'h (Pierre-Marie Beauvy de Kergaëlec) a fondé "un ordre maçonnique et druidique rectifié de la Rose-Croix occidentale et du Graal d'Hyperborée", complété par un bulletin intitulé *An Heol Keltiek*... Décédé en 1976, il est également l'auteur d'un volumineux cahier de **Keltia** intitulé *Racisme et culte de la race* et d'une charte en neuf points, dite du "Celtisme moderne", à laquelle plusieurs revues auraient donné leur accord.

L'**Ordre vert druidique** bruxellois est pour sa part connu, vers 1979, sous le nom d'Union mondiale de la rose d'or. Cet ensemble politiquement extrémiste trouve une seconde partie de ses origines dans le Mouvement Ambiorix, lancé en 1962.

Des liens sont également tressés, dès 1975, avec Julien Origas (le grand-maître de l'**Ordre rénové du temple**).

L'accent est mis sur le néo-paganisme et le retour du roi Arthur et il faut, pour y entrer, être "indo-européen idéaliste de plus de sept ans". En 1980, l'**Ordre vert druidique** regroupe environ deux cents fort jeunes membres (dont une cinquantaine de femmes) et diffuse un bulletin trimestriel, *Lug*, lequel se prononce "contre le fanatisme et le mensonge, les états totalitaires, les faux dogmes des religions d'imitation et la destruction de nos valeurs" et propose, même, "un enseignement druidique, persan et mongol" ! On y étudie les symboles du svastika celtique (ou hevoud), du triskel et du tribann (trois traits convergents et dirigés vers un point élevé). On y recherche enfin, selon la tradition irlandaise, "les îles vertes, les îles fortunées où se situe le Paradis". En effet, "le peuple des « verts » recherche le Graal, l'Emeraude sanctifiante".

Le costume rituel comprend "saie et voile". Il est bleu pour les bardes, vert pour les ovates et blanc pour les druides.

En février 1982, l'**Ordre vert druidique** est également très actif lors du Premier congrès européen luciférien, tenu à Paris (rue Jean Goujon, à la Maison des Centraux) et qui regroupe plusieurs dizaines de "sorciers". Il s'y trouve en compagnie des Témoins de Lucifer (menés par Jean-Paul Bourre, apôtre de la Renaissance noire et intéressé par la Lucifer G. allemande), de la loge Lucifer-Lilith, de la Golden Dawn française, de la British Occult Society, des Fils de la Ténèbre (**Ordre vert**) et, même, du Juicio Negro (Le Jugement noir) de Barcelone. Une première "messe rouge fut célébrée dans la clandestinité, dans un cimetière de campagne, quelques jours avant le congrès". L'ensemble doit par ailleurs se conclure, sur Paris, "par une messe rouge avec sacrifice de sang. But : le réveil du vampire d'Highgate. Jean-Paul Bourre, l'Ordo Argenteum Astrum et David Farrant célébreront cette messe, interdite sur Antenne 2". La Société protectrice des animaux, inquiète à l'idée d'un possible sacrifice de gallinacé, transforme finalement la cérémonie luciférienne en fiasco...

Pour faire court, l'**Ordre vert druidique** propose alors surtout "une initiation composite, templière, mithriaque et druidique, avec une copieuse sauce écologique en accompagnement". Son emblème est une rose inscrite dans une étoile à huit pointes rayonnante.

Organisation chevaleresque internationale Tradition solaire (OCITS)

L'**OCITS** naît le 21 mars 1981 en Suisse et se structure, dès 1984, dans la mouvance animée par le docteur Luc Jouret comme étant une nouvelle résurgence de l'**Ordre souverain du temple solaire**, fondé le 12 juin 1952 à Arginy. Elle prend alors la dénomination d'**Ordre du temple solaire (OTS)**. Elle est aussi désignée sous les initiales TS pour Temple solaire, Ordre TS ou Tradition solaire. On la présente, également, comme constituant la suite logique — ou une "resucée", selon ses détracteurs — de l'**Ordre rénové du temple (ORT)**.

Il s'agit donc d'un ordre néo-templier, et non d'une secte. Le but est de changer la face du monde, et de phagocyter les hautes sphères de la société à la manière des lobbies. L'organisation, classique en termes d'occultisme, y est encore pyramidale. Ses liens avec les clubs **Archedia** ou Atlanta et, leurs ancêtres, les clubs Amenta (qui étendent leurs toiles sur toute la Bretagne, grâce au fichier de l'association soucoupiste **Spirale**) sont avérés. Un suisse, Joseph Di Mambro, y joue le rôle d'un homme de l'ombre "ayant la haute main sur les finances du mouvement". Sa fondation Golden Way, bien que fondée en 1978 et détachée de l'**OTS** sur un strict plan administratif, en constitue en fait une sorte de "quartier-général".

Le docteur Luc Jouret dresse, pour sa part, un véritable paravent scientifique aux activités ésotérico-occultistes de l'**OTS**. Mais il fut également un des correspondant du Gladio (une structure anticommuniste liée à la CIA) dans les années soixante-dix.

En 1991, l'**OTS** prend ainsi, au Québec, la dénomination d'Académie pour la recherche et la connaissance des hautes sciences (ARCHS). La totalité des membres y sont "des chefs de file dans leur entreprise ou leur profession, de même que sur le plan social".

Acculés par de nombreuses polices et le fisc, Di Membro et Jouret accumulent finalement, vers 1993-1994, des capitaux, des armes et de la nourriture, et font construire "des abris souterrains supposés résister à l'Apocalypse". L'embrigadement est avéré et l'on entretient chez les membres de l'organisation "la fierté d'appartenir à une élite".

En août 1994, l'**Ordre du temple solaire** devient l'Alliance Rose Croix (ARC), au fonctionnement censé être plus souple et déconcentré. Mais, "si la structure change de nom, à sa tête, on constate un bel immobilisme"…

L'**OTS** connaît finalement, le 4 octobre 1994, une immolation collective de 48 personnes à Cheiry (canton de Fribourg) et aux Granges de Salvan (Valais), conjointement à la découverte de cinq morts à Morin Heights (Québec), au nord de Montréal.

Le 23 décembre 1995, seize adeptes (dont trois enfants) sont découverts, brûlés, dans le massif du Vercors. Puis, le 22 mars 1997, cinq adeptes sont encore retrouvés morts dans une maison en flamme située près de Québec.

En tout, L'**OTS** compte donc 74 "suicidés"…

La revue de l'Ordre s'intitule, en 1983, *Excalibur-L'Epée* et devient ensuite *Excalibur : un regard de lame*. A propos de la famine en Ethiopie, on pouvait y lire, en 1984, une édifiante analyse : "Quand même, quel malheur, tous ces gens qui meurent, ces enfants. Ce doit être kharmique. Qu'est-ce qu'ils ont dû faire comme saletés ceux-là, dans leur vie passée, pour naître là-bas".

Les lames des épées sont gravées du nom du récipiendaire, et comportent la formule "Non nobis Domine" (Non pour nous, Seigneur).

Organisation des vikings de France (OVF)
L'**OVF**, nouvelle mouture du groupe ésotérique et néonazi conduit par Jean-Claude Monet, est déclarée à la Préfecture de police de Paris le 22 novembre 1962. Elle prend ainsi, provisoirement, la suite des **PNSOF, Fraternité de la croix gammée** et autres **OSS**... et est liée avec la Wiking Jugend allemande et autrichienne. Lors des camps afférents, ces quelques milliers de jeunes militants s'échangent des insignes, des runes Odal et, surtout, des adresses.

L'**OVF** entretient donc des rapports étroits avec l'Internationale Wiking Bewegung, ou Mouvement Viking international (dont l'emblème est une rune Odal ou, parfois, un aigle sur fond de soleil levant).

Sous cette influence, en décembre 1962, la rune Odal remplace définitivement la croix gammée dans les publications de Jean-Claude Monet. Ce dernier se dit alors, pour sa part, "l'héritier du Führer, fils de Maître Maçon, initié à l'occultisme, fils de Thulé"... et il cherche à s'allier "au roi souterrain et à ses représentants asiatiques". La rune Odal est, selon lui, "la synthèse du svastika sénestrogyre, utilisé par le grand conquérant mongol Genghis Khan, et du svastika dextrogyre, arboré par Adolf Hitler".

Organisation du Svastika (OSS)
Nouveau nom de la **Fraternité de la croix gammée** (animée par Jean-Claude Monet) après son autodissolution survenue au mois de février 1962. Pour entrer à l'**OSS** il faut se soumettre à l'établissement d'une fiche "raciologique", prêter un serment de fidélité devant deux témoins et payer une cotisation mensuelle de cinq nouveaux francs.

Le bulletin afférent, à parution fort irrégulière, s'intitule toujours *Le Viking* mais le groupe de quelques centaines de nostalgiques marque cependant, à présent, sa solidarité avec ses "frères musulmans, kabyles et arabes" puis avec son "vénéré ami le Grand Muphti de Jérusalem et l'Islam éternel". Ce bulletin (fort iconoclaste au sein de l'extrême droite et des milieux de l'Algérie française) semble alors bénéficier, de plus, de l'appui politique, idéologique, et sans doute financier, d'anciens membres français de la Waffen SS.

Le groupuscule **OSS**, extrémiste de droite et pro-musulman, est donc fort violent et, lors du bouclage d'une partie du boulevard Victor-Hugo, à Alger le 16 mai 1962, les gardes mobiles purent saisir dans ses locaux des armes automatiques et des grenades.

Il est cependant troublant de voir encore flotter, de nos jour, un svastika — ou "cyclone" — de couleur rouge, et à peine "orientalisé", sur les bastions du Parti populaire syrien…

On note d'autre part que OSS est également le sigle d'une agence de renseignement du gouvernement des États-Unis durant la Seconde Guerre mondiale.

Organisation mondiale armaniste (ORMA)
Mouvement ésotérique fondé, au mois de juillet 1966, par le militant néonazi Jean-Claude Monet. Un des objectifs de l'**ORMA** est de diffuser un ouvrage publié à compte d'auteur par monsieur Monet et intitulé *Koran-999, dogme rituel de la religion armaniste* : "Soixante-douze pages, vingt-trois chapitres et 1716 versets. Il n'y a aucun nom d'auteur mais, en page de garde, les initiés remarquent le portrait de Monet".

Le relais est pris, dès le 23 janvier 1969, par la **Grande loge du Vril**.

Déçu par le faible impact de ses écrits, l'auteur disparaît ensuite à l'étranger (en Allemagne, en Tchécoslovaquie ou en Islande) quelques mois plus tard. Au sein de la droite hexagonale, on le donne alors pour mort… mais il revient en France et fonde, le 21 décembre 1975, le mouvement National-socialisme international, ou NSI.

Un des objectifs de ce NSI est "de se préparer à la destruction du judéo-christianisme".

Voir **Grande loge du Vril (GLDV)**.

Orioc
Revue parisienne axée sur "l'Orient et l'Occident" et très liée, en 1969, à **Keltia**.

Selon cette publication "il est certain que l'âme de la Gaule se trouve dans ses institutions druidiques et bardiques". En effet, "cela ne fait aucun doute que la France est celtique. Nous sommes peut-être latins par l'éducation et la culture mais nous sommes indiscutablement celtes par la race et par le sang (...). Aujourd'hui, cette âme celte se réveille et prend conscience du rôle qu'elle peut et doit encore jouer si notre vieille Europe veut renaître à une vie nouvelle".

Le christianisme y est, évidemment, voué aux gémonies. Ces travaux émaneraient d'une célèbre musicologue, Madame de Lavandeyra Schöffer.

P

Parcours d'Europe
Cette association ″gréciste″ dispose d'un bulletin lancé, depuis Lyon, durant l'automne 1991. Son but est de ″renouveler et revaloriser le discours sur l'Europe″. En effet, pour faire l'Europe, il faut la connaître, affirme l'éditorial, car ″elle est dans les livres, les sanctuaires, les monuments, les montagnes, les hommes, les ethnies et mentalités millénaires qui la composent″.

L'ensemble baigne surtout dans une mouvance ″traditionaliste révolutionnaire″ fortement païenne et cherche à développer de multiples randonnés culturelles.

La revue afférente, basée dans le Gard et dont le responsable de publication est Bruno Favrit, se nomme également *Parcours d'Europe*. Les auteurs les plus révérés y sont René Guénon et Friedrich Nietzsche, mais aussi Julius Evola et Saint-Loup. On s'y interesse également au Bhagavad-Gîta, à Brocéliande et au ″Parcours païen″…

Parti de la loi naturelle (PLN)
Le **Parti de la loi naturelle** est lancé à Nemours le 8 juin 1992… mais cesse toutes ses activités dès l'année 2001. Il émane du groupe religieux fondé par ″sa sainteté″ Maharishi Mahesh Yogi, gourou de la **Méditation transcendantale**. Dirigé, au sein de l'Hexagone, par Benoît Frappé, le **PLN** prétend notamment pouvoir régler un certain nombre de problèmes de société par la pratique de la lévitation collective. Mais ″le sourire amusé que provoque l'image d'une population en pleine lévitation peut virer à la grimace quand on sait que « dans la nature elle-même, les faibles disparaissent. La non-existence des faibles est une loi de la nature. Maharishi Mahesh Yogi a dit »″. Plus de dix mille adeptes français semblent suivre cette démarche.

Benoît Frappé précise ainsi les circonstances liées à la naissance du **PLN** : ″Je n'y connaissais rien. Alors j'ai téléphoné aux grands partis pour me renseigner… Le Parti socialiste, par exemple. Ils m'ont donné tous les conseils, m'ont envoyé leurs statuts, etc. A la fin, ils m'ont demandé : « Mais au fait, qui êtes-vous ? ». Le Parti de la loi naturelle, je leur ai répondu. « Bon, eh bien bonne chance… », me dirent-ils".

Il faut préciser que peu de mouvements sectaires eurent ainsi l'idée d'utiliser pleinement la législation française en matière de financement de la vie politique hexagonale, bien que celle-ci (avant les lois de 1992 et 1995) soit longtemps restée relativement permissive dans ce domaine. En effet, la **Méditation transcendantale** et le Mouvement humaniste incarnent les très rares exemples "d'organisations sectaires constituées en véritables groupements politiques en France". Pourtant, note avec surprise la Commission d'enquête parlementaire sur la situation financière, patrimoniale et fiscale des sectes, établie (avec beaucoup de retard) en 1998, "cette législation offrait alors aux sectes une reconnaissance publique, une tribune et des avantages financiers qui, sans aménagement des règles, risquaient de favoriser leur développement".

Aux élections législatives de 1993, le **Parti de la loi naturelle** présente des candidats dans cent quarante-cinq circonscriptions et recueille plus de trente-trois mille voix. Puis, le **PLN** récidive pour les européennes de juin 1994. Il y obtient encore plusieurs dizaines de milliers de voix, resserrées sur un programme proposant "de mettre de la cohérence dans la conscience collective grâce à un groupe de 70 000 experts en vol yoguique".

Cependant, sur le plan hexagonal, les progressions électorales sont infimes. Les activités du **Parti de la loi naturelle** cessent donc dès 2001…

Parti des musulmans de France (PMF)

Le **Parti des musulmans de France**, abrégé par le sigle **PMF**, est créé en 1997 à Strasbourg et est fondé sur des valeurs et des principes qui seraient, selon ses membres, les plus partagés par les musulmans de France. Il participe à la vie politique locale et (dans une moindre mesure) nationale française. Groupuscule unissant moins de deux mille membres, il est sorti d'un relatif anonymat en 2004 "grâce au débat concernant le port du voile à l'école"…. Son président est Mohamed Latrèche, "un musulman des plus radicaux, qui n'hésita guère à fréquenter certains milieux gauchistes comme nationalistes".

Parti humaniste (PH)

Association déclarée à Paris le 11 avril 1984, habituellement classée "à gauche" et chargée de la politique sociale d'une organisation d'origine argentine fondée par un ancien président local de la Jeunesse de l'Action catholique (Mario Rodriguez Cobos, dit Silo) : **Le Mouvement**. Il s'agit, ici, de "supprimer la violence, sociale ou personnelle, en transcendant la souffrance par la Paix intérieure et l'Amour".

Immédiatement, le **Parti humaniste** se manifeste bruyamment par des campagnes de peintures murales ou des actions de rue en faveur du désarmement, pour le soutien aux chômeurs et la majorité à 16 ans, contre le racisme et les expulsion d'immigrés... Il se présente notamment aux élections cantonales de 1985 et, porté par les manifestations lycéennes et étudiantes de 1986, aux élections législatives de 1988. Le millier de militants français comprend alors surtout des étudiants et des employés, âgés de vingt à vingt-cinq ans. Tous se réfèrent à la Communauté pour le développement de l'être humain, basée à Paris et diffusent près des universités de nombreux tracts et questionnaires. Lors de leur fête de 1988, les trotskistes de Lutte ouvrière leur offrent même un stand.

En 1989 sera fondée, à Florence, l'Internationale humaniste. En France s'active encore un millier de militants "siloïstes" dispersés entre Paris, Montpellier, Toulouse et Toulon. Le tout est cependant périodiquement secoué de graves débats internes.

En 1993, émerge le mouvement PHARE, lequel regroupe des humanistes parisiens "associés pour un rayonnement européen".

Presque cinq ans plus tard, en 1998, le **Parti humaniste** lance une seconde campagne proclamant "qu'en tant qu'êtres humain, nous sommes en situation régulière sur toute la planète". La récente participation aux élections législatives de 1997, calamiteuse, ne lui a pourtant rapporté qu'un peu plus de 3 500 voix.

L'insigne du **Parti humaniste** est un ruban de Möbius de couleur orange.

La stratégie afférente est simple : "ne pas s'opposer à une grande force, et reculer jusqu'à ce qu'elle s'affaiblisse. Puis s'avancer avec résolution"...

Parti mondialiste de la Nouvelle chevalerie
Basé, en 1978, en Haute-Garonne, ce mouvement affirme alors assez confusément que "devant le gouffre suicidaire d'inepties criminelles, tout peut et doit être sauvé, mais cela ne saurait attendre car l'irréversible arrive à grands pas. Nous vivons la noire féodalité planétaire où les paranoïaques, incapables et autres dingues sanguinaires mènent la galère de notre humanité vers l'Apocalypse finale (…). Plus de frontières-prisons, plus de terreur, plus de vautours, plus de gabegie, de voleurs patentés, d'égoïsme forcené".

La conclusion est, bien entendu, des plus prosaïques : "Apportez votre soutien et votre adhésion à la Nouvelle chevalerie et au Parti mondialiste"…

Parti national-socialiste ouvrier français (PNSOF)
Mouvement néonazi initialement parisien et fondé, le 17 septembre 1961 (vers dix-huit heures trente), dans l'arrière-salle d'un café situé place de la Bastille, par quatre activistes dont Jean-Claude Monet… pour lequel le goût du nazisme "est venu en coup de foudre".

L'appellation **PNSOF** est, évidement, un simple décalque du NSDAP germanique. Le "führer" Monet déambule alors en long manteau de cuir, tandis que les journalistes se précipitent sur ses scéances initiatiques… et sa petite moustache "à la Hitler".

L'organe écrit du groupe s'intitule *le Viking* et son emblème est initialement une croix gammée, puis — bien plus tardivement — une rune Odal. Ce bulletin naît le 20 septembre 1961, est ronéotypé et est sous-titré "périodique de combat du **PNSOF**". Ses positions proches "de ses frères musulmans, kabyles et arabes" le font détester de la majorité de l'extrême droite de France.

L'insigne circulaire afférent, bordé d'une sorte de couronne métallique dorée, comprend une rune Odal noire inscrite sur fond d'émail blanc. Il se présente comme un insigne de boutonnière, ou de cravate.

Le **PNSOF** est vu comme la première étape du lent cheminement politico-ésotique qui devait conduire Jean-Claude Monet vers la création du Club des surhommes en 1985.

Parti nationaliste normand (PNN)

Mouvement politique à caractère antisémite, composé de quelques dizaines "d'ethnistes" normands et parfois qualifié d'odiniste par confusion avec un de ses prédécesseurs. Lancé à Caen le 25 novembre 1982 en tant que "parti nationaliste révolutionnaire", le **PNN** (ou Normand Nationalist Party) possède des liens évidents avec Les Faisceaux nationalistes européens. Son organe écrit s'intitule alors *Stronghold Bastion*, et est sous-titré : "Contre le front rouge et la réaction". La référence au *Horst-Wessel-Lied* est ici transparente. Par la suite, sans doute en 1985, le **PNN** devient **Parti nationaliste normand** et européen. Il se déclare fidèle "aux vertus ancestrales qui sont celles du droit au travail, du respect de la famille, de la philosophie et de la religion qui sont les siennes... contre une Normandie multiraciale et le lobby juif international et mondialiste". Sous la férule de son "kreisleiter du Hringsmark" Joël Tropée (responsable des pays de l'Avranchin), le **Parti nationaliste normand** présente un programme électoral des plus extrêmes : "Nous sommes des combattants normands socialistes nationaux qui défendons les valeurs de la race blanche (…). Nous luttons contre la politique gouvernementale judéo-maçonnique à la solde des bolcheviques et de la juiverie internationale". Certains membres sont des transfuges locaux du Front national.

L'ésotérisme y a parfois droit de citée.

Parti personnaliste républicain 89 (PPR 89)

Ce mouvement politique et celtisant, fondé en 1977 par le "libéral nietzschéen" Pierre Lance, se veut le propagateur de la Démocratie gauloise et du Gaullisme gaulois, "au sein desquels l'être humain pourrait acquérir son indépendance" tout en travaillant "à reconstruire une âme européenne". Son emblème est un coq stylisé et perché sur une petite croix de Lorraine. Il dépend de l'association de lecteurs intitulée la **Septième aurore**, alors également dirigée par Pierre Lance depuis le cinquième arrondissement parisien.

Le **PPR 89** est, localement, soutenu par *Le Monde rural*, lequel encense ce "projet de personnalités républicaines dans l'esprit de 1789 (PPR-89)".

Parti prolétarien national-socialiste (PPNS)

Ce parti néonazi, non déclaré mais conduit par l'infatigable Jean-Claude Monet, prend dès juin 1963, mais plus sûrement après le 15 septembre de cette même année, la suite de l'**Organisation des vikings de France**. Ses frasques, et la complaisance d'une certaine presse, lui attirent alors une (éphémère) visibilité.

En fait, ce "bouleversement" n'est pas immédiat et — avant celui-ci — Jean-Claude Monet adresse le 21 juin 1963, depuis Saint-Clair-sur-Epte, un texte "explicatif" à son "noyau d'initiés" : "Gengis Khan portait le svastika sénestrogyre : il fut Maître de l'Orient ; Adolf Hitler portait le svastika dextrogyre : il fut Maître de l'Occident (…). Initiés ! Vous me reconnaîtrez aux Signes. Je suis l'héritier du Führer, fils de Maître Maçon, initié à l'occultisme ; fils de Thulé, j'ouvrirai l'ère du Verseau qui est celle d'Atlantis. Les Germains du monde entier se dresseront à mon appel".

C'est donc avec le **PPNS** que la rune Odal (pourtant adoptée en décembre 1962) s'est, par ailleurs, véritablement imposée comme emblème propre aux disciples de Jean-Claude Monet.

Le Comité central du **PPNS** est composé, outre Jean-Claude Monet, de Robert Michel (secrétaire général), Hermann Mollat (trésorier) et Jacques Ricordeau (renseignement). Rejetant tout échange commercial avec les "capitalistes", le **PPNS** assure que l'histoire à venir sera celle "de la lutte entre l'espèce germanoïde et les races mongoloïdes, négroïdes et sémites". Dans cette perspective, le parti de Jean-Claude Monet lance également une très prosaïque Fédération syndicaliste française (FSF). Il existe, de plus, une Internationale nordique prolétarienne, de même obédience.

Durant l'été 1964, cinq membres du **PPNS** sont arrêtés pour des larcins commis en Province. La presse pointe alors du doigt ces "blousons noirs nazis". Les mouvements d'extrême droite "crédibles" hurlent, pour leur part, au délire et à la provocation…

Puis, "un beau jour de 1967, et après de multiples scissions, le **Parti prolétarien national-socialiste** disparaît sans tambour ni trompette. Pendant quelques mois, plus personne n'entend parler de Jean-Claude Monet".

Un temps retranché du combat idéologique, féru d'ésotérisme et de voyages initiatiques, Jean-Claude Monet fait pourtant à nouveau "politiquement" surface, le 21 décembre 1975, en animant avec Claude Domino (dit Charles Heinrich) un éphémère groupe National-socialisme international (NSI) "aux structures paramilitaires". L'ensemble tient jusqu'en 1977. On lui reconnaît parfois des liens avec le mystérieux Groupe Joachim Peiper mais il s'agit, en fait, d'un éphémère retour aux sources du défunt **Parti prolétarien national-socialiste**. Bien moins de cent cinquante "adeptes" se portent volontaires.

La porte est désormais close pour les "histrions, ganaches, farfelus et autres imbéciles". Mais soixante activistes, "fanatiques et fanatisés", se laissent finalement séduire par le NSI.

Pourtant, en 1977, Jean-Claude Monet sombre, définitivement, dans un occultisme déroutant et annonciateur (en 1985) de l'émergence du **U-Xul-Klub**, ou Club des surhommes.

Pax Christi Borei

La **Sainte Eglise normande** s'étire, en 1977, entre Bonneval, Puttelange-lès-Thionville et l'Ile de Jersey, petite patrie de monsieur Harald Dubosc, lequel y anime le mouvement **Pax Christi Borei** et reste souvent décrit comme étant l'archiviste de Maurice Guignard.

Ce mouvement **Pax Christi Borei** constitue, en quelque sorte, le bras séculier, laïque et temporel, de la **Sainte Eglise normande**. En effet les membres de **Pax Christi Borei** "s'agitent dans l'ombre et frappent, frappent, frappent sans relâche, de toute la force de leurs glaives justiciers. Leur doctrine simple, pour ne pas dire simpliste, se trouve admirablement résumée dans le « Et on tuera tous les affreux » de Boris Vian".

C'est pourquoi la loge odinique **Pax Christi Borei** envisage donc, à la fin des années soixante-dix, "la constitution d'une flotille sous-marine normande qui serait destinée à prévenir les éventuelles attaques des « circoncis d'outre-Atlantique ». Une lettre aurait été adressée au Ministère de la guerre, sollicitant sa collaboration et l'abandon aux odinistes de quelques vaisseaux". Un culte particulier est en effet rendu à Odin, "le dieu-guerrier, protecteur des héros" (selon la mythologie germano-scandinave).

Pèlerin de Paris
Association royaliste, "fondée Place royale au Solstice d'été 1973" et animée par l'ésotériste chrétien Jean Phaure (dit Parisien la Ferveur).

Cette association est donc connue, parfois, sous le nom de Cercle des amis de Jean Phaure (lancé dès le mois d'avril 1973). Un mensuel littéraire "non conformiste" parisien marqué à droite, ami du **GRECE** et fondé en 1971 par Michel Mourlet, *Matulu*, soutien ses efforts. Cette gazette littéraire lui apporte la caution d'une certaine Nouvelle Droite. Il s'agit, en effet, "d'un organe de presse « trans-courant », bien camouflé quant à ses véritables aspirations"... et qui semble se retrancher derrière "la singularité de l'écriture, l'indépendance d'esprit et la beauté de l'allure". Des revues proches du **GRECE**, dont *Le Partisan Européen*, se gaussent pourtant de monsieur Jean Phaure et de ses "gris-gris de sacristie".

Le stupéfiant animateur du **Pèlerin de Paris** se présente alors "comme un égrégore de prières, de volonté bonne et de connaissance traditionnelle" car il œuvre pour que "la Grande putain de l'Apocalypse redevienne la Fille aînée de l'Eglise". Des conférences sont régulièrement mises en place et l'on y aborde des sujets aussi divers que la "cyclologie", la royauté, les templiers, l'astrologie, le symbolisme et, même, le phénomène OVNI. On pense que ces interventions orales se chiffrent à plus de deux mille...

Jean Phaure, né en 1928 en Indochine, décède le 4 novembre 1998 à Paris. Son œuvre maîtresse réside surtout dans *Le Cycle de l'Humanité adamique*, un ouvrage bien illustré et publié en décembre 1973 à la suite de travaux communs conduits avec **Atlantis** (qui s'en réclame ensuite constamment). L'animateur du **Pèlerin de Paris** y étudie notamment "les multiples aspects de la décomposition de notre monde". En effet, nous disent ses laudateurs, il y estime que "nous sommes très proche de la fin. Le christianisme n'est-il pas apparu il y a quelque deux mille ans ? Et les prêtres d'aujourd'hui n'ont-ils pas dans leur très grande majorité dénaturé le message originel en le ramenant à de vagues préoccupation socialisantes PSU ?".

Ses liens avec l'association **Atlantis** sont, bien sûr, sans cesse revendiqués. Ceux tressés avec la **Nouvelle Acropole** sont plus discrets.

Petite Eglise
Cette ″secte″ catholique est principalement basée, en 1801, sur le rejet du Concordat signé entre le Premier consul et le pape Pie VII.

Certaines communautés chrétiennes, surtout à l'ouest de la France, rejettent donc immédiatement cet accord et entrent en dissidence. En effet, disent-elles, ″comment accepter un acte qui oblige tous les évêques à démissionner, qui supprime des fêtes chômées comme l'Epiphanie et la Saint Jean ? Un acte qui modifie les paroisses, blanchit les acquéreurs de biens nationaux et réintègre les prêtres jureurs ?″.

En 1982, la **Petite Église** devient la **Petite Église** apostolique vieille-catholique…

Les modestes communautés afférentes sont, de nos jours, encore présentes dans les Deux-Sèvres, en Loire-Atlantique, en Maine-et-Loire, en Vendée et dans la région lyonnaise. Profondément heurtées par le Concile Vatican II, elles tendent, prudemment, à se rapprocher des intégristes fidèles à la démarche de Monseigneur Lefebvre.

La **Petite Eglise** groupe donc, actuellement, quelques milliers de fidèles (contre neuf cents familles en 1969) vivant en cercles catholiques extrêmement fermés.

Ces derniers se retrouvent ainsi sur d'anciens lieux de cultes et ces quelques centaines de familles dissidentes y ″perpétuent, dans un certain rigorisme, les traditions de leurs ancêtres, maintenant allumée la flamme du souvenir d'une Eglise « d'avant le Déluge »″. Traditionalistes, royalistes, nostalgiques de l'épopée chouanne, ils sont également, nous disent les observateurs, ″pieux, austères, accueillants et serviables″… voire spécialistes des exorcismes et des problèmes paranormaux.

En 1999, La **Petite Eglise** fait ainsi inclure de véritables publicités au sein d'un mensuel de caractère ésotérique, *L'Inconnu*, en y offrant son aide ″aux personnes âgées et à toutes celles et ceux qui souffrent dans leur chair ou se sentent perdus dans un monde sans âme, sans repères et sans amour″. Elle se présente alors, pour tous, comme ″l'ultime espoir″… Cependant la **Petite Eglise** est ″entre les mains d'Anciens, tous des laïcs. Seul le sacrement du baptême est conféré aux enfants. La communion, en l'absence de clercs ordonnés, se célèbre spirituellement. Elle se compose de cercles très fermés et foncièrement traditionalistes". Le Doyen serait Monseigneur Yves Lerognon du Bois d'Ersan.

Phosphenia
Association déclarée à la sous-préfecture de Mantes-la-Jolie le 22 janvier 1999. Son objet est vaste : études et recherches pour la connaissance et l'application des théories évolutives du docteur Francis Lefébure (le **Centre international de diffusion et de recherche phosphénique**) ; études et recherches relatives à l'éther et aux bio-énergies ; étude et vulgarisation des œuvres de monsieur Maurice Guignard (la **Sainte Eglise normande**) ; études et recherches dans le domaine des sciences philosophiques et religieuses du Tibet et de l'Asie centrale et leur vulgarisation ; consultation d'ouvrages, conférences publiques, stages d'études publics... Son siège social est alors situé au 2, chemin des Hèzes (78130 Chapet).

Phosphenia cherche donc, dès sa création, à "éditer ou rééditer l'ensemble des travaux de Maurice Guignard" et publie, sans attendre, le volume VII "de sa série sur les architectes odinistes des cathédrales, intitulé *Les étalons ésotériques de poids et mesure des architectes*".

Pierre II (ou **Petrus Secundus**)
Résidant, en 1995, en Belgique, ce pseudo-pape (très préoccupé par la "question juive" et la franc-maçonnerie) prétend avoir été intronisé le 10 avril 1984 devant le tombeau de saint Pierre. Pourtant, selon lui, "ce que fait Rome, c'est triste à dire, mais cela ne vaut rien".

En France, **Pierre II** s'exprime notamment dans une revue normande à caractère révisionniste, *Nouvelle Vision*. La circulation, la distribution et la mise en vente de ce bulletin y sont d'ailleurs finalement interdites au mois de janvier 2000.

Notons qu'il existe alors un autre **Pierre II**. En effet, un mécanicien automobile français est, selon ses dires, "élu pape « par vision intellectuelle » depuis le jour de la Pentecôte 1995"... En tant que "Vicaire du Christ", il abjure alors le Concile Vatican II et "efface tout ce qui a été dit et écrit depuis l'ouverture de ce funeste Concile".

Politica Hermetica (PH)
Politica Hermetica est une association dont la déclaration de principes fut rédigée en 1984 par Victor Nguyen. En effet, "si grâce à un changement de mentalités déjà fin de siècle, le regain de faveur des doctrines secrètes et des philosophies hermétiques a conduit, en ce domaine, la recherche universitaire à dépasser le plan descriptif où elle se bornait jusque là, quand elle daignait se pencher sur la question, pour s'intéresser aux rapports que l'ésotérisme entretient avec la littérature, l'art, la philosophie, voire la science, aucun effort similaire n'a visé les relations de l'ésotérisme avec la politique, qui posent d'emblée la question préjudicielle d'une sociologie de l'occulte".
Politica Hermetica se propose donc d'étudier les rapports de l'ésotérisme avec la politique et édite depuis Paris, dès 1987, un recueil thématique annuel du même nom. On note, cependant alors que la majorité des intervenants (sauf quelques notables exceptions) peut être classée à droite. Tous sont, très souvent, "de bons connaisseurs de l'hermétisme, de la maçonnerie, de l'occultisme et de leurs rapports avec les droites radicales, milieu que certains collaborateurs connaissent de l'intérieur".
Le premier numéro de *Politica Hermetica* traite de "Métaphysique et Politique : René Guénon, Julius Evola" et le second de "Doctrine de la Race et Tradition".
La revue "antimoderne" intitulée **Les Deux Etendards** estime pour sa part, un peu plus tard, que "tout cela sent un peu le renfermé et la naphtaline" et que l'on y fait pas que "d'heureuses trouvailles"…

Pour un monde meilleur
Trimestriel catholique traditionaliste basé dans le Doubs et qui annonce, en 1989, "l'imminence de la fin des temps". Cette publication prétend également que "la non-consécration de la Russie au Sacré-Cœur a été la cause de la dernière guerre mondiale, de la montée du communisme et de la déchristianisation de l'Europe".

Prieuré de Sion
Organisation ésotérique, traditionaliste et royaliste déclarée, le 25 juin 1956, à la sous-préfecture de Saint-Julien-en-Genevois (Haute-Savoie). L'association est, en théorie, ouverte à tous les

catholiques âgés d'au moins vingt-et-un ans… et se défend d'être une résurgence de l'Ordre du Temple. Ses membres sont divisés en deux formations : la Légion, chargée de l'apostolat et la Phalange, gardienne de la Tradition dans le cadre de recherches philosophiques. Le grand maître y porte le titre de "nautonier" et règne sur des provinces, des commanderies et sur une arche dénommée Kyria.

En 1956, encore, paraît en Suisse le *Livre des Constitutions*, sous la direction des Editions des Commanderies de Genève. L'emblème afférent est un coq blanc. L'insigne est "un lys blanc enlacé par un circuit, dénommé Croix du Sud".

Le sous-titre du **Prieuré de Sion** est d'ailleurs CIRCUIT, abréviation de l'intitulé complet de l'organisation : Chevalerie d'institutions et règles catholiques, d'union indépendante et traditionaliste. Son bulletin interne périodique s'intitule, également, *Circuit*. On y est, par la suite, proche des milieux lefebvristes naissants. Initialement cette revue, hebdomadaire, est polycopiée, mais une seconde série, parue en juillet 1959, semble plus soignée, mêle ésotérisme et nationalisme forcené, et porte le nom plus explicite de *Publication périodique culturelle de la Fédération des forces françaises*. Les liens que *Circuit* entretient, en juillet 1958, avec le Comité central (gaulliste) de salut public de la Région parisienne sont inextricables. Dans ce contexte favorable, *Circuit* tire à mille cinq cents exemplaires.

Pierre Athanase Marie Plantard, né à Paris le 18 mars 1920 et décédé à Colombes (Hauts-de-Seine) le 3 février 2000, dessinateur de métier, est enfin connu pour être l'inventeur de ce **Prieuré de Sion** et avoir longtemps prétendu être descendant de la lignée des Mérovingiens. "Homme courtois, aisé sans ostentation", il dit alors être prétendant au trône de France… Il serait, en effet, un "descendant direct et légitime de la lignée de Sigebert IV, lui-même fils de Dagobert II, roi d'Austrasie".

Il se serait en partie inspiré de l'œuvre d'une célèbre voyante parisienne, Geneviève Zaepfel (puis de son Mouvement Croix du Sud et du **Centre spiritualiste de France**), dont l'étendard est, il est vrai, quasiment identique à celui de Pierre Plantard.

Un écrivain et homme de radio français né en 1923, Philippe de Chérisey, fournit alors une aide certaine dans la quête de reconnaissance conduite par Pierre Plantard. On doit notamment à ce dernier un ouvrage explicatif paru en 1969 et justement intitulé… *Circuit*. Mais un autre journaliste, Gérard de Sède, exprime alors ses doutes : "Et encore, le record du « baron Barclay de Lautour » est battu de très loin par tel personnage qui fait inonder la Bibliothèque nationale de brochures généalogiques écrites sous pseudonymes et dont il ressort que, descendant du roi mérovingien Dagobert II, il est un prétendant au trône de France beaucoup plus légitime que ne le furent ou ne le sont Carolingiens, Capétiens, Valois, Bourbons et Orléans réunis".

En 1979, Monsieur Plantard, "qui jusque-là se faisait surtout appeler Pierre Plantard, se présente sous le nom de Pierre Plantard de Saint-Clair, comte de saint-Clair et comte de Rhedae (ancien nom de Rennes-le-Château)". Il se fait également promptement nommer Pierre VI.

En 1985, le **Prieuré de Sion** entre pourtant, à nouveau, dans l'ombre. Seul s'agite encore, de loin en loin, le Cercle Saint-Dagobert, dédié à perpétuer la mémoire de ce roi mérovingien. L'une de ses premières initiatives "consiste à faire venir quelques reliques de saint Dagobert à Stenay". La cérémonie afférente a lieu en septembre 1984… Une Association du **Prieuré de Sion** existe alors également dans l'Eure. Elle y est dirigée par un "grand maître", monsieur Bonhomme.

Notons, pour finir, que Pierre Plantard n'est pas un inconnu car il s'inscrit auparavant, en politique, à l'extrême droite de l'échiquier français. Après un bref passage à l'Action française, il fonde en effet, en décembre 1937, Alpha Galates, un mouvement élitiste et secret qui va ensuite soutenir le régime de Vichy en prenant la forme d'un ordre "néochevaleresque". Son bulletin mensuel de quatre pages, *Vaincre - Pour une jeune chevalerie*, n'est publié et distribué gratuitement qu'à six reprises entre septembre 1942 et février 1943. Pierre Plantard y signe des articles sous le nom de Pierre de France ou Pierre de France-Plantard, et y vante la revue de l'association **Atlantis** ou les publications d'un antisémite forcené, Henry Coston.

Il convient cependant de ne pas confondre les menées de Pierre Plantard avec les conséquences d'un canular estudiantin "perpétré à Poitiers en 1938 et qui, par voie de tracts et d'affiches, appelle alors la population à adhérer au Parti néo-mérovingien populiste". Ni avec les foucades d'un journaliste suisse qui assure, bien plus tard, que "tout le monde s'est rendu compte que la publicité des pétrole Antar, avec le roi mérovingien tenant le Lys et le Cercle, était un appel populaire en faveur d'un retour des Mérovingiens au pouvoir"...

En avril 1941, Pierre Plantard dit, pour sa part, être un des dirigeants de la très antisémite (et microscopique) Rénovation nationale française. En septembre 1942 il est devenu Grand Maître d'Alpha Galates, puis il "disparaît de la circulation" jusque durant l'année 1956 et l'émergence de son **Prieuré de Sion**...

Psyché-Sôma
Durant le mois de novembre 1960, ce périodique français basé dans la Seine-et-Oise devait reproduire le *Message d'Uppsala*, un texte teinté de racisme biologique et qui inspire, immédiatement, "maints ouvrages pseudo-scientifiques, lesquels servent aux groupes néo-fascistes et racistes à conférer à leur racisme une teinte intellectuelle". Il s'agit de seize pages de texte serré constituant "un message à l'homme blanc menacé". Ce *Message d'Uppsala* fut rédigé en 1959, à la suite d'un colloque international (mais nationaliste) tenu en Suède.

Les cahiers trimestriels *Psyché-Sôma* affirment de plus pour leur part, dans les années soixante, que "c'est à l'empire Uighur qu'il faut rattacher Sumer, ce qui justifierait l'origine de cette civilisation aryenne, venant encore de Mû"...

Puissance de la vie
Branche française d'un groupe suédois fondé, en 1983, par un militant ancré à gauche et devenu pasteur protestant, Ulf Ekman. Cette organisation, puissante, tente alors de regrouper ses centaines de membres dans les régions ceinturant Nice et Caen. Le mensuel afférent s'intitule *Magazinet*.

Au sein de ce culte, fortement marqué par le Pentecôtisme, l'esprit est devenu progressivement "nationaliste et conservateur".
Voir **Words of Life**.

Q

Question de
Revue trimestrielle — parisienne — consacrée à "la spiritualité, à la tradition et aux littératures", puis "aux racines, pensées et sciences éclairées", dont le premier numéro date de la fin de l'année 1973 et s'inscrit dans la continuité d'un véritable phénomène éditorial, *Planète*. De manière plus lointaine, l'influence d'un fort ouvrage paru en 1960 sous les plumes croisées de Louis Pauwels et Jacques Bergier ("adroit vulgarisateur scientifique"), *Le Matin des magiciens*, y est également perceptible.

Question de se place, immédiatement, sous le signe du "serpent aztèque du quatorzième siècle, symbole de la connaissance" et les "grilles de lectures marxistes" n'y ont pas bonne presse. La direction comprend notamment le très polémique Louis Pauwels et l'ufologue Aimé Michel. Il s'agit ici, en partie, de lutter contre un certain "terrorisme intellectuel de gauche" car on y fustige "le rigorisme des sectateurs de certaines Eglises marxistes qui jugent « frivole », « corrompue » et « bourgeoise » toute œuvre ne s'alignant pas sur le diktat de la « culture prolétarienne »". Alain de Benoist et sa dénonciation du cancer "christiano-marxiste" trouvent donc une place de choix dans les pages du trimestriel.

Editée sous l'égide du Centre d'études littéraires et traditionnelles (CELT), ***Question de*** ne cache donc guère ses liens avec le **Groupement de recherche et d'études pour la civilisation européenne** et, très durablement, avec sa "revue trimestrielle de critique et de synthèse des idées contemporaines", *Nouvelle Ecole*. A la fin de l'année 1975, un colloque du **GRECE** relatif "aux Indo-Européens" est ainsi chroniqué de manière enthousiaste (assistance nombreuse, échanges universitaires fructueux, etc.).

En décembre 1975, on y annonce encore la tenue d'une très droitière Journée pour la défense de la culture, animée en partie par l'Union nationale interuniversitaire (UNI). A partir de l'année 1976, les activités du **Centre d'études doctrinales Julius Evola**, de la **Nouvelle Acropole** (sous l'intitulé "renaissance de l'hellénisme"), de la **Méditation transcendantale**, de **Mahikari**, de la toute nouvelle revue *Item* (fort marquée à droite), des Chevaliers du lotus d'or (le Mandarom), d'**Atlantis** et d'**Ananda Marga** y sont également — et parfois très favorablement — commentées.

On y reconnaît pourtant que, dans le cas spécifique de la **Méditation transcendantale**, "les Védas et la Tradition hindoue ne font pas bon ménage avec le prosélytisme insatiable et le désir de réussite". Et l'on s'y interroge gravement : l'immolation par le feu de deux disciples allemands d'**Ananda Marga** "était-elle indispensable pour alerter l'opinion publique sur un problème où, malgré une réalité indéniable, les statistiques exactes font défaut ?".

R

Rassemblement européen des ouvriers du Christ (REOC)
Très peu d'informations sont disponibles sur ce groupe d'origine belge qui se présente, au début des années quatre-vingt-dix, comme "un parti politique pour des temps nouveaux en vue de la Parousie (second avènement du Christ) dont la venue est imminente". Inscrit, initialement, dans la mouvance écologique, le **REOC** semble avoir, ensuite, "viré vers l'extrême droite", mais son implantation française reste très mal connue.

Rayonnants
Les adhérents de cette secte parisienne (tardivement référencée à la fin des années soixante) prétendent alors regrouper les disciples de Santo Bey de Semo. Le but de ces curieux activistes est "de faire régner dans le monde les idées de leur maître sans jamais citer son nom. Pour cela, ils se livrent à un savant « noyautage » des partis politiques, des sectes philosophiques, des journaux et, même, des maisons d'éditions".
Dès la fin des années quarante, un groupe d'étudiants se dote en effet de brassards, d'insignes et d'uniformes disparates avant de prendre des poses martiales puis de diffuser des tracts et affiches à la gloire de Santo Semo (décédé en 1950 et créateur du stupéfiant concept "d'armée antimilitariste"). On s'y hérisse de drapeaux alors qu'un "hymne", éminemment caricatural, voit le jour.
Une "garde d'honneur" est pourtant encore créée afin de rendre le monde entier "santosémiste" et ce canular "totalitaire" perdure… jusque dans les années soixante.

Rebelles européens
Maison de disques fondée à la fin de l'année 1986 et basée dans le Finistère. Son animateur est un militant brestois du Parti nationaliste français et européen, Gaël Bodilis.
L'ensemble regroupe surtout certains "skinheads" classés à l'extrême droite — plus tard dénommés, de manière péjorative, boneheads — et entrant dans la composition des groupes

musicaux intitulés Légion 88, Bunker 84 ou Brutal Combat (de Brest). Bien entendu, les liens entretenus avec le Parti nationaliste français et européen (PNFE) et avec le paganisme vont sans cesse perdurer. On y assure ainsi la promotion d'une compilation musicale intitulée *Thulé* et dédiée à Rudolf Hess.
Cette structure disparaît en 1994.

Rebis

Lancée en novembre 1978 par le Cercle culture et liberté, cette revue dépend ensuite des **Editions Pardès** (fondées en 1982) et se situe sur une ligne hardie conjuguant "révolution sexuelle et Tradition". Dans cette optique, elle se place notamment sous l'implusion de l'écrivain (et traducteur) Georges Gondinet, puis de Fabienne Pichard du Page. On s'y intéresse donc au "mystère des « Cours d'Amour »", aux androgynes, aux "états multiples de l'amour", au "sexe de l'âme", au tantrisme, à la magie sexuelle… Les liens entretenus avec la revue *Théléma* (bulletin nantais de la Société Aleister Crowley) sont évidents. Par contre, le Front national — et ses rappels à un certain "ordre moral", ici qualifié de "ridicule" — n'y a pas bonne presse.

Rebis signifie "chose double" et qualifie, durant le Moyen Age, l'hermaphrodite.

Afin de réfuter "aussi bien la « pandémonie » sexuelle actuelle que la morale bourgeoise", *Rebis* propose — de manière fort originale — la perspective d'une "révolution sexuelle prenant sa source dans les principes traditionnels". L'influence de Julius Evola, par le biais des ouvrages intitulés *Métaphysique du sexe* et *Le yoga tantrique*, est donc ici très marquée et, même, revendiquée. Il s'agit bien, nous précise le premier numéro de la revue, "de proposer aux lecteurs de redécouvrir l'arrière-monde de la sexualité et de les familiariser avec la dimension supérieure à laquelle les amants peuvent accéder". Chose surprenante dans le milieu traditionnaliste révolutionnaire, la revue ***Rebis*** "ne demande pas que les homosexuels soient frappés d'ostracisme ni qu'on les montre du doigt". Elle affirme "simplement que la sexualité ne va pas sans polarité ou, si l'on veut, sans une « contrariété » (sens des contraires)".

L'emblème de ***Rebis*** est le yin-yang. En effet, "ce symbole nous vient de la tradition chinoise et exprime l'irréductible complémentarité des principes masculin et féminin du Ciel et de

la Terre (…). Nous pouvons aussi dire, en recourant à la terminologie aristotélicienne, que le yang apparaît dans ce qui est « en acte » et le yin dans ce qui est « en puissance »".
Cette revue cesse sa diffusion en 1987.

Réfléchir et Agir (*R&A*)
Fanzine photocopié — puis revue imprimée "avec couverture couleur" — fondé en octobre 1993 par Eric Rossi (jadis proche du **Klan** de Batskin) et souvent classé dans la droite extrême. Mais, selon ses concepteurs, *R&A* est avant tout "un outil de formation physique, spirituel et idéologique" agité par des "différentialistes de tradition indo-européenne". On le décrit parfois comme constituant une revue "révolutionnaire conservatrice et identitaire".

Cette revue est, en effet, marquée par son positionnement néopaïen et socialiste européen (mais également proche du philosophe "traditionaliste révolutionnaire" Julius Evola)… et farouchement identitaire. Dans le premier numéro de la nouvelle série (été 1996), l'écrivain ésotérique Jean-Paul Bourre plaide, de plus, en faveur "d'un nouvel ordre templier". Le troisième numéro traite pour sa part, sous la plume de Robert Dun — un des animateurs des **Amis de la culture européenne** — de Nietzsche et du judéo-christianisme…

Au début des années deux mille, le tirage de *R&A* est cependant de plus de trois mille exemplaires (contre quelques centaines d'exemplaires en 1993, et mille cinq cents en 1996). La structure militante afférente comprend une cinquantaine de personnes, et ses liens avec **Terre et Peuple** sont étroits.

Cette publication soutien le Front national de manière critique, "considérant que ce parti demeure le principal espoir d'accéder au pouvoir pour le camp nationaliste". En 2001, sa devise s'inscrit ainsi : "Nous ne changerons peut-être pas le monde, mais le monde ne nous changera pas".

Religion de Kyopo
Basé, en 1979, dans le huitième arrondissement parisien, ce mouvement, lancé par un "Grand Prêtre", Pierre Leclerc, a pour objectif de "guérir l'humanité du cancer christiano-marxiste". Le rituel afférent, extrêmement complexe, mêle le svastika, l'étoile de David, la faucille et le marteau, etc. On y est notamment invité à cracher "trois fois" sur un disque de papier comportant ces

emblèmes, lesquels constitueraient "les symboles de l'anti-sensisme"...

Kyopo serait situé "dans le nord-est de la péninsule du Sinaï, à égale distance de l'idéal grec de vie et de joie et de la robuste armature du monothéisme islamique".

Le mouvement aurait également créé "une langue spéciale dont l'étude ne sera pas obligatoire pour les adhérents qui ne le désireraient pas".

Religion des druides

Fondée à la fin de l'année 1961 (depuis le seizième arrondissement parisien) par "l'écrivain ufonaute" Jean-Claude Monet, dit Karl Thor, la **Religion des druides** se présente un peu comme le pendant ésotérique de son futur **Parti national-socialiste ouvrier français** lancé en 1963.

On y étudie, vers 1966, le *Koran 999*... œuvre de monsieur Monet, éditée à compte d'auteur et censée comporter sept volumes. Seul le premier tome, de conception très artisanale, fut finalement publié.

Bien entendu, ce type de groupe occultiste marginal, raciste et nazi, est rejeté par le Grand-Druide de Bretagne dès 1971.

Religion du soleil inca (ou **Religion du soleil inka**)

Déclarée au *Journal officiel de la République française* dès 1959, cette religion "non violente et humaniste" a pour devise : "Passé : magie, présent : histoire, futur : science" et son étendard comprend, afin de ne négliger aucune couleur, un arc-en-ciel. La volonté de ses adeptes, basés dans le deuxième arrondissement parisien, est en fait de réhabiliter la religion du soleil héritée des Incas ainsi que les enseignements afférents.

Le bulletin connexe s'intitule également *Religion Soleil Inca*. On y découvre, peu ou prou, la prose suivante : "Cher être humain, l'ancien Pérou, synonyme et berceau de trésors, nous en a légué un, éternel et sacré : la Religion du soleil. Vous savez que, spirituellement et moralement, notre petite planète est bien malade. Vous savez aussi que les faux dogmes ont enfanté plus de cent religions, monnaies et bombes H. Vous devez savoir qu'aucune « théorie », messe, conférence ou guerre ne pourront guérir cela. Adhérez donc à notre religion, la seule qui présente un remède « solaire » contre le mal (…). Adhérez à la religion naturelle, sœur de la science, et qui prêche la « non-violence »".

"Selon certaines traditions andines", rapportées par Gregory B., alias Garcia Beltran, "rénovateur de la **Religion du soleil inca**", "la mère de l'humanité s'appellait Orejona". Il y a très longtemps, "elle vint sur Terre à bord d'un engin volant, plus brillant que le soleil, qui atterrit sur les bords du lac Titicaca".

Seule croyance "naturelle, juste et pure", la **Religion du soleil inca** admet pour "Grand-prêtre" (en France), un peu avant 1980, le parisien Eugène Arian. Ce dernier — auteur d'un ouvrage fort confidentiel, *l'Enigme B* — se réfère alors, également, aux témoignages des astronautes Collins, Armstrong et Aldring…

Dans la "mouvance inca" la pratique de l'Espéranto semble, de plus, être de mise…

Renouveau de l'art et de la culture européenne (*RACE*)

Revue parisienne comportant vingt ou trente pages photocopiées diffusée, dès le mois de décembre 1988, dans l'orbite du Parti nationaliste français et européen… à quelques centaines d'exemplaires. On y développe, non sans naïveté et un certain "fétichisme", l'ensemble des thèmes chers à l'extrême droite païenne : solstices, runes, ésotérisme nazi, chevaliers teutoniques.

L'ensemble est conduit par un certain Alexandre Darre, ce qui peut faire penser à un "jeu de mots" douteux autour du défunt Walther Darré, le théoricien nazi "du sang et du sol".

Résistance et Solidarité

Groupement mooniste de fait (c'est-à-dire non déclaré à la Préfecture de police) constitué, à la fin de l'année 1980, par l'**Association pour l'unification du christianisme mondial** (**AUCM**). Pour la première fois, au sein de l'Hexagone, "des militants moonistes descendent ainsi dans la rue et distribuent des tracts anticommunistes". Ils sont, immédiatement, repérés par les Renseignements généraux.

Un de leurs leaders, promu à une rapide carrière politique, s'appelle Pierre Ceyrac.

Par ailleurs, **Résistance et Solidarité** s'intéresse particulièrement aux organisations catholiques intégristes…

Ce premier groupement mooniste est à rapprocher d'une association parisienne dénommée SOS-Droits de l'homme, officiellement fondée le 17 septembre 1985. Cette dernière organise ensuite "les seules manifestions anti-Gorbatchev autorisées par le Ministère de l'intérieur à la veille de l'arrivée en France du leader soviétique".

Réveil d'Alésia

Le *Réveil d'Alésia* est, au début des années quatre-vingt, "l'organe de la « Gaule francienne », qui regroupe les sections (baillages) de langue d'oïl ou francienne du **Front de libération des Gaules**". Les articles y sont davantage originaux et thématiques que ceux d'une publication très voisine, *Le Triscèle*. Basé dans la Nièvre, le *Réveil d'Alésia* appelle principalement au "réveil de la Gaule".

Révolution Intérieure

Revue à caractère ésotérique fondée, en 1977, par D. Giraud. Basée en Ariège, elle propose alors notamment des traductions de textes relatifs au philosophe Julius Evola et des travaux se rattachant au sulfureux mage Aleister Crowley.

(R)évolution Jeunesse

Bulletin mensuel lancé, le 17 mai 1968, par un disciple celtisant de Nietzsche, Pierre Lance. Le projet consiste à publier une revue "philosophique, politique et sociologique pour l'étude des motivations et des aspirations discernables dans les révoltes actuelles de la jeunesse européenne".

Le bulletin offre notamment, dans le cadre de ses deux pages mensuelles, un "petit abrégé d'une histoire de la jeunesse européenne au vingtième siècle". L'adresse de cette publication est celle de la **Septième aurore**.

S

Sainte Eglise normande
Fondée sans doute vers 1960 et repliée, en 1979, en Moselle, cette "Sainte Eglise" veut être en fait une résurgence contemporaine de l'ancienne religion des Vikings (poursuivant à terre la fraternité des équipages de drakkars) et est alors dirigée par un commerçant — proche de l'Union de défense des commerçants et artisans (Mouvement Poujade), et grossiste en conserverie — basé rue de Chartres, à Bonneval (Eure-et-Loir), Maurice Guignard. Il est vrai que ce dernier est persuadé d'être le descendant "d'Erwin Guygnardt, ministre de Philippe le Bel" et d'avoir "déchiffré la langue étrusque" dès 1962. On le qualifie donc parfois "d'étruscologue fantaisiste"... sauf au sein de la revue celtique ***Keltia*** et d'autres publications à la diffusion confidentielle.

Egalement intéressé par l'affaire de Glozel, Maurice Guignard développe parallèlement, sans aucun diplôme universitaire, le concept de "maçonnerie odinique". De plus, selon lui, la Bible hébraïque fut écrite en Egypte "lorsque les « Juifs » ne comprirent plus la langue de leurs aïeux".

Les petits fascicules afférents sont diffusés, à compte d'auteur, vers la fin de l'année 1961.

Au sein des loges odiniques, les prêtres sont enfin dénommés Goddis, et les prêtresses Hallouines (un terme qui rappelle le cri "Heil Odin" !). Tous s'attachent "à favoriser la réhabilitation de la vieille liturgie Galmanorsk et à restaurer la discipline des sacrements nordiques". On note qu'un culte particulier est également voué à la gente canine, car "le chien fut le compagnon constant et fidèle du vrai dieu cosmique, Odin".

Par la suite, des aménagements avec la lithurgie catholique furent observés.

Le pape Paul VI, élu en juin 1963, est pourtant immédiatement honni par Maurice Guignard, voire vomi. Il est ainsi qualifié de débauché, de pornographe et, fort curieusement, de coureur de jupon puis... d'homosexuel. Vers 1972, le mouvement animé par le "magnétiseur diplômé hors classe" Guignard prend soudainement fait et cause pour l'**Eglise catholique rénovée** dirigée par le "pape" Clément XV… lequel évangélise alors "de planète en planète". A ce moment, le *Nouvel Alsacien* ne craint pas, pour sa part, de décrire Guignard comme "un cas psychiatrique. Schizophrène et mythomane, le malheureux ne fait qu'exprimer ses propres obsessions. C'est un malade, qu'il ne faut certes pas accabler, mais qu'il est urgent de mettre hors d'état de nuire, par la force de la loi, lui et ses imprimeurs".

Rien n'y fait et, selon la **Sainte Eglise normande**, "le vrai Pape annoncé à Fatima est bien Clément XV".

Quant à Jean-Paul premier, "il a (ensuite) été assassiné par des anti-jésuites". Le **Sainte Eglise normande** "a bien essayé de le sauver en envoyant un commando d' « armoires normandes » au Vatican. Hélas, il est arrivé trop tard". Jean-Paul II aurait ensuite poussé les Argentins à envahir les Malouines…

L'organisation de Maurice Guignard fédère, vers 1980, moins de deux cents adeptes ou sympathisants, principalement français, anglo-normands ou norvégiens (ces derniers sont, en effet, relativement actifs au sein des loges odinistes). Le siège de la **Sainte Eglise normande** est alors, prudemment, basé en Suisse (à Lausanne), en compagnie du très politique mouvement **Pax Christi Borei**, lequel s'efforce — parallélement — de combattre "les infiltrations judéo-islamiques progressistes dans les Eglises". Le grand-maître des loges odiniques de Normandie est alors Jean de Malherbe.

Extrêmement raciste, la **Sainte Eglise normande** n'hésite pas, encore, à qualifier les émigrés récents de "vermine tropicale". Elle se double également d'un mouvement autonomiste, le très confidentiel Parti national normand (ou PNN, première mouture). Exerçant de plus une surveillance vigilante de la frontière luxembourgeoise, la **Sainte Eglise normande** se mêle, un temps, de l'enquête relative à l'assassinat, en 1976, du Prince Jean de Broglie. Comme elle s'est déjà mêlée, vers 1968, de la stupéfiante affaire dite "du Mage de Marsal"… Parfois, Maurice Guignard est même entendu par la justice.

En ce qui concerne la presse écrite, en 1963 paraît *Hin heilarska normandiskja kniga (HHNK)*, un bulletin — en fait, bien souvent, un simple tract recto-verso — voulant être "l'édition normande de l'organe de l'Union mondiale des loges maçonniques odinistes" d'inspiration islandaise. C'est aussi "la tribune des nationalistes normands catholiques et odinistes et des jésuites panscandinaves, restés fidèles à la sainte doctrine raciste de saint Ignace". Bien entendu, la plus grande partie des informations contenues dans *HHNK* émanent évidemment de l'imagination fertile de Maurice Guignard. C'est cette modeste publication qui titre ainsi, le premier août 1972 : "Paul VI Antipape : Panique dans l'épiscopat français"… Son noyau actif serait situé dans les Iles anglo-normandes, à Jersey.

Il existerait également, alors, un mystérieux *Hit normanniska Fölk*.

A Lyon perdure de même l'activité des sectateurs de l'Eglise odinique et wisigothique, serrés autour de la revue *Hin westgothisca odiniska kirkje*.

Il existe également alors une "incroyable revue ésotérico-architecturo-normano-maçonnico-druidique" intitulée *Nordannor*. Mais il s'agit, sans doute, d'une autre bouture de *HHNK*.

En avril 1979, l'organe écrit de la Fédération d'action nationale et européenne — ou FANE — précise que "notre confrère Maurice Guignard poursuit ses études sur les ovnis et la lutte entre la Franc-Maçonnerie et les loges nordiques dans sa revue *HHNK* (Château de Puttelange, 57570 Cattenom)". En octobre, on nous dit, encore, que cette structure publie "des cartes postales ésotériques". En février 1980, monsieur Guignard se penche à présent sur "le Yéti en tant que confirmation des théories des loges odinistes"…

Pour les néonazis français il est devenu un collègue, un confrère, voire un "camarade"… qui attribue alors l'assassinat de quinze vieilles dames de Paris à "des adeptes d'un culte Vaudou".

On remarque également que l'association **Atlantis** (dédiée à l'étude des "civilisations d'occident") a offert, durant des décennies et avec une grande constance, une tribune aux surprenants travaux archéologiques de Maurice Guignard.

Notons enfin que le 22 janvier 1999 se fonde l'association **Phosphenia,** dont l'objet est d'analyser les théories du docteur Francis Lefébure et de son **Centre international de diffusion et de recherche phosphénique**, mais également de se livrer à une "étude et vulgarisation des œuvres de monsieur Maurice Guignard". Le rapprochement entre ces deux personnages fort racistes n'est, on s'en doute, nullement fortuit.

Maurice Guignard, né le 2 juillet 1920, décède le 12 avril 2001.

Secrets et Sociétés
Lettre bimensuelle d'information à caractère ésotérique fondée, vers 1992, par un journaliste et écrivain marqué par le nationalisme révolutionnaire, Philippe Randa.
Un de ses anciens rédacteurs en chef est Arnaud d'Apremont, directeur de publication aux **Editions Pardès**.

Secte des mutants
En février 1974, un message adressé au "Peuple français" est placardé sur la porte d'une petite maison de Denain (Nord). On peut y lire ceci : "Nous appartenons à la **Secte des mutants** où le pouvoir est détenu par les femmes. Vous nous persécutez, mais notre reine Mû, qui sort parfois des entrailles de la terre dans la cordillère des Andes, et dont je suis la déléguée en ce bas monde, va nous venger. Les ovnis nous espionnent depuis le 22 décembre 1972, premier jour de l'année extraterrestre. Ces signes du Ciel annoncent la fin des temps".
Les deux femmes (Chantal G. et Rolande B.) qui animent ce groupuscule ésotéro-occultiste en viennent à distribuer des tracts aux ouvriers et aux mineurs du cru, alors que la façade de leur petite maison s'orne "d'un drapeau noir brodé de seize étoiles d'argent entourant un svastika".
La population ouvrière de Denain, pensant avoir affaire à une provocation néonazie, menace de prendre d'assaut la demeure barricadée. Finalement, la police intervient et investit les lieux sans ménagement.

Securitate
Sorte de "police des catacombes parisiennes" mise sur pied par les **Jeunesses nationalistes révolutionnaires** en 1990…. dans un but évident de propagande télévisuelle.
L'allusion aux exactions de la Police secrète roumaine sous la (très récente) période communiste est, ici, évidente.
Au début des années quatre-vingt-dix, une émission nommée *52 sur la une* en présente les activités les plus significatives.

Sénon
Cette petite association druidique est fondée le 20 mars 1996 et légalement déclarée à la Préfecture de l'Yonne. L'accent y est porté sur divers aspects folkloriques, philosophiques et religieux.

Le fait de ne pas être européen interdit toute possibilité d'admission au sein de la dizaine de membres de **Sénon**.

Septième aurore

Fondée en 1965, par le ″libertarien″ Pierre Lance, la **Septième aurore** a alors pour objectif de constituer ″un nouvel axe spirituel de civilisation, autrement dit de résoudre, sur tous les plans, la crise des valeurs du monde occidental″. Cependant la **Septième aurore** n'a pas de structure militante… car elle ne recrute aucun adhérent et ne collecte aucune cotisation. De toutes les manières, précise cette curieuse association, ″l'argent fait le bonheur des intelligents et le malheur des imbéciles″. L'action du mouvement, très diversifiée, vise à un changement de civilisation et doit donc ″s'étendre à tous les domaines″.

Le nom de **Septième aurore** fait référence à un ouvrage de Frédéric Nietzsche intitulé *Aurore* et selon lequel, citant le Rig Veda, ″il est beaucoup d'aurores qui n'ont pas encore lui″. Le mot Aurore est donc ici synonyme de ″nouvelle éthique civilisatrice″. Il ne faut cependant pas confondre cette production de Pierre Lance avec *Aurores*, un ″mensuel de l'actualité ésotérique″ apparu en 1980 sur des bases assez approchantes.

Le ton employé au sein du mouvement **Septième aurore**, mêlant celtisme et philosophie de Nietzsche, est pour sa part — en 1979 — encore assez confus. En définitive, compte surtout ″la recherche et le développement de tous les moyens de libre expression afin de dégager dans notre pays les forces neuves d'imagination et de création dont la nouvelle civilisation aura besoin, *(R)évolution-Jeunesse*″. Le schéma des idéologies mis au point par Pierre Lance conduit enfin du christianisme au communisme en passant par le socialisme et le fascisme…

La **Société Nietzsche**, fondée en 1969, est le prolongement évident de la **Septième aurore**. On doit également à Pierre Lance la publication d'une revue trimestrielle celtisante, mais non bretonne, intitulée *L'Hespéride*.

Silencieux de l'Eglise

Mouvement laïc traditionaliste fondé en 1969 par Pierre Debray et réclamant ″la liberté de pouvoir suivre la messe de Paul VI en latin″. Il s'agit surtout, en fait, ″de faire respecter la tradition dans l'Eglise catholique″.

Société Augustin Barruel

L'objectif de cette société lyonnaise, et de ses *Cahiers* (ou *Bulletins*) fondés en 1974, ou 1978 selon les sources, est de mettre à jour "les infiltrations progressistes, maçonniques et gnostiques dans le catholicisme". Ainsi les diverses formes du Malin agissent "selon un plan concerté aboutissant, actuellement, à la disparition de la vraie foi au profit du modernisme, de l'œcuménisme et de la protestantisation du catholicisme". Aussi les ennemis (supposés) de la **Société Augustin Barruel** sont-ils fort nombreux et divers : marxisme, psychanalyse, franc-maçonnerie, théosophisme, philosophie guénonienne (et la "fausse droite catholique" afférente), hégélianisme, ésotérisme...

Les approches de la **Société Augustin Barruel** s'inscrivent donc dans la droite ligne d'un ouvrage publié, en 1910, par l'abbé Emmanuel Barbier et justement intitulé *Les infiltrations maçonniques dans l'Eglise*. Dans les années quatre-vingt, elle connait pour principaux animateurs Jean Vaquié et Étienne Couvert.

Augustin Barruel est connu, pour sa part, comme "un prêtre jésuite et essayiste polémiste catholique français né en 1741".

Société Cryonics française

Selon son vice-président, monsieur Anatole Dolinoff, "tout ce qui est actuellement imaginable sera acquis en 2100. Après cette date seront atteints des objectifs que nous ne sommes pas capables d'imaginer en 1969".

On y pratique la "cryobiologie" car "un mort cryogénisé (conservé par le froid) a quelques chances d'être ressuscité d'ici un siècle, et de nombreuses chances à plus brève échéance"... L'emblème du mouvement est, bien sûr, le phénix. L'implantation maximale serait située en Corse, près de Bastia.

Quoi qu'il en soit, "dans le but d'étayer leur confiance dans la science et la possibilité de résurrection cryogénique, la **Société Cryonics** publie pour les cent trente années à venir un tableau de prédictions, en partie établi par Arthur C. Clarke dans *Profile of the future*".

Citée pour mémoire, mais cependant bien connue d'une centaine de Français sympathisants, la **Société Cryonics** est donc essentiellement d'inspiration américaine.

A la fin des années soixante, on parle également d'Association Cryonics française. On s'y pose par ailleurs une question fondamentale : "L'an 2100 voudra-t-il de nous ?".

Quant à la crémation, légalisée en France au mois de novembre 1887, sa pratique s'unifie lentement au sein de la Société pour la propagation de l'incinération et de la Fédération française de crémation. Léon Gambetta, Alfred Nobel et Edouard Herriot en sont, au cours du temps, des militants incontournables. Puis, en 1973, la mise en application d'une nouvelle liturgie catholique instaure — enfin — un rituel crématiste.

Société du souvenir et des études cathares

En automne 1948, Déodat Roché (un franc-maçon membre du Grand orient de France) fait paraître le premier numéro des *Cahiers d'Etudes Cathares* et, en avril 1950, il fonde la **Société du souvenir et des études cathares**.

Bien que les préoccupations des *Cahiers d'Etudes Cathares* (qui paraissent quatre fois par an) soient foncièrement éloignées de toute analyse d'ordre politique, on y trouve, dès 1968, de cinglants articles fustigeant l'intervention soviétique en Tchécoslovaquie. En effet, précise la revue durant l'été 1970, "comme, au treizième siècle, le Midi de la France, la Tchécoslovaquie aura-t-elle à subir une longue occupation attachée minutieusement, implacablement, à détruire son âme ?". Car "l'Occitanie a eu ses brûlés. Certes, ils pouvaient éviter le bûcher en abjurant, et dans ce sens, leur sacrifice fut volontaire. Mais quand la conscience atteint un certain niveau, l'abjuration ne saurait être. La Tchécoslovaquie a eu ses martyrs, brûlés eux aussi, dans un sacrifice volontaire. Comment ne pas voir la similitude fulgurante ?".

Société Nietzsche

On doit à cette association, fondée le 15 octobre 1969 (jour anniversaire de la naissance de Nietzsche), la publication d'un organe écrit, *Engadine*, assurée par Pierre Lance depuis le cinquième arrondissement parisien. Ses liens avec la **Septième aurore**, fondée en 1965, sont très étroits. De plus, "si l'Occident ne procède pas de toute urgence à la « transmutation des valeurs » que Nietzsche exigeait, nous sombrerons sans recours dans les plus terribles apocalypses. Il n'y a plus d'échappatoire. Les principes de mort sont en train de triompher partout et nous glissons lentement vers l'abîme. Si les plus lucides ne font pas un geste, qui le fera ? Et qui pourront-ils accuser de ne point l'avoir fait ?".

Société positiviste de France
Mouvement cultuel — "Religion de l'Humanité" — fondé entre 1845 et 1848 (selon les sources) par le sociologue Auguste Comte. Il s'agit en fait "d'un syncrétisme de philosophie, de politique, de sociologie et de religion".
Cet ensemble complexe est né plus précisément de la philosophie sociale de Comte (décédé en 1857). Ainsi, "l'Humanité est le Grand-Etre qui mérite seul un culte".
Cent ans plus tard, en 1960, on estime qu'il y a environ mille adeptes en France… et trente fois plus à l'étranger. Eloignés de l'Eglise catholique, ils se recrutent surtout dans les milieux étudiant et enseignant. Leur emblème est un drapeau vert et leur devise s'inscrit ainsi : "l'Amour pour principe, l'Ordre pour base, le Progrès pour but". Les lieux de culte, orientés vers Paris, sont de simples salles comportant un autel sur lequel se tient un buste d'Auguste Comte. On trouve alors ces temples dans presque tous les chefs-lieux d'Académie.
Enfin, les "prêtres positivistes" doivent être âgés au moins de quarante-deux ans et suivre un stage de formation. Pendant les cultes, ils arborent un brassard vert au bras droit.

Société sacerdotale de la Sainte-Croix et de l'Œuvre de Dieu (ou Opus Dei)
Société religieuse discrète, reconnue par le Vatican et introduite en France dès 1938, même si son activité s'y fait essentiellement sentir à partir du mois de novembre 1954. La pénétration initiale se fait cependant à l'aide d'un organisme à vocation internationale, le Centre européen de documentation et d'information (CEDI).
Afin de tenter de contrecarrer la percée des idées socialistes en Espagne, un jeune prêtre âgé de vingt-six ans, José Maria Escriva y Balaguer, fonde en effet le 2 octobre 1928 un institut séculier dénommé **Société sacerdotale de la Sainte-Croix et de l'Œuvre de Dieu** (soit **Opus Dei**, en latin). La devise du mouvement est

alors la suivante : "Sois viril, sois homme, puis sois un ange". Son idéologie est résumée dans un ouvrage, *Camini*. De 1936 à 1939, la société voit ses activités très perturbées par la guerre civile d'Espagne mais, le 11 octobre 1943, elle est cependant reconnue par le Vatican comme "Institut communautaire sans vœux public". Le 24 février 1947, "l'ordre reçoit l'approbation provisoire, par décret pontifical « Primum Institutum »".

Président général de l'ordre, José Maria Escriva y Balaguer (et les prêtres constitués en **Société sacerdotale de la Sainte-Croix**) joue ensuite un rôle important dans l'histoire de la droite la plus conservatrice.

Dès 1955, l'**Opus Dei** fonde, depuis le septième arrondissement parisien, l'**Association de culture universitaire et technique (ACUT)**. Puis, en juin 1958, elle achète *la Table ronde*, laquelle, sous le contrôle de la SEPAL (Société d'éditions et de publications artistiques et littéraires) devient une "revue européenne de culture chrétienne". Des liens solides sont ainsi tressés avec la Cité catholique animée par Jean Ousset, puis avec ses divers avatars.

Le recrutement des effectifs "se fait généralement auprès des jeunes. Ils sont d'abord très soigneusement observés et le contact ne s'établit à propos de l'œuvre que lorsqu'on est sûr de leur parfaite fiabilité. Conduit dans un des centres de l'association, le nouveau membre est ensuite soumis à un véritable conditionnement psychologique qui l'amène progressivement à adopter les vues et jugements de l'œuvre. Il ne sera lâché dans « l'arène du monde » que lorsqu'il aura atteint le degré de perfection requis pour l'emploi qu'on lui réserve".

Le 3 août 1962 naît, sous les auspices de *la Table ronde* et de l'**ACUT**, une Société anonyme d'investissement pour le développement culturel (SAIDEC), dont l'objet est "la création et l'exploitation, sous quelque forme que ce soit, de résidences ou centres de formation pour étudiants ou toute personne poursuivant des études et recherches avec leurs annexes culturelles, artistiques et sportives". Puis, en novembre 1965, une nouvelle société, Apha-France, renforce ce dispositif. Il s'agit ici, principalement, de promouvoir "l'enseignement par correspondance de toute matière pouvant contribuer à l'éducation culturelle, scientifique, etc., des élèves". L'argent provient, en partie, de la SEPAL et d'une société suisse liée à l'**Opus Dei**.

Le 2 mai 1966, l'**Opus Dei** est enfin officiellement déclarée à la Préfecture de police de Paris. Son objet est "de promouvoir parmi les fidèles catholiques la recherche de la perfection chrétienne et l'exercice de l'apostolat dans leur état, en exerçant chacun sa profession ou son métier dans le monde (…). L'association s'efforce également d'ériger des croix, des calvaires ou d'autres monuments en l'honneur du Christ crucifié, afin de favoriser la dévotion à la Sainte-Croix". Bien entendu, "les membres de l'**Opus Dei** réalisent toutes leurs œuvres d'apostolat avec un profond respect des lois de l'Etat dont ils observent toutes les prescriptions".

En 1969, *la Table ronde* disparaît brusquement, car la SEPAL semble être "sollicitée par des motifs d'intérêt qui ne cessent de se mutiplier".

A la mort de José Maria Escriva y Balaguer, survenue en juin 1975, l'abbé Alvaro del Portillo lui succède à la tête de l'**Opus Dei**. En France, l'ordre compte alors environ entre cinq cents et mille trois cents membres. Mais le chiffre réel n'a pas d'importance en lui-même. Importent surtout "la « qualité » des individus recrutés et l'influence qu'ils peuvent avoir sur certains milieux, à certains postes, puisque telle est la tactique de l'**Opus Dei**".

Enfin, le fondateur de l'**Opus Dei** est béatifié par le Pape Jean-Paul II le 17 mai 1992. Son mouvement animerait également une organisation à vocation internationale, l'Association des médecins pour le respect de la vie.

Il existe au moins une revue interne, *Cronica*.

Sodalitas Gallica

Cette organisation vise, sans doute depuis 1986, "à lancer « à moyen terme » un mouvement non politicien qui construira le programme complet et concret de la France Nouvelle". Elle est surtout connue par l'intermédiaire de ses cahiers théoriques, *Sodalitas Gallica*, lesquels paraissent de loin en loin et dont le but est de "construire une grande Celtide"… par le biais d'une "démocratie scientifique". On y écrit donc sur la biologie et la génétique, mais aussi les "entités archétypales mais invocables et efficientes". Depuis 1989, **Sodalitas Gallica** dispose également

d'un bulletin de liaison intitulé *Le Labarum*. On y trouve des traces de l'influence du Front national et, même, du courant nationaliste révolutionnaire. **Sodalitas Gallica** regroupe alors quelques centaines de sympathisants, dont environ deux cents "contacts" sérieux.
Son responsable se nomme Jean-Loup Guillermin.

Soka Gakkaï internationale-France (SGI-F)

Une première **Soka Gakkaï** France (Société pour la création des valeurs) est mise en place entre 1961 et 1965 par Eichi Yamazachi, puis déclarée le 20 avril 1966 sous le nom de Nichiren Shôshû française (NSF). Son organe écrit s'intitule l'*Avenir*. Un des buts avoués est alors "de créer un pont spirituel entre l'Orient et l'Occident" en impliquant au maximum les membres des professions libérales. L'un de ses principaux points d'encrage occidental est situé à Trets, dans les Bouches-du-Rhône. C'est là que se tiennent en 1975, et sous l'égide du tout nouveau Centre européen de la Nichiren Shôshû (CENS), les cours d'été et les séminaires de la NSF. Mais le parc floral de Paris est également mis à contribution dès 1971, tout comme, le théâtre de la porte Saint-Martin (en 1973) et la salle Pleyel (en 1975)…

Pour sa part, l'Association des bouddhistes de France proteste en vain contre ces dérives "totalitaires"… d'autant que *l'élite européenne*, "tribune des nationalistes" français (d'orientation nationale catholique, puis proche du mouvement Ordre nouveau né en 1969) et pourtant très hostile à toute forme d'ésotérisme, se montre pour sa part fort séduite par "cette solution de rechange nationaliste japonaise". En effet "les « chemises blanches »" de la **Soka Gakkaï** vont affronter physiquement, dans les universités japonaises, "les divers courants maoïstes, trotskystes ou anarchistes du monde étudiant, pour faire respecter leur droit à l'expérience politique".

En 1967, un savant ouvrage intitulé *Dieux et sectes populaires du Japon* met de plus précocement en garde les autorités hexagonales : "Actuellement la plus importante des nouvelles sectes bouddhistes est la **Soka Gakkaï**, qui d'ailleurs ne veut pas être considérée comme une religion, mais comme une organisation laïque pour propager l'enseignement de Nichiren (…). C'est une organisation à forme quasi militaire, fortement structurée. Elle applique, pour amener de nouveaux adhérents à l'enseignement de Nichiren, la méthode des « conversions forcées » dont la pratique est obligatoire pour tous les adhérents. Elle déclare expressément ne pas tant s'intéresser à la recherche de la vérité qu'à l'obtention d'avantages immédiats dans tous les domaines. Avec un savant mélange de promesses éblouissantes et de menaces, elle vise surtout les pauvres, les malheureux, les malades, les ouvriers non syndiqués, etc. Elle lance des attaques virulentes contre l'occidentalisme en général et le christianisme en particulier (…). La secte s'est répandue de façon étonnante. Elle compte probablement des adhérents dans trois millions de familles. Elle s'est aussi lancée énergiquement dans l'action politique, est activement représentée dans les deux chambres du Parlement et constitue au Japon le troisième parti politique par ordre d'importance".

En 1989 naît enfin, officiellement et après — on s'en doute — bien des remous européens et des fusions, la **Soka Gakkaï internationale-France**. L'action du groupe se mène alors conjointement en Europe et aux Etats-Unis, car le Japon semble être "saturé". Elle est liée au trust Mitsubishi et elle prend parfois, en Région parisienne, les noms de Centre européen des congrès et d'Université Soka. Les "gardes" y portent un semblant d'uniforme : tenue blanche, cravate rouge et ceinture noire…

Ce mouvement "bouddhiste" (datant de 1937, dissout en 1942 et réanimé en 1946), venu du Japon où il anime depuis 1964 — et, même, depuis le tournant politique de 1958 — le parti droitiste Kômei-Tô (ou Parti pour un gouvernement probe, ou propre), est ainsi solidement basé à Sceaux et semble y adopter des accents ultra-nationalistes nippons, pacifistes (lutte contre les armes nucléaires) et anti-corruption, selon la devise "Détruire et conquérir". La structure organisationnelle retenue est pyramidale (sous la direction d'un sensaï, ou maître) et paramilitaire. Les méthodes envisagées sont assez brutales, ce qui conforte l'image fascisante perçue par le public, car "l'apologie du nationalisme alliée à des propositions sociales ont souvent fait qualifier la **Soka Gakkaï** de parti néo-fasciste".

Ses démêlés avec le Bouddhisme traditionnel sont, nous l'avons dit, très marqués en France. Ils s'inscrivent, en effet, sur fond "de problèmes financiers et de prosélytisme activiste".

En 1989, on recense ainsi au sein de l'Hexagone entre trois et cinq mille adeptes relevant de la **SGI-F**, "en majorité des jeunes de 18-25 ans issus de classes aisées et cultivées" et à "l'activité politique réduite, voire inexistante". A titre de comparaison, en 1978, la NSF ne regroupait pas plus de mille cinq cents membres.

L'ardeur prosélyte des membres est établie, mais reste courtoise et feutrée, car tout se passe "en douceur". Une main discrète est même tendue en direction de certains militants communistes (surtout japonais) car, "mieux vaut être nombreux sous un grand arbre que solitaire, secoué par les tempêtes" !

Ainsi, politiquement, "nul ne sait plus comment suivre ce mouvement d'obédience bouddhiste", mais traversé, en 1990-91, par un schisme profond...

Pourtant à Nantes, par exemple, l'implantation de la **SGI-F** devient alors évidente, et solide.

Ils sont sept mille sectateurs, en 1991, au sein de l'Hexagone.

En 1997, six mille membres (non reconnus par les autorités bouddhiques) s'activent encore principalement au sein des deux centres situés dans la région parisienne. Un autre occupe un domaine situé dans les Bouches-du-Rhône. On y diffuse un bimensuel hérité de la NSF, *Troisième civilisation*, lequel assure — depuis 1975, au moins — que "son action et son mouvement sont sans précédent dans notre histoire et sur notre planète".

L'implantation est, nous l'avons dit, très marquée à Sceaux, dans les Hauts-de-Seine et surtout à Trets (dans les Bouches-du-Rhône).

Au Japon, la **SGI** doit compter, pour sa part, avec la concurrence de la secte (également d'inspiration bouddhiste) Shin Nippon Shukyo, "plus tolérante et moins nationaliste".

Solaria

Association sans but lucratif fondée "au solstice d'hiver 1992", surgeon du Centre européen de recherche héliaque basé dans le douzième arrondissement parisien. Elle est le pendant du Cercle européen de recherches sur les cultes solaires (CERCS).

Solaria regroupe des personnes intéressées par l'approche solaire du sacré et du profane à travers les différentes civilisations, philosophies et traditions. Cette structure édite une revue trimestrielle (ou semestrielle), *Solaria*, laquelle n'hésite pas à accueillir ou chroniquer des auteurs parfois classés très à droite (par exemple, dans le numéro 27, un article — *Le Soleil retrouvé* — est relatif à Jean Mabire).

Solaria est étroitement liée à la Maison du Soleil, implantée dans le Bas-Rhin et produisant notamment des bijoux, des posters et des calendriers. On y trouve également un centre d'études solaires.

Ses liens avec la Nouvelle Droite, dont certaines structures permettent la diffusion de la revue, s'affirment durant les années deux mille.

Sous la bannière

Bimestriel catholique proche des milieux intégristes (et émanation de l'Action familiale et scolaire de 1975) lancé, depuis le Cher, en 1986. Une de ses particularités est d'adopter une position "sedevacantiste" selon laquelle Jean-Paul II est considéré comme un anti-pape, illégitimement élu. De même, Paul VI ne serait devenu pape qu'à la suite d'un "trucage" orchestré conjointement par l'URSS, les organisations juives américaines et certaines loges maçonniques.

Cette revue lutte également contre la "fausse droite catholique" de certains guénoniens et semble alors faire preuve d'une véritable "paranoïa antignostique". Elle est animée, à ce moment, par A.M. Bonnet de Viller.

Une des publications approchantes s'intitule *Bonum Certamen*. Son animateur est l'abbé Mouraux.

Spirale

Association fondée en octobre 1983 et s'inspirant d'un "contact" survenu, durant l'ère giscardienne, en novembre 1979, entre Franck Fontaine et des extraterrestres. C'est la célèbre affaire de Cergy Pontoise…

Le but de **Spirale** est de "rédiger et diffuser une revue favorisant l'expression des individus en contact avec d'autres dimensions". L'association, aux accents volontiers prophétiques, se disloque pourtant à la fin de l'année 1985. L'aventure de **Spirale** s'achève, en fait, "quand la partie la plus radicale du groupe, convaincue d'apocalypse imminente, prend le chemin du Mont Sinaï d'où une soucoupe volante devait l'emmener sur un monde meilleur".

Le **Mouvement raëlien français** récupère, en partie, les fruits de ce travail de *"*propagandiste soucoupiste*"* voisin des approches du contacté George Adamski. Mais le fichier alors constitué permet également *"*d'abreuver les ex-membres et lecteurs d'offres diverses et variées*"*. Les liens de filiation unissant **Spirale** et les futurs clubs **Archedia** sont, également, évidents.

En Bretagne, l'**Institut gnostique d'anthropologie (IGA)** récupère, pour sa part, une partie des locaux de **Spirale**.

Enfin l'association **Spirale** ne doit absolument pas être confondue avec un mouvement artistique parisien (et féministe) du même nom… existant au moins depuis 1978.

Sub Tuum Praesidium

Trimestriel catholique intégriste basé en Indre-et-Loire, persuadé de l'imminence de la fin du monde et *"*du sauvetage de l'Eglise par un « petit reste » demeuré fidèle*"*. Le concile Vatican II, la franc-maçonnerie (vecteur de *"*dégradation*"*) et le pape *"*hérétique*"* Jean-Paul II y sont, pêle-mêle, voués aux gémonies. Son animateur historique est l'abbé Zins.

Syndicat pastoral de l'Usclat

Petit mouvement aux tendances *"*sectaires*"* basé en Ariège vers 1973 et animé par un ex-légionnaire aux allures de patriarche barbu, Marc Saracino. On y utilise *"*un langage écologique et révolutionnaire plutôt emphatique*"* et l'on tente d'y diffuser un idéal de retour à la terre *"*dans le but non seulement de résoudre des problèmes personnels mais aussi de faire échec à la civilisation urbaine et à l'économie de profit*"*. Le mouvement serait alors soutenu par un très énigmatique Groupe des Blancs, basé dans l'Aude.

On s'y plaint également amèrement d'être menacé *"*par les fascistes de **Longo Maï***"*. On doit également à Marc Saracino l'existence d'un groupusculaire Front marginal révolutionnaire, pratiquant parfois une sorte de *"*nudité militante*"*.

L'ensemble est impliqué dans les luttes conduites vers 1974 au Larzac.

Synergies européennes (SE)

Fraction de la Nouvelle Droite serrée, dès 1993-1994, autour du politologue belge Robert Steuckers puis de ses *Nouvelles synergies européennes*. Même si, en France, le poids des militants **SE** (bien plus intéressés par les pays de l'Est) est alors négligeable, le mouvement d'outre-Quiévrain y organise pourtant des ateliers de formation comprenant, notamment, la participation de l'universitaire lyonnais Jean-Paul Allard. De nombreuses publications étrangères proches de la Nouvelle Droite trouvent de plus, dans les rangs de **Synergies européennes**, de zélés traducteurs.

A Metz, le Cercle Hermès, animé par Robert Keil, sert de relais pour l'est de l'Hexagone. Il en est de même, pour les Bouches-du-Rhône, de la revue évolienne *Muninn* (teintée de régionalisme mais "ouverte sur le monde") et de ses colloques.

A Grenoble, le Pôle philosophique Hélios, organisé par le musicien "industriel" Jean-Marc Vivenza (fondateur du **Futurisme européen révolutionnaire**), tente localement de faire connaître les idées de **SE**. Ce dernier publie également quelques ouvrages, parfois chez de "grands éditeurs" comme Albin Michel.

Il existe de même, depuis le mois de novembre 1992, une revue bruxelloise d'études polythéistes, *Antaïos* (animée par un enseignant, Christopher Gérard) dont l'impact hexagonal reste marqué. Elle bénéficie en effet du soutien de *Politica Hermetica* et de *l'Autre histoire*.

T

Témoins du Christ
Les **Témoins du Christ** sont une émanation de L'Eglise chrétienne universelle, laquelle est un mouvement religieux d'inspiration censément chrétienne — mais dissident de l'Eglise catholique — fondé à la fin de l'année 1952 par Georges Roux (surnommé le Christ de Montfavet). De sévères polémiques concernant le don de guérison de ce dernier ont par ailleurs lieu dans les années cinquante à la suite de décès de fidèles et d'enfants. De toutes les manières, si tout échoue, le malade "doit mourir", car "devant Dieu, il ne sert à rien de prolonger une existence mauvaise".

En janvier 1956, ce mouvement est remarqué lors des élections législatives générales. Organisés par un ancien combattant, Jean Thos, et présents dans les premier, second et troisième secteurs de Paris, les **Témoins du Christ** ont alors "un seul candidat : Dieu, un seul programme : l'exécution intégrale de sa volonté".

En effet, c'est avec une "parfaite lucidité" que les **Témoins du Christ** notent parallèlement "la honte des sans-logis, la monstruosité d'une course permanente aux armements qui ruine le plus clair des forces vives de la nation, les causes véritables du conflit qui oppose les patrons aux ouvriers exploités, le gouffre d'une Sécurité Sociale qui n'offre qu'un maigre palliatif aux souffrances et aux nécessités des citoyens, les défauts d'un enseignement qui ne correspond plus aux exigences du peuple, et tant de vicissitudes encore qui privent l'homme du bonheur auquel il aspire".

Après la mort du fondateur Georges Roux, l'Alliance universelle, une association fondée au mois d'août 1983, prend le relais de l'Eglise chrétienne universelle afin de continuer à diffuser sa pensée.

Tempête et Tonnerre
"Skinzine" d'ultra-droite, à parution irrégulière et lancé, en 1990, dans le département du Nord. Il présente en fait surtout "des textes théoriques sur les mythes fondateurs de la civilisation européenne ou l'Ultima Thulé, terre du Grand Nord, des articles

sur le peuple viking"... et des diatribes racialistes et antisémites. Le catholicisme y est par ailleurs qualifié de "religion néfaste et crétine comparable à l'appauvrissement mental d'un individu". L'ensemble ne doit pas être confondu avec *Tonnerre, pour la race et la nation*, destiné — peu ou prou — au même public mais datant de l'année 1988.

Terre et Peuple
Association identitaire, aux accents païens et nationaux-révolutionnaires, fondée en novembre 1994, animée par Pierre Vial et forte de ses implantations lyonnaises, parisiennes et strasbourgeoises.

Le dimanche 29 septembre 1996, lors du rassemblement annuel du Front national, **Terre et Peuple** propose ainsi une sorte "d'antimesse", "sous une tente ornée de symboles rituels scandinaves".

Il s'agit en fait, pour ce mouvement tant culturel et spirituel que politique, de tenter de rechercher les racines spirituelles (notamment païennes et celtiques) des peuples européens. Les analyses de cet "outil de renaissance païenne" influencent, en 1999, le récent Mouvement national républicain et son impact sur les cadres du Front national de la jeunesse, ou du Renouveau étudiant, est également loin d'être marginal.

La mission de **Terre et Peuple** s'inscrit ainsi : "Notre peuple doit prendre conscience, de plus en plus clairement, de son identité. Une telle entreprise est au cœur de nos préoccupations. Elle est un des axes de notre mission d'éveil des intelligences et des cœurs".

L'organe écrit de l'association est *Terre et Peuple Magazine*, revue trimestrielle lancée en 1999. Son emblème est un edelweiss. Il existe également une discrète *Lettre de Terre et Peuple*. On y annonce les activités de l'association : visites, dégustations de vins, colloques, assemblées générales à Brocéliande (actuelle Forêt de Paimpon), etc.

Cet ensemble est composé, géographiquement, de "bannières", ayant chacune un "prévôt" à leur tête. Ignorant les frontières, "**Terre et Peuple** essaime jusque dans les Ardennes belges et travaille en partenariat avec Renaissance européenne". Mais, à la fin des années quatre-vingt-dix, le noyau dur du mouvement était localisé autour de Villeurbanne, près de Lyon. Son symbole est, nous l'avons dit, une fleur, l'Edelweiss.

Signalons également le bulletin toulousain *Auda Isarn*, émanation de **Terre et Peuple** présente (au moins depuis le mois de mai 1998) en pays cathare. Cette publication paraît alors trois fois par an sous le signe du "clan à l'edelweiss".

Terres Celtiques
Catalogue diffusant, depuis Grenoble, divers bijoux vikings et celtes ainsi que des livres, des disques, des figurines, des reproductions d'épées, des épinglettes, des boucles de ceintures et autres blasons. Il bénéficie, en 2000, du soutien de la revue identitaire *Utlagi* et du Parti nationaliste français et européen.

Thélèma
Revue trimestrielle ésotérique dirigée, dès le début des années quatre-vingt, par un militant nationaliste révolutionnaire, Christian Bouchet. Elle traite de "l'histoire des groupes liés à Aleister Crowley et, plus largement, de l'histoire de toute la mouvance occultiste".

La revue *Thélèma* est intimement liée à la Société des amis d'Aleister Crowley (fondée vers 1983), basée en Loire-Atlantique, au sein du Centre international de recherches et d'études sur le thélèmisme et les mouvements associés… et aux Editions du Chaos. Ces dernières publient notamment, en 1998, un ouvrage de Christian Bouchet intitulé *Aleister Crowley et le mouvement thélèmite*.

Citons, dans la même mouvance, *L'Equinoxe* (organe semestriel de l'**Ordo Templi Orientis** en France) et les Editions Les Gouttelettes de Rosée basées dans l'Hérault, présentant pour leur part une sensibilité plutôt marquée à gauche.

Totalité
Née en 1977, la revue trimestrielle *Totalité* (sous-titrée *Pour la révolution culturelle européenne*, puis en 1986, *Révolution et Tradition*) marque — au sein, dès 1982, des **Editions Pardès** — "l'affirmation d'une orientation, la révolte contre le monde bourgeois au nom des valeurs traditionnelles dans leur formulation par Julius Evola". Elle est publiée par le Cercle culture et liberté et une partie de son inspiration est à chercher au

sein des activistes italiens animant Ordine Nuovo. Au début des années quatre-vingt, elle tend — après moult hésitations — à se rapprocher de la Nouvelle Droite.

Totalité est pourtant, essentiellement, une revue traditionaliste évolienne animée par Philippe Baillet, Daniel Cologne et Georges Gondinet. Très liée avec les milieux italiens afférents, elle connaît 27 numéros, jusqu'au printemps 1987. Dirigée avec "beaucoup de lucidité" par Georges Gondinet, elle est alors enscensée par la revue — fondée en 1985 — nommée *Vers la Tradition*. Elle trouve également un soutien auprès du Cercle écologique des amis de l'Europe (CEDADE, clin d'œil à une organisation activiste espagnole), basé à Orange depuis 1980, mais surtout de la publication *Eléments* et de la revue ***Rebis***.

En fait, il s'agit aussi "de délaisser ce milieu sclérosé, où le meilleur côtoie le pire, de l'extrême droite. En effet, nous n'avons que peu de chose en commun avec ceux qui prennent plaisir à projeter des coups d'Etat ou présentent une image caricaturale de l'action à mener contre le monde moderne. L'extrême droite est pour nous le premier échelon, et nous le savons pourri, vermoulu. Il nous faut poser le pied dessus pour accéder aux autres échelons et nous élever progressivement. Mais ce premier échelon ne peut avoir pour nous que l'importance d'un point de départ".

Le trimestriel ***Totalité*** "éclairera et soutiendra donc, en Europe et hors d'Europe, les mouvements agissant dans la direction des luttes de libération nationale et populaire contre les oligarchies mondialistes, luttes qui sont le reflet opaque, dans les conditions historiques présentes, du combat permanent mené derrière les coulisses de l'histoire entre la Tradition et la Subversion". Cependant, "le titre de « Totalité » n'implique aucune référence à un quelconque totalitarisme politique"…

Selon ***Totalité***, l'humanité atteint actuellement la "fin d'un cycle" de la cosmogonie traditionnelle et seule une infime élite guénonienne ou évolienne peut espérer "passer d'un cycle à l'autre pour devenir le ferment d'un ordre nouveau".

On y disserte également sur l'Islam, le paganisme, la Phalange espagnole, le "nazi-maoïsme", la Nouvelle Droite, la chevalerie ou la royauté et on y exalte finalement l'autorité, l'aristocratie, l'antimarxisme, l'anti-scientisme et la hiérarchie. La lecture du bimestriel d'extrême droite *Défense de l'Occident* y est, d'autre part, conseillée.

Comme le constate cependant, en 1978, la revue *Question de*, on peut "certes ne pas adhérer (c'est notre cas). Mais la position de *Totalité* exprime une constante dans la présence contemporaine des doctrines traditionnelles". En effet, *Totalité* affirme incarner une contestation plus radicale que celle des marxistes et agir au nom des valeurs traditionnelles dans leur formulation par Julius Evola. Au milieu des années quatre-vingt, la revue est notamment soutenue par le mouvement solidariste Troisième Voie.

L'emblème sous lequel s'inscrit *Totalité* est une version "celto-germanique de la Sonnenrad ou roue solaire, symbole enraciné dans l'héritage indo-européen". On y retrouve le dessin de deux cercles concentriques (représentation de la totalité universelle et du soleil qui en est le centre) et de la croix (symbole du Pôle, des quatre directions de l'espace, de l'équilibre et de l'harmonie).

Durant les années quatre-vingt, *Totalité* se dote d'un pendentif circulaire reprenant ce schéma. Le fond y est de couleur rouge, comme la couverture de la revue. La publication s'étoffe également de suppléments, parfois attribués à un mystérieux Groupe (romain) des Dioscures.

Parmi les revues proches de *Totalité*, citons encore *Exil*, basée en 1976 dans le septième arrondissement parisien et qui propose cinq livraisons par an. Il existe également, en 1980, un Cercle des amis de *Totalité* (CAT) dont le but est "de réunir les conditions matérielles nécessaires au maintien de la revue et à la réalisation de nouveaux projets". Ce cercle a, bien sûr, "pour premier objectif d'aider la revue à survivre face aux conditions qui sont celles de la presse de la droite radicale en Europe".

Les activités de la revue *Totalité* cessent, nous l'avons vu, en 1987. Elle est remplacée, durant un temps, par les *Cahiers Julius Evola*, dirigés par Philippe Baillet. Dans cette même mouvance apparaît, à partir de 1988, une publication intitulée *Les Deux Etendards*.

Tout restaurer dans le Christ (TRC)
Association catholique intégriste, basée dans les Yvelines et animant, sans doute depuis le milieu des années quatre-vingt, un petit service de librairie par correspondance. Fait surprenant dans le cadre de cette famille de pensée, on ne s'y intéresse pas uniquement aux démons ou à la franc-maçonnerie, mais

également aux extraterrestres, aux planètes habitées, aux ovnis et autres soucoupes volantes…

L'écrivain Michel Servant est fort proche de cette structure cultuelle.

Tradition et Progrès

Bulletin trimestriel intégriste basé, depuis 1979, dans la Marne et assurant — en 1988 — que les responsables de la crise du monde catholique sont "les papes et évêques modernistes, amis et admirateurs serviles du judaïsme, des francs-maçons et du gauchisme « démocratiste » et marxisant".

Fort de mille cinq cents lecteurs, il se définit donc comme "contre-révolutionnaire, et farouchement antimaçonnique".

Tradition-Famille-Propriété (TFP)

Association loi 1901, déclarée à la préfecture de Paris le 21 janvier 1977 sous la forme d'une association française de défense (de la Tradition, de la famille et de la propriété) et siégeant alors à Asnières. On peut la qualifier "d'organisation catholique d'orientation traditionaliste militante" et, surtout, non violente.

Fondée le 26 juillet 1960 par un Brésilien né en 1908, Plinio Corrêa de Oliveira, cette **TFP** entend initialement "restaurer la civilisation chrétienne", combattre la réforme agraire engagée au Brésil et, surtout, lutter contre le "marxisme ecclésiastique", le communisme, le socialisme et toute atteinte aux prérogatives patronales au sein des entreprises. Certains membres prononcent un vœu d'obéissance au leader, lequel est l'objet d'une sorte de culte car on lui attribue parfois "le charisme d'inerrance et de prophétie". Ses idées se répandent progressivement dans toute l'Amérique du Sud, aux Etats-Unis, au Canada, puis en Europe (France, Allemagne et Espagne).

En 1974, un ouvrage intitulé *Allende et sa voie chilienne… pour la misère* justifie le pouvoir hégémonique d'Augusto Pinochet. On y apprend notamment que la "voie chilienne" d'Allende constitue le "symbole d'un nouveau mode de communisme".

Dès 1977, la secte met en place, dans le Berry, l'Ecole Saint-Benoît, afin d'y recruter des adeptes sous l'égide de l'association **Assistance Jeunesse**. Mais la fermeture de l'établissement, vivement souhaitée par des prêtres et des enseignants, intervient au début des années quatre-vingt. En effet, ses démêlés avec la hiérarchie catholique officielle et, même, avec les leaders du courant national-catholique français, sont alors innombrables. Les relations avec la mouvance lefebvriste sont exécrables. Quant aux traditionalistes animant la Cité catholique, ou ses avatars, ils se montrent des plus circonspects... ou hostiles.

Durant l'automne 1981, toujours au sein de l'Hexagone, une virulente compagne sera conduite par la **TFP** contre "le socialisme autogestionnaire", "le double jeu du socialisme français" et pour l'école libre. Manifestes, écrits (dont l'ouvrage intitulé *Autogestion socialiste : les têtes tombent*), campagnes sur la voie publique, tentatives de croisades et encadrements des adolescents rythment alors la vie de la **TFP** hexagonale.

En 1982, "la secte s'offre deux pages de publicité contre Mitterrand dans *Minute*". Quatre ans plus tard, une publication animée par des dissidents du Front national, *Citadelle*, l'assure de son soutien. Il est de même, dès 1985, du Mouvement Travail Patrie (MTP).

Sévèrement critiquée par l'Eglise catholique (et même par les milieux traditionalistes) qui lui reprochent notamment ses méthodes de recrutement et son culte de la personnalité, la **TFP** agit ensuite principalement, au sein de l'Hexagone, par le biais de l'association **Avenir de la culture**... et de ses millions d'envois postaux.

On lui connaît au moins un organe écrit mensuel, *Aperçu*, lancé depuis Asnières, au mois de mars 1985, par Guillaume Babinet. Cependant **Tradition-Famille-Propriété** est alors l'objet d'une cinglante mise au point de la part des évêques brésiliens : "la **TFP**, par son caractère ésotérique, par son fanatisme religieux, par le culte voué à la personnalité de son chef et créateur, par l'utilisation abusive du nom de la Très Sainte Vierge Marie, d'après les informations véhiculées, ne peut en aucune façon mériter l'approbation de l'Eglise". Le mouvement n'en continue pas moins à conduire "une campagne de diffusion en France du message de la Sainte Vierge à Fatima". Il y animerait le cercle — de tendance monarchiste et sans doute anti-maçonnique — Auguste Cochin et, en 1999, l'association Droit de naître (opposée à l'avortement).

Son emblème est un lion doré bondissant, surchargé d'une croix rouge inscrite dans la crinière.

U

Utlagi
Revue militante fondée en 1999, "pour un réveil culturel et identitaire". Activiste et fortement empreinte de paganisme (tant nordique que celtique), *Utlagi* tente alors de rayonner sur l'Anjou, la Bretagne, le Maine et la Normandie. Sa devise s'écrit ainsi : "Avant de savoir où tu vas, apprends à savoir d'où tu viens".
Son titre signifie, dans "la vieille langue norroise", "hors la loi" (ou "non-conformiste", selon les analyses des rédacteurs). Le rédacteur en chef est Erwin Turquetil.
Cette revue est alors très liée à l'association identitaire **Terre et Peuple**, née en 1994, mais aussi à la Nouvelle Droite et aux Amis de Jean Mabire. Son emblème est un corbeau, de forme et de dimensions variables. Elle se décrit ensuite comme une "revue d'avant-garde régionaliste". Des annonces favorables à diverses maisons d'édition y figurent, à l'exemple des **Editions du Veilleur de Proue**, de *Heimdal*, de Gergovie (à vocation historique) et d'**Irminsul Editions**.

U-Xul-Klub (UKLB)

Le **U-Xul-Klub**, ou Club des surhommes (loi 1901), est fondé à la fin de l'année 1985 par Jean-Claude Monet, un Français né en 1938... et résulte d'un lent cheminement politico-ésotérique initialement marqué par l'émergence, en 1961, d'un minuscule **Parti national-socialiste ouvrier français**. Son prédécesseur direct est la Golden Dawnoss parisienne, laquelle émerge en février 1984 sous les mêmes auspices. Il s'agit bien de constituer, ainsi, "l'Agartha des traditions orientales développée au niveau interplanétaire".
Aux côtés de Jean-Claude Monet se trouvent alors "un haut-maître, un grand commandeur et une grande-prêtresse (la comtesse de Thulé)".
Jean-Claude Monet fustige immédiatement "les petits curés véreux et marxisants de l'Eglise catholique visible".
En fait, il met en place, progressivement "une parodie athée de la religion chrétienne". Ainsi, il crée une sorte de "parente moderne du satanisme"...

Dans ces années quatre-vingt (en 1984, certainement), la revue ésotérique *Nostra* publie, pour sa part, des textes "délirants" : "Paris. La Golden Dawn des immortels volants de Notre-Dame de Chartres (Sheena Meinhardt) regroupe deux cents milliards d'ufaunautes, dénébiens, martiens, sérendibiens. Cent vivent sur Terre jusqu'en juillet 1999. Paix mondiale jusque-là. Ces ouraniens dominent les mondes à l'aide d'ovnis, commandés par l'époux de Sheena, Karl Thor (Troth-Sabaoth). Ils possèdent l'arme absolue, le vrilxxor. Ils pratiquent l'Arcanglicanisme (Anglo-Christianisme), hors duquel point de salut, fondé par Jean-Claude Monet (« l'Henri VIII » des dénébiens). Ils adorent les surdieux, Jésus Christ, l'ADAC. Ecrire à Jean-Claude Monet, écrivain-ufonaute, maître des ovnis".

Les objectifs poursuivis par l'**UKLB**, "émanation" autoproclamée de la — magique voire sataniste — Golden Dawn anglaise, sont donc "de diffuser l'Archanglicanisme ou Anglo-Christianisme, « religion des surhommes, scientifiquement prouvée à cent pour cent », d'imposer la paix mondiale à l'aide de la Force spatiale extraterrestre et d'établir une « Arche de noé-ovni » pour transporter « les contactés d'honneur de l'**U-Xul-Klub,** ou Super-héros anglicans, après l'Apocalypse du 19 juillet 1999, sur des planètes habitées de Deneb »". Le tout est basé dans le seizième arrondissement parisien… D'ailleurs, le 25 décembre 1985, monsieur Monet y a rencontré un ufonaute dénébien, Z'Radill, près du métro Boissière.

En 1988, une dizaine de passionnés se retrouvent régulièrement dans un café du quinzième arrondissement parisien afin d'y commenter ces révélations. Il y aurait alors également une vingtaine de correspondants provinciaux.

Karl Thor, c'est-à-dire Jean-Claude Monet, prétend finalement être le Commandant en chef de ces forces spatiales extraterrestres et il entend bien, alors, "noyauter méthodiquement toutes les sectes, toutes les sociétés secrètes et tous les partis". Las, vers 1995, moins de cinquante personnes, dispersées dans une dizaine de communes de France, prêtent encore l'oreille à de telles affirmations... "étayées" par des photographies prises "dans le futur" et des messages codés "adressés en secret à domicile".

Certains hommes politiques vont également recevoir ces "informations" du "chef suprême de la race des Verts".

Pourtant, en 1988, est déjà paru (à Paris) un ouvrage intitulé *Les treize champs d'Ialou. Isis parle au monde*. Il s'agit d'un livre de Suzanne Gertsch (alias Sheena Meinhardt, "Reine du Ciel"), ancienne compagne de Jean-Claude Monet, laquelle assure, sur plus de trois cents pages, "qu'elle est la déesse Isis, que Marie en personne a annoncée sa mission, ou encore que Melchisédech et Einstein sont de bons amis de sa famille. A côté de cela, ses contacts quasi-quotidiens avec les Supérieurs Inconnus venant de la constellation du Cygne et ses nombreux voyages cosmiques semblent presque banaux". Bien entendu, Isis, mère d'Horus, est la plus grande de toutes les déesses égyptiennes… De nombreux mouvements ésotériques la considèrent donc "comme l'initiatrice suprême, celle qui détient le secret de la vie, de la mort et de la résurrection".

Cette même année 1988 paraît également, à Paris, *L'enchiridion*, un ouvrage de 256 pages rédigé par Jean-Claude Monet. C'est en fait le résultat "d'un mélange extraordinaire de soucoupes volantes, des contacts de l'auteur, d'occultisme, de mythologies nordiques et égyptiennes, de messianisme et d'inventions verbales"… Ce dernier ouvrage constitue, pour finir, la "bible des Ovnis et des Grands Terrifiants". Des copies sont adressées à certains "décideurs".

V

Vector
Apparu en 1988, ***Vector*** est un bulletin sans périodicité mais d'orientation clairement traditionaliste révolutionnaire. Evoluant dans l'orbite du Parti nationaliste français et européen fondé en avril 1987, ce titre très confidentiel semble être également proche de la revue politico-ésotérique ***Kalki***, de la très futuriste *Œuvre Bruitiste* et du fort complexe **Futurisme européen révolutionnaire (FER)**.

Vent d'Est
Fanzine alsacien, datant sans doute de 1999 et orné, en première page, de l'écusson de l'Alsace et ″d'un fier Gaulois caricatural, avec ses moustaches tombantes et son casque ailé″. ***Vent d'Est*** propose notamment ″un article sur les traditions païennes et alsaciennes dans le plus pur esprit national-révolutionnaire″. En effet, précise le fanzine, ″les sommets alsaciens ont longtemps servi de lieux de culte en l'honneur du soleil chez nos ancêtres. En Alsace, les prêtres du culte solaire se servaient des Ballons (ou Belchen) pour indiquer les principales fêtes celtiques ainsi que les jours des équinoxes et des solstices″.

Vie et Lumière !
Cette modeste revue, dédiée au ″naturisme intégral″ et fondée dans les années trente par le docteur Fougerat de Lastour, prend, en 1960, des accents anti-musulmans et anti-indépendantistes algériens. Un ancien ministre (communiste) de la Santé publique, Georges Marrane, y est également pris à partie. On y développe de même une conception de la nudité ″proche des idées de la droite réactionnaire″…

Cependant, l'ensemble de la prose de ***Vie et Lumière !***, confuse à souhait, baigne également dans une sorte d'ésotérisme chrétien peu audible. On y affirme, par exemple, que ″Moïse, revivant, briserait de nouveau les Tables de la loi !″.

Viking

Fondés en mars 1949 par le journaliste Jean Mabire (alors âgé de vingt-deux ans), ces "cahiers de la jeunesse des pays normands" entendent conduire un combat culturel pour la renaissance de l'esprit viking en Normandie. La première formule reprend ainsi, en couverture, l'image "du glaive viking et des deux léopards normands". Ensuite sont popularisés la fameuse "tour de Jul" (ce chandelier qui fut utilisé jadis par certains paysans suédois... et la SS) et — vers la fin — de nombreux signes runiques. Il s'agit en fait, surtout, de la "rune Man récente", "principe actif, créateur et procréateur, de la liberté, de l'épanouissement et de la vie".

L'inspiration est issue, en partie, de l'éphémère revue *Terre Normande* (janvier 1946-avril 1947). L'hitlérisme est d'ailleurs repoussé car "une démocratie nordique est possible. Peut-être même n'y aura-t-il jamais d'autre vraie démocratie que celle-là".

Mais l'idée vient de plus loin encore car, en 1903, une association nommée Souvenir Normand attribue déjà une décoration de l'Ordre des Vikings comportant trois grades : Compagnon, Skappar (champion) et Iarl (chef)... Cette filiation très spécifique est d'ailleurs ouvertement revendiquée par *Viking* dès l'année 1954. On édite alors des cartes postales, des calendriers, des dépliants, des fanions... et les drapeaux "à la croix" afférents. Dynamique et jeune, l'équipe de *Viking* parvient même à occuper certaines pages du mensuel *Normandie-Actualité* (dans le cadre de la rubrique intitulée "Normandie de toujours").

Le dernier numéro de la revue *Viking* (nouvelle série, plus "vivante et incisive", voire "suicidaire") est finalement daté de 1958, à la lisière de la période ici étudiée.

Enfin, "pour servir de lien entre tous ceux la grande famille de la revue *Viking*, il est créé en 1955 un petit bulletin ronéotypé qui porte le nom de *Fram* (En avant) ". *Fram* se définit alors comme un "journal apériodique des amis de *Viking*". L'ensemble, fort marqué à droite, est lié à l'atelier des Imagiers Normands animé, depuis Cherbourg, par l'épouse de Jean Mabire, mais qui produit avant tout des publications touristiques.

Durant l'automne 1971, une entreprise éditoriale bien plus vaste, **Heimdal**, reprend, pour de longues années, la suite spirituelle de *Viking*. Dès 2002 il se crée finalement un *Bulletin des Amis de Jean Mabire*. Cette publication est l'émanation (trimestrielle) de l'Association des Amis de Jean Mabire (AAJM), fondée durant l'automne 2001 et très proche du Mouvement normand.

Jean Mabire décède le 29 mars 2006. Lors de ses obsèques, les militants arborent un brassard rouge, orné des deux léopards et d'un glaive de couleur noire.

W

Words of Life

L'organisation **Words of Life**, les ″Mots de la Vie″, s'est implantée en France (dans les régions de Nice et de Caen), durant l'année 1992. Elle s'y fait, ensuite, assez peu remarquer, bien qu'un article du journal *Libération* la mette directement en cause dès le mois de janvier 1995.

Il s'agit, en fait, de l'émanation d'une structure sectaire suédoise dirigée, depuis 1983, par un ex-pasteur protestant, jadis militant de gauche, Ulf Ekman. Plusieurs milliers de disciples européens le suivent, peu à peu, au sein de son mouvement, dénommé Livets Ord…

Depuis la Suède, Ulf Ekman tonne, pérore et parle de la démocratie comme d'une ″démon-cratie″. Durant ses prêches, ″il ponctue ses prestations par la répétition du même mot ou hurle des formules « magiques » comme : « Shirabajaba-hana-bora-bora, bosh. Je suis alpha, je suis oméga ». L'assemblée est au bord de l'hystérie, les disciples se frappent la poitrine et sautillent d'avant en arrière. Ces grand-messes se terminent toujours par une prière à la gloire de « notre nation sacrée, la Suède »″.

La station radio (suédoise) du mouvement a été finalement cédée à la très française station NRJ. Cependant, Ulf Ekman semble, à présent, s'intéresser très sérieusement à l'Europe de l'est…

Voir **Puissance de la vie**.

Z

Zog
Zog est l'acronyme de Zionist Occupation Government (Gouvernement d'occupation sioniste), lequel résulte d'une théorie antisémite du complot, parfois empreinte d'apports "religieux" et, en Europe, fortement anti-américains, selon laquelle les gouvernements du "monde blanc" seraient en fait contrôlés par les Juifs.

Cette accusation, qui revient en partie à "réactualiser" les thèmes d'un célèbre faux émanant de la police tsariste et de caractère antisémite, les *Protocoles des sages de Sion*, est apparue au sein des milieux d'extrême droite aux Etats-Unis dans les années soixante-dix avant de s'y implanter durablement après 1980.

Au sein de l'Hexagone, dans les années quatre-vingt-dix, la "croyance en l'existence de **Zog**" touche alors essentiellement des activistes proches du **Ku Klux Klan France**, certains boneheads (expression disqualifiante désignant les "skinheads d'extrême droite") et les milieux néonazis. Une des particularités de la propagande afférente est l'utilisation soutenue de la bande dessinée et, bien entendu, du réseau internet alors naissant. L'impact obtenu est palpable et, le 13 juillet 2002, Maxime Brunerie (alors membre du groupe Unité radicale) aurait laissé — avant de tirer sur le Président Jacques Chirac — un message sur le forum internet du groupe néonazi anglais Combat 18 ainsi libellé : "Regardez la télé dimanche. Je serais la star. Mort à **Zog**, 88 !". Le nombre 88 renvoit pour sa part, bien évidemment, aux lettres HH, ou Heil Hitler…

Notons, pour l'anecdote, que Zog est également le nom du roi "fantoche" d'Albanie qui y règne à partir du mois de septembre 1928… en composant avec les foucades impérialistes de Bénito Mussolini.

BIBLIOGRAPHIE

ABGRALL Jean-Marie, *La mécanique des sectes*, Paris, Payot, 1996.
ALGAZY Joseph, *La tentation néo-fasciste en France (1944 à 1965)*, Paris, Fayard, 1984.
ALGAZY Joseph, *L'extrême droite en France (1965 à 1984)*, Paris, L'Harmattan, 1989.
ANTEBI Elisabeth, *Ave Lucifer*, Paris, Calmann-Lévy, 1970.
BAYARD Jean-Pierre, *Le Guide des sociétés secrètes*, Saint-Amand-Montrond, Lebaud, 1989.
BERGERON Francis et VILGIER Philippe, *Guide de l'Homme de Droite à Paris*, Paris, Editions du Trident, 1989.
BERNAGE Georges, FICHET Paul et MABIRE Jean, *Vikings en Normandie*, Paris, Copernic, 1979.
BOURRE Jean-Paul, *Le sang, la mort et le diable*, Paris, Editions Henri Veyrier, 1985.
BOURRE Jean-Paul, *Les Profanateurs*, Saint-Amand-Montrond, Le Comptoir éditions, 1997.
BOURSEILLER Christophe, *Les ennemis du système*, Paris, Robert Laffont, 1989.
BOURSEILLER Christophe, *Extrême droite, l'enquête*, Paris, Editions François Bourin, 1991.
BOURSEILLER Christophe, *Guide de l'autre Paris*, Paris, Bartillat, 1999.
BOYER Jean-François, *L'empire Moon*, Paris, La Découverte, 1986.
BRETON Guy, *Les nuits secrètes de Paris*, Genève, Editions de Crémille, 1970.
BROUSSARD Philippe, *Génération Supporter*, Paris, Robert Laffont, 1990.
CAMUS Jean-Yves et MONZAT René, *Les droites nationales et radicales en France*, Lyon, Presses universitaires de Lyon, 1992.
CAMUS Jean-Yves, *Les extrémismes en Europe*, La Tour d'Aigues, Editions de l'Aube, 1998.
CCMM PARIS, *Sectes*, Paris, Centre de documentation, d'éducation et d'action contre les manipulations mentales, 1987.
CENTRE ROGER IKOR, *Les sectes en France*, Paris, CCMM, 1991.
CHAFFANJON Arnaud et GALIMARD FLAVIGNY Bertrand, *Ordres et contre-ordres de chevalerie*, Paris, Mercure de France, 1982.
CHAIROFF Patrice, *Dossier B... comme Barbouzes*, Paris, Alain Moreau, 1975.

CHAIROFF Patrice, *Dossier néo-nazisme*, Paris, Ramsay, 1977.
CHAIROFF Patrice, *Faux chevaliers, vrais gogos*, Paris, Jean-cyrille Godefroy, 1985.
CHALOUPEK Henri, *Les débuts de l'ufologie en France*, Le Vaudoué, LDLN, 1997.
CHASTENET Patrick et CHASTENET Philippe, *Prophéties pour la fin des temps*, Paris, Denoël, 1983.
CHERY H.-CH., *L'Offensive des sectes*, Paris, Cerf, 1954 et 1959.
CHEVALIER Jean et GHEERBRANT Alain, *Dictionnaire des symboles* (quatre tomes), Paris, Seghers, 1973.
COLLECTIF, *Alsace brune*, Paris, No Pasaran, 2006.
COLLECTIF, *Bêtes et méchants*, Paris, Reflex, 2002.
COLLECTIF, *Guérisseurs de France*, Paris, Vitanval, 1960.
COLLECTIF, *L'Europe des sociétés secrètes*, Paris, Sélection du Reader's Digest, 1980.
COLLECTIF, *Rock Haine Roll*, Paris, No Pasaran, 2004.
COLLECTIF, *Trente-trois sectes à la une de l'actualité*, Saint-Cloud, Sipe, 1995.
CORNUAULT Fanny, *La France des Sectes*, Paris, Tchou, 1978.
COTTA Jacques et MARTIN Pascal, *Dans le secret des sectes*, Paris, Flammarion, 1992.
D'EAUBONNE Françoise, *Dossier S... comme Sectes*, Paris, Alain Moreau, 1982.
DAGON Gérard, *Les sectes en France*, Strasbourg, Zetzner, 1958.
DAGON Gérard, *Petites Eglises et grandes sectes*, Paris, SCE, 1961.
DARAUL Arkon, *Les sociétés secrètes*, Paris, J'ai Lu, 1974.
DE RIBEMONT Patrick, *Echec aux Princes*, Paris, Editions Henri Berger, 1978.
DE SEDE Gérard, *Magie à Marsal*, Paris, Julliard, 1969.
DE SEDE Gérard, *Aujourd'hui les Nobles*, Paris, Alain Moreau, 1975.
DELESTRE Antoine, *Clément XV, prêtre lorrain et pape à Clémery*, Presses universitaires de Nancy, 1985.
DELORME Hermann, *Crois et meurs dans l'Ordre du temple solaire*, Lausanne, Editions Favre, 1996.
DELOUX Jean-Pierre et GUILLAUD Lauric, *Atlantide de A à Z*, Paris, Editions e-dite, 2001.
DIENER Ingolf et SUPP Eckhard, *Ils vivent autrement*, Paris, stock, 1982.
DUBORGEL Véronique, *Dans l'enfer de l'Opus Dei*, Paris, Albin Michel, 2007.
DUPRAT François, *Les mouvements d'extrême-droite en France depuis 1944*, Paris, Albatros, 1972.

FACON Roger et PARENT Jean-Marie, *Sectes et sociétés secrètes aujourd'hui*, Nice, Lefeuvre, 1980.

FACON Roger et PARENT Jean-Marie, *Les meurtriers de l'occulte*, Nice, Lefeuvre, 1981.

FALIGOT Roger et KAUFFER Rémi, *Le marché du diable*, Paris, Fayard, 1995.

FERRAND Serge et LECAVELIER Gilbert, *Aux ordres du SAC*, Paris, Albin Michel, 1982.

FILLAIRE Bernard, *Le grand décervelage*, Paris, Plon, 1993.

FONTENELLE Sébastien et ICARD Romain, *La France des sociétés secrètes*, Paris, Fayard, 2006.

FOUCHEREAU Bruno, *La mafia des sectes*, Levallois-Perret, Filipacchi, 1996.

FRANCOIS Stéphane, *Les paganismes de la Nouvelle Droite (1980-2004)*, Université de Lille II, 2005.

FRERE Jean-Claude, *Vie et mystères des Rose+Croix*, Ligugé, Mame, 1973.

GEYRAUD Pierre, *Les sociétés secrètes de Paris*, Paris, Emile-Paul Frères, 1938.

GONNET Roger, *La Secte*, Roissy-en-France, Alban, 1998.

HERBERT Jean, *Dieux et sectes populaires du Japon*, Paris, Albin Michel, 1967.

HERTENS Philippe, *Le nationalisme radical en France*, Paris, Editions de Magrie, 1994.

KERLIDOU Alain et MARHIC Renaud, *Sectes et mouvements initiatiques en Bretagne*, Rennes, Terre de Brume Editions, 1996.

LACROIX Michel, *La spiritualité totalitaire*, Paris, Plon, 1995.

LAMBERT Pierre-Philippe et LE MAREC Gérard, *Partis et mouvements de la Collaboration*, Paris, Grancher, 1993.

LE STUM Philippe, *Le néo-druidisme en Bretagne*, Rennes, Editions Ouest-France, 1998.

LE TALLEC Cyril, *Les sectes ufologiques (1950-1980)*, Paris, L'Harmattan, 2005.

LE TALLEC Cyril, *Les sectes politiques (1965-1995)*, Paris, L'Harmattan, 2206.

LE TALLEC Cyril, *Mouvements et sectes néo-druidiques en France (1935-1970)*, Paris, L'Harmattan, 2006.

LE TALLEC Cyril, *Sectes pseudo-chrétiennes (1950-2000)*, Paris, L'Harmattan, 2007.

LE VAILLANT Yvon, *Sainte Maffia*, Paris, Mercure de France, 1971.

LECLERCQ Jacques, *Dictionnaire de la mouvance droitiste et nationale de 1945 à nos jours*, Paris, L'Harmattan, 2008.

LECŒUR Erwan [dir.], *Dictionnaire de l'extrême droite*, Paris, Larousse, 2006.

LEFORT Didier, *Les b.d. de "l'extrême droite"*, Marseille, Bédésup, 1991.

LIPPI Jean-Paul, *Julius Evola, métaphysicien et penseur politique*, Lausanne, L'Age d'Homme, 1998.

LUZ Frédéric, *Le soufre et l'encens. Enquête sur les Eglises parallèles et les évêques dissidents*, Paris, Claire Vigne, 1995.

MARHIC Renaud, *Enquête sur les extrémistes de l'occulte*, Bordeaux, L'Horizon chimérique, 1995.

MARTIN Roger, *Amérikkka : Voyage dans l'internationale néofasciste*, Paris, Calmann-Lévy, 1995.

MAYER Jean-François, *Confession d'un chasseur de sectes*, Paris, Editions du Cerf, 1990.

MILZA Pierre, *L'Europe en chemise noire*, Paris, Fayard, 2002.

MONZAT René, *Enquêtes sur la droite extrême*, Paris, Le Monde Editions, 1992.

MOUNTACIR H. E., *Les enfants des sectes*, Paris, Fayard, 1994.

MYRDHIN, *L'esprit des druides*, Mouscron, Cheminements, 2004.

NIMOSUS Christiama, *Le monde secret des croix*, Paris, Guy Trédaniel, 1990.

PASQUINI Xavier et PLUME Christian, *Encyclopédie des Sectes dans le monde*, Nice, Alain Lefeuvre, 1980.

PASQUINI Xavier, *Les sectes, un mal profond de civilisation*, Paris, Grancher, 1993.

PEDRAZZANI Jean-Michel, *Le temps des sabbats*, Paris, Belfond, 1973.

PERSIGOUT Jean-Paul, *Dictionnaire de mythologie celte*, Monaco, Editions du Rocher, 1990.

PHILIBERT Myriam, *Dictionnaire des mythologies*, Manchecourt, Maxi-Livres-Profrance, 1998.

PICARD Gilbert, *L'enfer des sectes*, Paris, Le Carrousel-FN, 1984.

PINVIDIC Thierry, *OVNI, vers une Anthropologie d'un Mythe Contemporain*, Heimdal, 1993.

RAOULT Michel, *Les druides*, Monaco, Le Rocher, 1983.

RAOULT Michel, *Les druides. Les sociétés initiatiques contemporaines*, Monaco, Brocéliande/Le Rocher, 1992.

RAYNAUD Eric, *Les réseaux cachés des pervers sexuels*, Monaco, Editions du Rocher, 2004.

RENARD Jean-Bruno, *Les Extraterrestres : une nouvelle croyance religieuse ?* , Paris, Cerf, 1988.

ROBIN Jean, *Rennes-le-Château, la colline envoûtée*, Condé-sur-Noireau, Guy Trédaniel, 1982.

ROUSSO Henry, *Le dossier Lyon III*, Paris, Fayard, 2004.

SANDRI Dominique, *Á la recherche des sectes et sociétés secrètes d'aujourd'hui*, Paris, Presses de la Renaissance, 1978.
SAUNIER Jean, *La Synarchie*, Paris, Grasset, 1971.
SCHLESSER-GAMELIN Laeticia, *Le langage des sectes*, Paris, Salvator, 1999.
VAN GEIRT Jean-Pierre, *La France aux cent sectes*, Manchecourt, Vauvenargues, 1997.
VENNER Fiammetta, *Extrême France*, Paris, Grasset, 2006.
VERNETTE Jean, *Dictionnaire des groupes religieux aujourd'hui*, Paris, Presses universitaires de France, 1996.
WOODROW Alain, *Les nouvelles sectes*, Paris, Le Seuil, 1977.

POINT DE VUE SECTAIRE OU LARGEMENT SPECULATIF

BAIGENT Michael, LEIGH Richard et LINCOLN Henry, *L'énigme sacrée*, Paris, Editions Pygmalion, 1983.
BAIGENT Michael, LEIGH Richard et LINCOLN Henry, *Le Message*, Paris, Editions Pygmalion, 1987.
BHOTIVA Zam, *Asia Mysteriosa*, Combronde, Editions de Janvier, 2000.
BORELLI Antonio A., *Fatima. Message de tragédie ou d'espérance ?*, Paris, TFP, 2002.
BOUCHET Claudine et BOUCHET René, *Tout savoir sur les Druides*, Aubenas, Editions Transatlantiques, 2001.
BOUCHET Paul et BOUCHET René, *Les druides : science et philosophie*, Paris, Robert Laffont, 1976.
CHARROUX Robert, *Le livre du mystérieux inconnu*, Paris, Robert Laffont, 1969.
CHARROUX Robert, *Le livre des mondes oubliés*, Paris, Robert Laffont, 1971.
CHARROUX Robert, *Le livre du passé mystérieux*, Paris, Robert Laffont, 1973.
CHARROUX Robert, *L'énigme des Andes*, Paris, Robert Laffont, 1974.
CHAUMEIL Jean-Luc, *Le trésor du triangle d'or*, Nice, Alain Lefeuvre, 1979.
COARER-KALONDAN E. et GWEZENN-DANA, *Les Celtes et les extraterrestres*, Verviers, Marabout, 1973.
COLLECTIF, *Manifeste pour une renaissance européenne*, Paris, GRECE, 2000.
DE NANTES Georges, *Les 150 points de la Phalange*, Saint-Parres-lès-Vaudes, CRC, 1979.

DOMMERGUE DE MENASCE, *Comment comprendre la véritable santé ?*, Paris, Institut Alexis Carrel, s.d.

DOZULE, *La Croix glorieuse c'est aussi Jésus ressuscité*, Colombelles, Corlet, 2001.

DUN Robert, *Manifeste de l'art sacerdotal*, Le Puy, Robert Dun, 1984.

EMMANUEL R., *Réconciliation avec la vie*, Croissy-Beaubourg, Dervy, 1990.

ENFANTS DE DIEU, *Dans les coulisses*, Paris, Borel, 1975.

GRAFFIN Robert, *Fiannas, école de la nature pour le nouvel âge*, Meaux, Robert Graffin, 1988.

GROUPEMENT DE RECHERCHE ET D'ETUDES POUR LA CIVILISATION EUROPEENNE, *Dix ans de combat culturel pour une renaissance*, Paris, GRECE, 1977.

HANISH Otto, *Evolution raciale*, Paris, Editions Mazdéennes, 1952.

HSA-UWC, *Guérir le Monde. Une introduction à la vie et à l'enseignement de Sun Myung Moon*, Paris, FFPM, 1993.

HUTIN Serge, *Gouvernants invisibles et sociétés secrètes*, Paris, J'ai Lu, 1971.

LE COUR Paul, *Hellénisme et Christianisme*, Paris, Dervy, 1951.

LE COUR Paul, *L'ère du verseau*, Paris, Dervy, 1999.

LEFEBURE Francis, *Le jour d'Ingeborg*, Paris, Lefébure, 1970.

LEMAIRE Dalila et Gérard, *Les Ovnis de l'Apocalypse* (tome 3), Bruxelles, Edition des Archers, 1979.

LIVRAGA J. Angel, *Manuel du dirigeant*, Grenade, 1976.

LIVRAGA J. Angel, *Manuel de courtoisie*, Majorque, 1990.

MAHIKARI, *Sukyo Mahikari*, Ansembourg, L.H. Yoko Shuppan, 1991.

MARIE DES BOIS, *Forêt celtique, Forêt sorcière*, Varennes-sur-Allier, Eveil à la Forêt, 2005.

MATT Joseph, *Le Rock, instrument de révolution et de subversion culturelle*, Québec, Saint-Raphaël, 1981.

MESSAGERS DE L'AVENIR, *L'enseignement spirituel et scientifique d'Ashtar Sheran à l'humanité*, Linkebeek, Centre de diffusion des messages d'AS, s. d.

MOON Sun Myung, *Science et valeurs absolues*, France, AUCM, 1980.

MOUVEMENT DE L'UNIFICATION, *Vers un Monde Idéal !*, Paris, AUCM, 1986.

MOUVEMENT GNOSTIQUE CHRETIEN UNIVERSEL, *L'Auto Réalisation Intime De L'Etre*, Massy, 1977.

NICHIREN SHOSHU FRANCAISE, *Profil de la nichiren shoshu française*, Choisy-le-Roi, NSF, 1977.

ORDRE RENOVE DU TEMPLE, *Les Templiers…*, Mantes-la-Jolie, ORT, s. d.

OURANOS, *Le monde occulte du surréel paraphysique*, Bohain, CEO, 1982.

PARTI DE LA LOI NATURELLE, *Manifeste*, Montlignon, PLN, 1992.

PELBOIS Jacques, *La croix glorieuse, clef de voûte de la révélation*, Paris, Les Amis de la Croix Glorieuse, 1990.

PHAURE Jean, *Le Cycle de l'Humanité adamique*, Paris, Dervy-Livres, 1973.

SCHWARZ Fernand, *Géographie sacrée de l'Egypte ancienne*, Paris, Néo, 1979.

SCHWARZ Fernand, *La tradition et les voies de la connaissance*, Courbevoie, Nouvelle Acropole, 1990.

VIAL Pierre, *Pour une renaissance culturelle*, Paris, Copernic, 1979.

VORILHON Claude (RAEL), *Le livre qui dit la vérité*, Clermont-Ferrand, Edition du Message, 1974.

VORILHON Claude, *La Géniocratie*, Brantome, Edition du Message, 1977.

STIEGLER Jean, *La Croix glorieuse, ultime message du Christ à Dozulé*, Montsûrs, Résiac, 1988.

TFP, *Allende et sa "voie chilienne"… pour la misère*, Vouillé, Diffusion de la pensée française, 1974.

REVUES ET JOURNAUX

Revues : *Aedos, Alternatives, Amnistia.net/Les enquêtes interdites, Anagrom, Annuaire de la presse parallèle (L'Hespéride), Antirouille, Ar Stourmer, Article.31, Atlantis, Bélisane, Cahiers d'Etudes Cathares, Cahiers de la Pensée et de l'Action, Cahiers de Recherches et d'Etudes Traditionnelles, Cahiers Raymond Abellio, Cartouches, Chronique sociale de France, Combat païen, Connaissance des Religions, Corps-Ame-Esprit, Défense de l'Occident, Eléments, Etudes et recherches, Euroclio* (Bruxelles), *Europa Diaspad, Europe notre Patrie, Faits et Documents, Fram, Hamadryade, Hamsa, Heimdal, Herméneutiques Sociales, Historama, Historia, Kalki, Kelt omp !, Keltia, Krisis, L'Age d'or, L'Antiquité Gauloise, l'Autre histoire, L'autre monde, l'élite européenne, L'ère nouvelle, L'Hémicycle, L'Hespéride, L'Ile Verte, L'Inconnu, L'Initiation, L'Ivrogne, L'Oie Messagère, La Bretagne réelle, La Cité des Saules, La Contre-Réforme Catholique au vingtième siècle, La Gazette Druidique, La Place Royale, La santé spirituelle, Le Choc du mois, Le Crapouillot, le Devenir Européen, Le*

Druidisme, Le Flambeau, Le Monde Inconnu, Le Nouvel Espoir, Le Nouvel Observateur, Le Partisan Européen, Le Viking, Le Vril, Lectures Françaises, Les Amis de l'Hémicycle, Les Cahiers Bretons, Les Cahiers de la Bretagne Réelle, Les Cahiers du Réalisme Fantastique, Les Deux Etendards, Les dossiers de l'histoire, Les dossiers du Canard, Les Nouvelles Libertaires, Merlin, Militant, Miroir de l'Histoire, Monde et Vie, Nostra, Notre Europe, Notre Histoire, Nouvelle Acropole, Nouvelle Ecole, Nouvelles synergies européennes (Belgique), *Nova, Ogmios diffusion, Ondes Vives, Orientations* (Belgique), *Parcours d'Europe, Phénomèna, Politica Hermetica, Politique Hebdo, Question de, Rapports du Crida* (annuels), *Rebis, Réfléchir & Agir, Révision, Science et Magie, Subuta, Totalité, Utlagi, Vers la Tradition, Viking, Volonté Européenne* (Bruxelles), *Vouloir* (Belgique).

Journaux : *Charlie Hebdo, France-Soir, Journal officiel de la République française, Le Canard enchaîné, Le Parisien, Le Progrès, Libération.*

LISTE DES MOUVEMENTS ETUDIES

Académie celto-gauloise
Action Fatima-La Salette
Action paysanne spirituelle
Ad Majorem Satanae Gloriam (AMSG)
Adorateurs de Pluton
Aedos
Agora-Université
Akademia Raymond-Duncan
Alliance universelle biocosmique
Amis de la croix glorieuse de Dozulé
Amis de la culture européenne (ACE)
Amis de Saint-Loup
Amis du nouvel art slovène (ANAS)
Anagrom
Analyse actionnelle organisation (AAO)
Ananda Marga
Antaïos
Ar Stourmer
Archedia
Argad
Armoria
Ars Magna
Art, culture et traditions d'Europe (ACTE)
Art Nordique
Arts et loisirs de jeunes
Asgard
Assistance Jeunesse
Association de culture universitaire et technologique (ACUT)
Association des amis de la Patagonie
Association française d'échanges et d'initiatives
Association mondialiste interplanétaire (AMI)
Association nationale des amazones traditionnelles (ANATRA)
Association nouvelle acropole-France (ANAF)

Association pour l'unification du christianisme mondial (AUCM)
Association sportive du marteau de Thor
Association Sully
Atelier de l'Elfe
Ateliers de l'homme global
Atlantis
Avenir de la culture (AC)
Balder
Bélisane
Bleimor
Blockhaus Editions
Boutique celtique
Bucéphale
Cadets de la mer, de l'air et de haute montagne
Cahiers Raymond Abellio
Cartouches pour un combat culturel
Celtitude
Centre d'études doctrinales Julius Evola ou Centre spirituel Julius Evola (CSE)
Centre de recherches sémantiques Gimel
Centre européen de prospective et tradition-La Cour Pétral
Centre international de diffusion et de recherche phosphénique (CDRPH)
Centre spiritualiste de France
Cercle Beltane
Cercle Bernard Palissy
Cercle Clausewitz
Cercle Corinthe
Cercle d'étude druidique de recherche et d'information celtique (CEDRIC)
Cercle d'études, de relations publiques, économiques et sociales (CERPES)
Cercle de la Licorne
Cercle de recherche et d'animation sur les traditions populaires Franche-Comté-Europe
Cercle de recherches et d'études traditionnelles (CRET)
Cercle Europe
Cercle Galilée
Cercle Horizons

Cercle Lux Fero
Cercle Maksen Wledig
Cercle Maxime (ou Maxence) Empereur
Cercle Ourania
Cercle Prométhée
Cercle Sol Invictus
Chantier de la grande forêt des Gaules
Charlemagne Hammer Skins (CHS)
Chercheurs du Graal
Chevaliers de l'alliance templière
Chevaliers de Notre-Dame
Chevaliers servants de la Paix de Dieu, de saint Joseph et du vrai pape Paul VI.
Citoyens responsables
Club alauda
Club Marylen
Coalition populaire française
Collège celto-druidique rénové des Allobroges
Collège d'études celto-druidiques
Collège des druides, bardes et ovates des Gaules (ou Collège druidique des Gaules, CDG)
Combat
Comité d'hygiène sociale
Comité Dieu et Démocratie
Comité international de réhabilitation de Giordano Bruno (CIRB)
Commanderie de Saint-Louis
Commanderie militaire de l'OTAN
Commission d'étude Ouranos (CEO)
Communauté anti-Rose-Croix
Communauté de la Thébaïde
Communauté Notre-Dame de Miséricorde
Communauté pour le renouveau de la Tradition
Communion phalangiste (ou la Phalange)
Compagnie des Mithridates
Confédération d'associations pour l'unité des sociétés des Amériques (CAUSA)
Conseil circulaire Nom-Khan (CCNK)
Conseil national de la résistance celtique (CNRC)
Coopérative européenne Longo Maï (ou SCOP Européenne)

CRAC
Cratère 13
Credo
Croyance celtique (ou **Kredenn Geltiek, KG**)
Culte de l'être suprême
Délivrance
Deo Occidi
Diffusion de la fin des temps (DFT)
Direction centrale de l'organisation du laïcat
Domus Europa
Durandal
Ecovie (ou **Ecoovie**)
Eden
Editions Copernic
Editions du Porte Glaive
Editions du Veilleur de Proue
Editions Pardès
Eglise catholique mariavite
Eglise catholique rénovée (ou **Eglise du Christ-Roi**)
Eglise de la Sainte famille
Eglise de Mithra
Eglise de Notre-Dame le Saint-Esprit
Eglise de Sidologie
Eglise des vrais chrétiens orthodoxes (VCO)
Eglise universelle du messager de la paix
Eglise universelle et triomphante
Ekklésia des Kataugues
Elsass Korps (EK)
Enfants de Dieu (EDD)
Esprit-Force-Matière (ou **Néo-spiritualisme**)
Ethno-Psychologie
Europe Jeunesse
Europe notre Patrie (*Le Perce-neige*)
Facettes
Famille d'amour (La)
Fédération druidique des Gaules (FDG)
Fédération internationale des religions et philosophies minoritaires (FIREPHM ou FIREPhIM)
Fédération internationale pour la victoire sur le communisme

Fiannas
Filiation Solazaref (ou Aux amoureux de la science)
Filosofem
Fils du feu
Fondation Saint-Germain
Formes et Ombres
Forts dans la foi
Fraternité de la croix gammée (ou Breuriezh An Hevoud)
Fraternité de la Transfiguration
Fraternité des druides d'occident (FDO)
Fraternité des Polaires
Fraternité des veilleurs
Fraternité druidique bretonne
Fraternité interceltique du Grand espace
Fraternité Notre-Dame de la Merci
Front de libération des Gaules (FLG)
Futurisme européen révolutionnaire (FER)
Geri
Grand chêne celte
Grand collège celtique de la forêt des chênes de Brocéliande
Grand collège druidique de Bibracte
Grand temple punk de Paris
Grande loge blanche
Grande loge du Vril (GLDV)
Grande loge nordique (GLN)
Grégoire XVII (ou Don Clemente Dominguez)
Groupe de Saint-Erme
Groupe de Thèbes
Groupe des jeunes de Sûkyô Mahikari
Groupe druidique des Gaules (GDG)
Groupe Jacques de Molay
Groupe nation nouvelle (GNN)
Groupe Viking
Groupement d'étude des phénomènes aériens (GEPA)
Groupement de recherche et d'études pour la civilisation européenne (GRECE)
Groupes d'écologie active (GEA)
Hamsa
Hansea Diffusion
Hassidisme

Heimdal
Hors limites
Horus
Illis
Institut d'études indo-européennes (IEIE)
Institut d'humanisme biologique
Institut de documentation et d'études européennes (IDEE)
Institut de Locarn (ou Cultures et stratégies internationales)
Institut de recherche sur la mythologie et l'identité nordique (IRMIN)
Institut gnostique d'Anthropologie (IGA)
Institut international Hermès (IIH)
Internationale luciférienne
Irmin
Irminsul Editions
Jeunesses nationalistes révolutionnaires (JNR)
Kalki
Kelt omp !
Keltia
Kemit
Klan
Kredeen Geltiek (KG)
Ku Klux Klan France (KKK France)
L'Age d'or
L'Antiquité Gauloise
L'âtre
l'Autre histoire
L'ére nouvelle
L'Hespéride
L'Ile Verte
L'Oie Messagère
L'Oracle
L'Originel
L'Unisme
La Bretagne réelle (*BR*)
La Citadelle
La Hache solaire
La Morsure
La Place Royale
La Tribune Celtique (*LTC*)

La Voie internationale
La Vouivre
le Devenir Européen (*DE*)
Le Glaive
Le Mouvement (MVT)
Le Partisan Européen
Le Retour (ou Université nouvelle itinérante du Retour, UNI-R)
Le Scatopode
Le Triscèle
Légions de Mithra
Les Cahiers Bretons
Les Cahiers du Réalisme Fantastique
Les Deux Etendards
Les Oies Sauvages
Les Templiers
Libération païenne
Ligue de Contre-réforme catholique (CRC)
Ligue des templiers modernes de Jérusalem (LTM)
Ligue française antimaçonnique
Llys Dana
Loge Wotan
Longo Maï
Lumière
Lyre d'Orphée
Mahikari
Mater Boni Consilii
Mazdaznan
Mediolanon
Méditation transcendantale (MT)
Métapan
Mission chrétienne européenne
Monarchie et régionalisme gaulois
Montségur
Mouvement chouan
Mouvement gaulois
Mouvement nouvelle civilisation (MNC)
Mouvement pour la paix intégrale
Mouvement raëlien français (MRF)
Mouvement universel de France

Muninn
Narthex
Nationalistes sociaux européens (NSE)
Nouvelle Acropole-France (ANAF)
Nouvelle culture
Nouvelle Droite jeunesse (NDJ)
Nouvelle Europe musiques (NEM)
Odin
Ogmios
Oméga
Ondes vives (ou Club OV)
Opus Dei
Ordo Militiæ Crucis Templi (OMCT)
Ordo Templi Orientis (OTO)
Ordos (ou *Ordos 1,618*)
Ordre d'Ashtar Sheran (ou Collectif Ashtar)
Ordre de Melchisédec
Ordre de Saint-Louis
Ordre des chevaliers de France
Ordre des chevaliers de la paix de Dieu
Ordre des chevaliers de la table ronde
Ordre druidique d'Arvernia
Ordre du Grand Occident
Ordre du Paraclet
Ordre du temple solaire (OTS)
Ordre fraternel européen des druides et chevaliers du Tribann (ou Grande clairière de l'Asgard)
Ordre impérial souverain de Constantin le grand
Ordre rénové du temple (ORT)
Ordre sacré de l'Emeraude
Ordre Saint-Georges
Ordre souverain du temple solaire (OSTS)
Ordre souverain et militaire du temple de Jérusalem (OSMTJ)
Ordre souverain, militaire et hospitalier de Saint-Thomas d'Acre
Ordre templier du saint sauveur du Mont'Réal
Ordre vert
Ordre vert druidique de la Fraternité du soleil celtique (ou Ordre vert celtique)

Organisation chevaleresque internationale Tradition solaire (OCITS)
Organisation des vikings de France (OVF)
Organisation du Svastika (OSS)
Organisation mondiale armaniste (ORMA)
Orioc
Parcours d'Europe
Parti de la loi naturelle (PLN)
Parti des musulmans de France (PMF)
Parti humaniste (PH)
Parti mondialiste de la Nouvelle chevalerie
Parti national-socialiste ouvrier français (PNSOF)
Parti nationaliste normand (PNN)
Parti personnaliste républicain 89 (PPR 89)
Parti prolétarien national-socialiste (PPNS)
Pax Christi Borei
Pèlerin de Paris
Petite Eglise
Phosphenia
Pierre II (ou Petrus Secundus)
Politica Hermetica (PH)
Pour un monde meilleur
Prieuré de Sion
Psyché-Sôma
Puissance de la vie
Question de
Rassemblement européen des ouvriers du Christ (REOC)
Rayonnants
Rebelles européens
Rebis
Réfléchir et Agir (R&A)
Religion de Kyopo
Religion des druides
Religion du soleil inca (ou Religion du soleil inka)
Renouveau de l'art et de la culture européenne (RACE)
Résistance et Solidarité
Réveil d'Alésia
Révolution Intérieure
(R)évolution Jeunesse
Sainte Eglise normande

Secrets et Sociétés
Secte des mutants
Securitate
Sénon
Septième aurore
Silencieux de l'Eglise
Société Augustin Barruel
Société Cryonics française
Société du souvenir et des études cathares
Société Nietzsche
Société positiviste de France
Société sacerdotale de la Sainte-Croix et de l'Œuvre de Dieu (ou **Opus Dei**)
Sodalitas Gallica
Soka Gakkaï internationale-France (SGI-F)
Solaria
Sous la bannière
Spirale
Sub Tuum Praesidium
Syndicat pastoral de l'Usclat
Synergies européennes (SE)
Témoins du Christ
Tempête et Tonnerre
Terre et Peuple
Terres Celtiques
Thélèma
Totalité
Tout restaurer dans le Christ (TRC)
Tradition et Progrès
Tradition-Famille-Propriété (TFP)
Utlagi
U-Xul-Klub (UKLB)
Vector
Vent d'Est
Vie et Lumière
Viking
Words of Life
Zog

L'HARMATTAN, ITALIA
Via Degli Artisti 15 ; 10124 Torino

L'HARMATTAN HONGRIE
Könyvesbolt ; Kossuth L. u. 14-16
1053 Budapest

L'HARMATTAN BURKINA FASO
Rue 15.167 Route du Pô Patte d'oie
12 BP 226 Ouagadougou 12
(00226) 76 59 79 86

ESPACE L'HARMATTAN KINSHASA
Faculté des Sciences Sociales,
Politiques et Administratives
BP243, KIN XI ; Université de Kinshasa

L'HARMATTAN GUINEE
Almamya Rue KA 028 en face du restaurant le cèdre
OKB agency BP 3470 Conakry
(00224) 60 20 85 08
harmattanguinee@yahoo.fr

L'HARMATTAN COTE D'IVOIRE
M. Etien N'dah Ahmon
Résidence Karl / cité des arts
Abidjan-Cocody 03 BP 1588 Abidjan 03
(00225) 05 77 87 31

L'HARMATTAN MAURITANIE
Espace El Kettab du livre francophone
N° 472 avenue Palais des Congrès
BP 316 Nouakchott
(00222) 63 25 980

L'HARMATTAN CAMEROUN
Immeuble Olympia face à la Camair
BP 11486 Yaoundé
(00237) 99 76 61 66
harmattancam@yahoo.fr

L'HARMATTAN SENEGAL
« Villa Rose », rue de Diourbel X G, Point E
BP 45034 Dakar FANN
(00221) 33 825 98 58 / 77 242 25 08
senharmattan@gmail.com

16586 - décembre 2010
Achevé d'imprimer par